Mathieu **Nebra**

Réussir son **site web** avec **XHTML** et **CSS**

3e édition

Préface de Laurent **Denis**

Quatrième tirage 2011

EYROLLES

ÉDITIONS EYROLLES
61, bld Saint-Germain
75240 Paris Cedex 05
www.editions-eyrolles.com

Dessins d'ouverture des chapitres : © Romain Malbruny, alias Yash, et Julien Pilongery.

À mon petit cousin Thomas ;-)

Préface

Internet et le Web se démocratisent et pénètrent notre quotidien, créent de nouveaux besoins et deviennent de formidables supports d'échange et de communication, où chacun peut s'exprimer, réaliser son site web pour son plaisir, pour ses besoins professionnels, pour partager une passion, pour défendre une cause, ou pour toute autre motivation.

Aujourd'hui, combien de sites sur le Web sont-ils des sites personnels ? Combien de professionnels ont-ils commencé, en parfaits débutants, par un site « amateur » ? À force de naviguer sur la Toile, peut-être avez-vous envie de franchir le pas, et de créer votre propre site. Ou peut-être avez-vous déjà une page personnelle, et vous souhaitez dépasser cette première étape ? Ou peut-être encore utilisez-vous déjà un outil de publication, et vous voudriez à présent acquérir une meilleure maîtrise de vos pages ?

Dans ce cas, peut-être vous êtes-vous déjà demandé, par exemple :

- Oui, mais, par où commencer ?
- Que faut-il apprendre ?
- J'ai déjà regardé du code, ça semble trop compliqué.
- Vous savez, moi et la technique, ça fait deux...
- Je n'ai jamais eu le temps de me plonger là-dedans.

Si vous entrez dans l'une ou l'autre de ces catégories, voici un livre qui répondra à vos attentes. Pour tout dire, c'est le livre que j'aurais aimé avoir entre les mains il y a une douzaine d'années, quand j'ai découvert le Web et que j'ai fait mes premières armes de créateur de site. Et je dois l'avouer : devenu un professionnel, et ayant, depuis, souvent publié moi-même sur les techniques modernes de conception de sites, c'est aussi un peu celui que j'aurais aimé écrire, si j'avais été suffisamment disponible (et pédagogue).

Mathieu Nebra comble enfin ce vieux fossé entre la confusion qu'entraînent de très nombreuses « initiations aux pages Web » existantes, plus ou moins simples ou complètes (quand elles ne sont pas foncièrement erronées ou tout simplement dépassées), et les publications de qualité plus poussées, mais s'adressant à un public averti.

Bien sûr, il existe aussi depuis longtemps des solutions pour ne pas avoir à mettre le nez dans la technique et le code des sites web, en s'en remettant à des logiciels qui vont coder à votre place, à la manière d'un traitement de texte. Ce n'est résolument pas la voie suivie ici, et avec raison : pour maîtriser un site de qualité, il faut en effet constamment faire des choix techniques pour lesquels ces outils peuvent être une aide précieuse, mais uniquement une aide qui ne remplacera pas votre propre compétence. En effet, ces logiciels ne savent pas encore prendre à notre place des décisions pertinentes quand celles-ci affectent la *signification* de notre contenu web (sa sémantique, selon le terme consacré). En outre, ces solutions, tout comme les pages personnelles offertes par les fournisseurs d'accès Internet, brident souvent la liberté du créateur. Et si vous avez décidé de faire un site web, vous avez certainement envie de pouvoir vous y exprimer à votre guise.

Faire un site, c'est donc devoir soulever le capot, s'intéresser au moteur, et mettre les mains dans le cambouis. Mais il faut pouvoir se former à ces pratiques : on ne s'improvise pas mécanicien en un jour.

Alors, apprendre à coder… Oui, mais dans quels formats ? Selon quelles règles ? Que ne faut-il surtout pas manquer pour créer des pages robustes, accessibles, faciles à maintenir et à faire évoluer ? Des pages qui passent dans tous les navigateurs ? Qui soient une base aux ambitions certes mesurées et raisonnables, mais déjà solide ? Et qui permettraient par la suite d'aller plus loin, pour en faire un site dynamique, plus interactif ou plus accessible ?

Pour qui veut se lancer dans l'aventure, il manquait une présentation pas à pas, pédagogique et simple des moyens de faire un site moderne, une présentation soucieuse de qualité et de rigueur, et qui ne tombe pas dans les solutions de facilité. Pour que vous ne partiez pas au hasard, que vous ne vous perdiez pas en chemin, ou pour ne pas faire maintenant des choix que vous pourriez regretter demain, parce que vos pages web n'aboutiraient finalement pas au résultat escompté.

Pour réussir un site, il faut en effet respecter une certaine démarche, choisir et maîtriser des techniques... Vous trouverez ici les bases de deux d'entre elles, les deux techniques essentielles aujourd'hui : XHTML et CSS. Mais ne rêvez pas : vous allez devoir travailler ! Ces deux formats sont en effet parfois déroutants. Leur utilisation n'est pas similaire à ce que vous faites lorsque vous créez des documents pour d'autres supports, et notamment pour un imprimé : la règle fondamentale du Web, la séparation du contenu et de la présentation qui sert de fil conducteur au plan de ce livre, vous permettra d'acquérir immédiatement les bonnes habitudes de codage de votre site.

Vous suivrez ce chemin avec tout ce qu'il vous faut entre les mains : à partir de l'aventure du Site du Zéro, Mathieu Nebra a réussi un tour de force : « Nous ne voulons perdre personne en route » annonce-t-il d'entrée de jeu, et il y parviendra certainement, en préférant la métaphore et l'image aux explications absconses, et la démonstration par la pratique aux longs prologues théoriques. Sans y perdre pour autant en rigueur, vous commencerez par le fond et la structure de votre site, avant de vous occuper de sa présentation et de sa décoration. Les QCM vous permettront de vérifier à chaque étape si vous avez tout saisi. Grâce aux annexes vous approfondirez ces problématiques bien connues des webmasters consciencieux.

Laissez-vous guider pas à pas, et une fois la technique acquise, vous pourrez vous préoccuper de l'essentiel, c'est-à-dire du contenu que vous allez y mettre. Car c'est bien la seule chose qu'aucun outil ou format ne pourra faire à votre place ;) !

Laurent Denis,
Consultant Temesis,
Qualité, conformité et accessibilité des sites Web
http://www.temesis.com
http://www.blog-and-blues.org

Avant-propos

« Ce qui se conçoit bien s'énonce clairement... »

« ... et les mots pour le dire arrivent aisément. » (Nicolas Boileau)

C'est une situation typique, à tel point qu'elle en deviendrait presque banale : aujourd'hui encore, votre ordinateur a décidé de vous montrer qui est le chef. Rien à faire, la machine refuse de vous obéir.

Ni une ni deux, vous décrochez le téléphone avec une aisance que seule l'expérience permet d'acquérir. Vous composez le numéro de téléphone du cousin Robert, lequel cousin est un passionné d'informatique toujours prêt à aider son prochain. Celui-ci, comme à son habitude, ne tarde pas à répondre :

« Oui alors c'est simple, tu dois d'abord faire un reset du CMOS de la carte mère puis revérifier les branchements de toutes tes nappes IDE sur les périphériques internes. Ensuite il faut que tu décales le jumper de ton disque dur maître pour le passer en esclave, sauf bien sûr si ton disque est branché en Serial-ATA auquel caστυ πευξ πμσœρ θετ ετσπε ψπ τε ηενθε δε σμι τε ! »

... et là, vous découvrez avec stupeur que le cousin Robert sait *aussi* parler le Grec ancien.

C'est malheureusement vrai : bien trop souvent, dépité, vous abandonnerez faute d'avoir un interlocuteur qui parle la même langue que vous. Pourtant, vous aimeriez savoir faire, vous êtes plein de bonne volonté.

En réalité, vous faites juste face à un problème vieux comme le monde : vous n'avez pas de traducteur.

Un livre pensé pour être compris par tous

Niveau requis : zéro

Créer un site web, c'est le nouveau défi que vous vous êtes lancé. Vous êtes prêt, vous êtes motivé, mais... vous ne savez pas par où commencer. Après mûre réflexion, vous mettez de côté l'idée de demander des conseils au cousin Robert.

C'est là que cet ouvrage intervient : nous commencerons par le commencement, nous ferons le chemin ensemble et nous terminerons ensemble. Nous ne voulons perdre personne en route et nous allons tout mettre en œuvre pour y parvenir.

Nous supposerons que vous n'y connaissez rien. Aucune connaissance préalable ne sera donc requise pour comprendre cet ouvrage (enfin, si vous savez allumer votre ordinateur, c'est quand même un plus !).

Plan de route

Nous allons suivre un cheminement précis pour arriver à créer notre site web. Si vous débutez, et il y a de fortes chances que ce soit le cas, nous vous conseillons de parcourir les chapitres de ce livre dans l'ordre :

1. Nous commencerons par voir ce qu'est un site web concrètement et de quels outils on a besoin pour en créer un (**chapitre 1**) ;
2. Nous nous lancerons ensuite sans plus tarder dans la création de notre première page web (**chapitre 2**) et nous apprendrons à rédiger le contenu de cette page (**chapitre 3**) ;
3. Nous verrons alors comment créer des liens entre les pages, car c'est le fondement même du Web (**chapitre 4**), et comment insérer des images dans ces pages (**chapitre 5**) ;
4. Puis, nous passerons à la décoration grâce au langage CSS qui égayera notre site resté jusque-là un peu tristounet (**chapitres 6** à **8**) ;
5. Nous nous intéresserons ensuite à la création d'éléments un peu plus complexes (je n'ai pas dit compliqués !) que sont les listes, tableaux et formulaires (**chapitres 9** à **11**) ;
6. Nous aborderons le sujet très important de la mise en page (**chapitre 12**), lequel sera suivi par une séance de travaux pratiques concrète : la création d'un site de A à Z (**chapitre 13**) ;
7. Votre site sera alors fin prêt. Vous n'aurez plus qu'à l'envoyer sur le Web (**chapitre 14**) et à le faire connaître au monde entier grâce au référencement auprès des moteurs de recherche (**chapitre 15**). À vous alors la gloire, l'argent et la célébrité !

Remerciements

Il y a des personnes sans qui ce livre n'aurait jamais pu voir le jour, d'autres qui m'apportent leur soutien et leurs encouragements. Même si je ne peux, à mon grand regret, parvenir à dresser une liste complète des personnes qui doivent être remerciées, je souhaite rendre hommage à un maximum d'entre elles :

- À ma famille tout d'abord, sans qui (faut-il que je le précise ?) je ne serais pas là. À mon père tout particulièrement pour l'attention qu'il porte depuis longtemps à mes travaux et pour, mine de rien, avoir éveillé en moi l'envie de publier mes écrits dans un livre.
- À Muriel Shan Sei Fan et toute l'équipe Eyrolles pour la confiance qu'ils m'ont accordée d'abord, mais aussi pour le temps passé aux relectures et corrections.
- À Raphaël Goetter, webmaster du site Alsacréations et collègue (virtuel !), pour m'avoir encouragé à écrire ce livre et pour m'avoir mis en relation avec Muriel Shan Sei Fan. Il est l'auteur de *CSS 2, pratique du design web* paru aux Éditions Eyrolles, dont je ne peux que vous recommander chaudement la lecture en complément de cet ouvrage.
- À Romain Malbruny, alias Yash, à qui vous devez les superbes illustrations au début de chacun des chapitres et la maquette de site du chapitre 13, pour le temps passé (cela inclut les nuits blanches) et la patience dont il a su faire preuve pour satisfaire mes exigences. Merci également à Julien Pilongery pour son illustration de l'annexe F. Le monde et l'art du dessin me resteront à jamais étrangers, je le crains.
- À toute la promo 2008 de l'EFREI, et en particulier à Jimmy Keime qui a su me supporter pendant 2 ans de colocation (bon, c'était pas trop dur non ?).
- Aux 19 relecteurs (pas moins !), tous membres de l'équipe de siteduzero.com, pour leur relecture efficace, constructive et rapide. En espérant que je n'oublie personne : Makkhdyn, Rifleman, Ivan le fou, Deeder, iLUV, Javier, KaKaShI HaTaKe, JALeX, kokotchY, Nyro Xeo, delphiki, NainTernaute, PieR, rotoclap, atlyric, le_stoppeur, rayman, Kaeihan et Douceur.
- À tous les visiteurs du Site du Zéro depuis ses débuts pour leur soutien sans faille et leurs innombrables encouragements à continuer ce que je fais depuis 13 ans déjà. À toute l'équipe du site passée, présente et future : modérateurs, newsers, validateurs et admins pour le travail considérable qu'ils effectuent chaque jour pour maintenir mon « bébé » en vie et en bonne santé. Une mention toute particulière aux deux fous qui ont dit « Oui » quand je leur ai proposé de recoder

entièrement le site : karamilo et winzou (2 ans de travail acharné, mais quel résultat mes amis !).

Il y a tellement d'autres personnes que j'aimerais remercier ici, mais faute de place il va falloir que je me limite. C'est dur, mais je ne voudrais pas non plus fatiguer mes lecteurs avant même qu'ils aient commencé à lire le premier chapitre !

Allez, bonne lecture à toutes et à tous, et surtout : amusez-vous bien !

Mathieu Nebra, alias M@teo21

http://www.siteduzero.com

Table des matières

PALACE
PIAZZA
LA TOUR DORÉE
Célestin

chapitre 1

Un site web, comment ça marche ?

Pour créer un site web, il est préférable de connaître d'abord les rouages qui se cachent derrière ! Nous devons en particulier nous équiper des logiciels nécessaires à la création d'un site...

SOMMAIRE

MOTS-CLÉS

- XHTML
- CSS
- Navigateurs
- Éditeurs

Comment ? Vous savez déjà comment un site web fonctionne ? Détrompez-vous ! Ce n'est pas parce que vous savez naviguer sur le Web à la perfection que vous savez pour autant comment il marche et comment il a été conçu. Or, si vous voulez vous prétendre « webmaster » (c'est-à-dire créateur de site web), un minimum de culture générale est nécessaire.

Dans ce chapitre, nous allons répondre aux questions suivantes :

- Que signifient les mots XHTML et CSS ?
- Quels sont les programmes qui permettent de naviguer sur un site ?
- Quels sont les programmes qui permettent d'en créer un ?

XHTML et CSS : les langages du Web

Vous vous demandez peut-être d'où les informaticiens tirent ce chic pour inventer des acronymes imprononçables qui effraient les débutants ?

Pas de panique ! Derrière ces mots barbares que sont « XHTML » et « CSS » se cache... la clé de cet ouvrage, ni plus ni moins ! En effet, pour créer un site web, on doit parler un langage que l'ordinateur comprend. Et vous allez voir qu'on commence fort : pour créer un site web, on n'utilise pas un, mais deux langages !

- **XHTML** (*eXtensible HyperText Markup Language*) : parfois connu sous le nom de HTML (une variante identique à peu de choses près), c'est le langage de base du Web.

  En théorie, il est possible de faire tout un site rien qu'avec le langage XHTML. Toutefois, celui-ci ne serait pas très esthétique...
- **CSS** (*Cascading Style Sheets*) : c'est là qu'intervient le langage CSS. Son rôle est en quelque sorte de « décorer » votre site web, lui donner de l'allure. On utilise le CSS en particulier pour réaliser la mise en page du site, pour définir la police, la taille du texte, la couleur du texte et du fond, etc.

CULTURE Le HTML et le XHTML

« Rome ne s'est pas faite en un jour »... Le Web non plus ! Celui-ci s'est développé au fur et à mesure, en fonction des idées et des possibilités offertes par les nouvelles technologies.

Ainsi le langage HTML a-t-il connu 4 versions apportant tour à tour leur lot d'améliorations. La dernière version en date est HTML 4.01. La version 5 est en préparation et apporte plusieurs améliorations notamment en matière de multimédia, mais elle ne sera pas utilisable avant un moment.

Le XHTML est une variante de HTML basée sur le langage XML. Elle est presque identique, si ce n'est qu'elle demande plus de rigueur pour des raisons d'uniformisation, ce qui rend le code plus clair. C'est pour cela que nous choisissons d'utiliser XHTML dans cet ouvrage.

Au début, cela peut paraître un peu perturbant de se dire que l'on va avoir à manipuler deux langages. Pourtant, bientôt cela vous semblera naturel.

B.A.-BA Le code source

Les sites web sont donc construits à l'aide des langages XHTML et CSS. Lorsqu'on crée son site, on écrit du code informatique dans les langages XHTML et CSS. Ce code est appelé le « code source ». Pourquoi ? Parce que ce code est *la source* d'un résultat visuel : votre site web.

En fait, ces deux langages permettent tout simplement de séparer le fond de la forme :

- le fond est l'affaire du langage XHTML ;
- alors que le langage CSS s'occupera de la forme.

Voici une démonstration en images de ce que nous venons de voir.

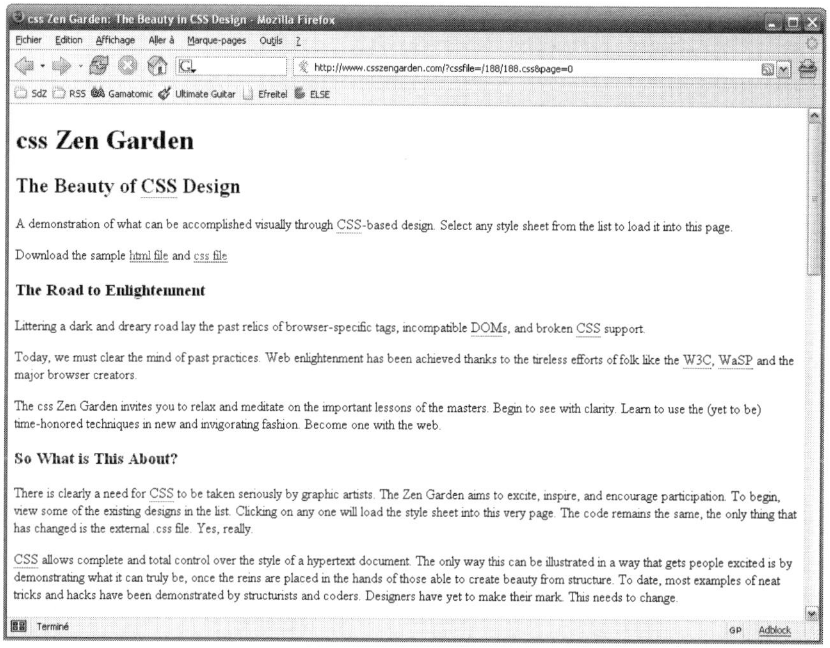

Figure 1–1
Une page web utilisant uniquement du XHTML

Figure 1–2
La même page web avec le CSS en plus

Les images parlent d'elles-mêmes. Le XHTML vous permet de rédiger *le contenu* de votre site tandis que le CSS vous permet de définir *l'apparence* de votre site. Sur ces deux captures d'écran, le code XHTML est exactement le même. On a juste donné une apparence visuelle au site grâce au CSS sur la figure 1-2.

Dans la première partie de ce cours (chapitres 2 à 5), nous ne travaillerons qu'avec le XHTML pour des raisons de simplicité (il serait dommage que tout se mélange dans votre tête dès le début !). Le site sera peu esthétique les premiers temps, mais la donne changera rapidement dès que nous introduirons le CSS à partir du chapitre 6.

B.A.-BA **Les bienfaits du CSS**

Séparer le fond de la forme a plusieurs avantages :

- On peut changer facilement le design de son site et proposer plusieurs designs différents.
- La mise en page du site est homogénéisée, ce qui contribue à donner un aspect professionnel à votre travail.
- Étant donné que le fond et la forme sont placés dans des fichiers séparés, l'internaute a moins de données à télécharger car le CSS est généralement commun à tout le site. Sa navigation s'en retrouve accélérée : il ne télécharge que le contenu à chaque nouvelle page et n'a plus besoin des informations de mise en forme, car elles sont conservées en mémoire.

Des navigateurs pour voir les pages web...

En l'espace de quelques années, le navigateur est devenu probablement le programme le plus utilisé sur un ordinateur. Et pour cause : c'est lui qui vous permet de surfer sur le Web !

Le rôle du navigateur est d'analyser le code XHTML et CSS des pages web et d'en produire un résultat visuel, facile à lire pour un humain (il faut avouer qu'un code source n'est pas très amusant à lire). Le problème est que les navigateurs interprètent parfois le XHTML et le CSS différemment, d'où l'intérêt de tester son site sur plusieurs navigateurs.

Vous savez probablement déjà ce qu'est un navigateur, mais pouvez-vous citer tous les navigateurs qui existent ? Personnellement en tout cas, je n'en suis pas capable car il en existe un très grand nombre, et je n'aurais pas la prétention de vous faire une liste complète. En revanche, je peux vous citer les plus connus d'entre eux :

- Internet Explorer (Windows) ;
- Mozilla Firefox (Windows, Mac et Linux) ;
- Opera (Windows, Mac et Linux) ;
- Google Chrome (Windows, Mac et Linux);
- Safari (Mac et Windows) ;
- Konqueror (Linux), etc.

Il est impossible de tous les présenter ici, mais voyons quand même un peu plus en détail les quatre premiers qui représentent à eux seuls plus de 90 % des internautes.

ALLER PLUS LOIN **Liste des navigateurs**

On peut trouver sur Internet des sites tentant de référencer tous les navigateurs qui existent (même si avoir la liste complète est probablement impossible).

Si vous voulez vous rendre compte par vous-même de la diversité des navigateurs qui existent, rendez-vous par exemple sur cette page :

▸ http://browsers.evolt.org/

ACTUALITÉ **Safari sous Windows**

Apple a récemment décidé de proposer son navigateur Safari pour Windows XP et Vista. C'est une occasion de plus pour les utilisateurs de Windows d'essayer un autre navigateur qu'Internet Explorer, qui reste installé par défaut.

Internet Explorer

C'est le navigateur qui domine actuellement le marché avec 62 % des parts de marché (depuis un moment en baisse, notamment grâce au succès de Mozilla Firefox). Ce n'est pas un hasard : c'est le navigateur de Microsoft et il est livré avec chaque version de Windows. Il est donc facile de comprendre pourquoi il s'agit du navigateur le plus répandu aujourd'hui.

Figure 1–3 Le logo d'Internet Explorer

Figure 1–4
Le navigateur Internet Explorer

> **CULTURE Internet Explorer sous Mac**
>
> Il existait une version d'Internet Explorer pour Macintosh. Le développement de ce navigateur est aujourd'hui arrêté.

Pourtant, ce navigateur est souvent critiqué. Loin de nous l'idée de vouloir lancer une polémique de webmaster dès les premières pages de cet ouvrage, mais il faut néanmoins savoir qu'on lui a pendant longtemps reproché des problèmes de sécurité ainsi qu'un retard conséquent au niveau du langage CSS. Les choses se sont notablement améliorées depuis la version 8 (IE 8), mais les utilisateurs des versions précédentes (IE 6 et IE 7) doivent encore se mettre à jour... ce qui peut prendre du temps.

Mozilla Firefox

Figure 1–5 Le logo de Mozilla Firefox

C'est le petit nouveau qui est venu tout bousculer. En l'espace d'une année seulement, Firefox s'est fait un nom et s'est même offert le luxe de grignoter significativement les parts de marché d'Internet Explorer. Si l'équipe de développement d'Internet Explorer s'est mise à travailler sur une nouvelle version, Firefox n'y est certainement pas étranger.

C'est un navigateur libre et gratuit. Il est disponible dans toutes les langues pour Windows, Mac OS et Linux.

> **CULTURE Le succès de Mozilla Firefox**
>
> Depuis la sortie de Firefox 1.0, le succès de ce navigateur ne s'est pas démenti. Il a été téléchargé plusieurs centaines de millions de fois, et est utilisé aujourd'hui par plus de 28 % des internautes européens (source : Xiti Monitor).

Figure 1–6
Le navigateur Mozilla Firefox

CULTURE Logiciel libre ≠ gratuit

Un logiciel est dit « libre » lorsqu'il garantit aux utilisateurs les quatre libertés suivantes :

- droit d'utiliser le programme pour tous les usages, privé comme professionnel ;
- droit d'accéder et d'étudier son code source (d'où la notion d'open source, source ouverte) ;
- droit de copier et/ou de redistribuer le programme ;
- droit de modifier et d'améliorer le logiciel et de redistribuer la version modifiée.

Les logiciels libres ne sont pas toujours gratuits. L'amalgame vient de ce que l'anglais *free* signifie aussi bien « libre » que « gratuit ».

Pour plus de précisions :

- http://www.aful.org/presentations/libre.html
- http://fr.wikipedia.org/wiki/Logiciel_libre

ASTUCE Les extensions des webmasters

Il existe des extensions pour Firefox spécialement prévues pour les webmasters : Web Developer Toolbar et Firebug. Elles ajoutent une foule d'options pour vous aider à concevoir votre site. Un futur webmaster tel que vous en raffolera certainement. Téléchargez-les à l'adresse :

- https://addons.mozilla.org/fr/firefox/addon/1843

et

- https://addons.mozilla.org/fr/firefox/addon/60

Il offre de nombreuses fonctionnalités comme un bloqueur de pop-ups (ces publicités qui surgissent sur votre écran), les mises à jour automatiques, la navigation par onglets, etc. Il est personnalisable grâce à un gestionnaire de thèmes et à un système d'extensions.

Si vous ne possédez pas ce navigateur et que vous n'utilisez qu'Internet Explorer, essayez-le en le téléchargeant à l'adresse suivante :

http://www.mozilla-europe.org/fr/

Notez que Firefox et Internet Explorer peuvent cohabiter sans aucun problème sur votre ordinateur.

Je ne vous propose pas de télécharger Firefox juste pour la beauté du geste. En tant que webmaster, vous *devez* tester le fonctionnement de votre site sur au moins deux navigateurs, voire plus si vous le pouvez. L'objectif est que tous vos visiteurs puissent profiter au mieux de votre site, quel que soit le navigateur qu'ils utilisent.

Opera

Figure 1–7 Le logo d'Opera

Opera est un navigateur gratuit, puissant et riche en fonctionnalités qui, à l'heure actuelle, reste assez peu utilisé, en comparaison de Mozilla Firefox et Internet Explorer. En revanche, ce n'est pas un logiciel libre contrairement à Firefox.

Figure 1–8
Le navigateur Opera

Bien qu'éternel outsider, Opera a toujours été à la pointe de la technologie. Il respecte en particulier très bien les dernières normes CSS.

Comme Firefox, je vous invite à l'essayer. Il est gratuit et disponible en français. Vous ne risquez rien, et peut-être même que vous vous en ferez votre nouveau navigateur favori !

Vous trouverez Opera en téléchargement gratuit à l'adresse suivante :

http://www.opera.com/

> **ASTUCE Opera Mini pour les téléphones portables**
>
> Il existe une version pour téléphones portables, appelée Opera Mini. Ce navigateur est en général bien meilleur que le navigateur installé par défaut. Vous pouvez le télécharger gratuitement en vous rendant à l'adresse suivante depuis votre portable :
>
> - http://mini.opera.com

Google Chrome

Google Chrome est des navigateurs les plus jeunes du marché. L'annonce de son lancement par Google, le célèbre moteur de recherche, a fait grand bruit. Beaucoup d'internautes, inquiets de la situation de quasi-monopole de Google, ont craint les conséquences de l'entrée sur le marché d'un navigateur estampillé « Google ».

Figure 1–9 Google Chrome

En gage de bonne foi, Google a diffusé le cœur de son navigateur sous licence libre, ce qui permet à d'autres développeurs d'en étudier le fonctionnement.

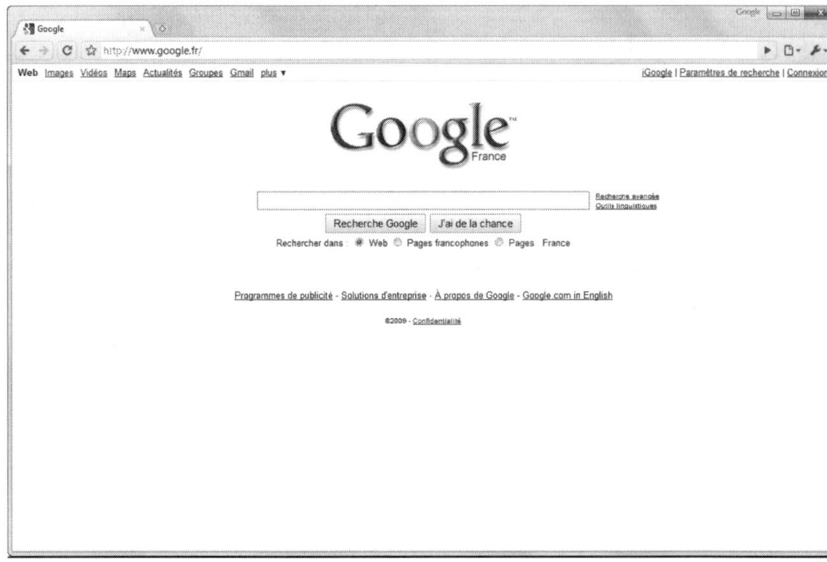

Figure 1–10
Le navigateur Google Chrome

PRÉCISION Chromium, version libre de Chrome

Google Chrome n'est en fait pas un navigateur libre en soit. C'est son cœur, dénommé « Chromium », qui est libre. Cela permet aux développeurs qui le désirent de créer une version adaptée de Chrome, par exemple pour Linux. Ils ne peuvent toutefois pas utiliser le nom de Chrome qui reste la propriété de Google.

PRÉCISION Web 2.0

L'expression Web 2.0 est omniprésente depuis son apparition en 2004. Contrairement à ce qu'elle sous-entend, il n'y a pas de versions du Web : le langage HTML connaît des versions et non le Web lui-même. Néanmoins, on utilise ce terme pour désigner la tendance actuelle qui consiste à créer des sites web qui rendent des services simples aux internautes : gestionnaire de mots de passe, de listes de courses, d'agenda, de flux RSS, de marque-pages, etc. Il est à noter que ces sites web à tendance 2.0 ont des designs épurés aux couleurs acidulées et font un usage fréquent des bords arrondis.

Ce navigateur est gratuit, et se caractérise par son interface épurée, ainsi que par ses performances : une vitesse de lancement extrêmement rapide et une grande rapidité d'exécution des pages « Web 2.0 » complexes, ce qui en fait le navigateur idéal pour consulter ses e-mails sur Gmail, par exemple.

Malgré tout, ce navigateur pêche encore par son système d'extensions peu développé, et reste minoritaire, à l'instar d'Opera. Sa version Windows est disponible, mais pas sa version Mac, ni Linux, à l'heure actuelle, bien que celles-ci avancent rapidement.

http://www.google.fr/chrome/

En ce qui me concerne, Internet Explorer, Google Chrome, Firefox et Opera sont installés sur mon ordinateur et me permettent de tester le fonctionnement de mon site sous différents navigateurs. Ce serait en effet une erreur que de créer tout un site en ne se basant que sur le résultat donné par un seul navigateur pour se rendre compte à la fin qu'il ne fonctionne pas du tout sur les autres !

... et des éditeurs pour les créer !

Nous savons que les navigateurs permettent de *voir* les sites web. Maintenant, nous nous rapprochons du sujet principal de ce livre : nous voulons connaître les programmes qui permettent d'en *créer*.

Il existe un grand nombre d'éditeurs de sites web. Il faut savoir qu'on peut les regrouper en deux catégories :

- les éditeurs WYSIWYG ;
- les éditeurs de texte.

Nous allons voir ce qui différencie ces deux types d'éditeur.

La solution de facilité : les éditeurs WYSIWYG

WYSIWYG signifie : *What You See Is What You Get*, c'est-à-dire « ce que vous voyez est ce que vous obtenez ».

Ce type d'éditeur est le plus simple, du moins en apparence. Il vous permet de rédiger le contenu de votre site directement sans avoir à taper la moindre ligne de XHTML ou de CSS. Ces éditeurs fonctionnent un peu comme un traitement de texte tel que Word (qui est d'ailleurs lui-même un éditeur WYSIWYG, mais de bien moindre qualité).

Figure 1–11
Le logo de l'éditeur WYSIWYG : Nvu

Le tableau 1-1 présente quelques éditeurs WYSIWYG parmi les plus connus.

Tableau 1–1 Comparaison des éditeurs WYSIWYG

Logiciel	Système d'exploitation	Prix	Qualité du code	Adresse
Nvu	Windows, Mac et Linux	Gratuit et Open Source	Assez bonne	http://www.nvu.com
Adobe GoLive	Windows et Mac	580 €	Moyenne	http://www.adobe.fr/products/golive/
Macromedia Dreamweaver	Windows et Mac	480 €	Moyenne	http://www.adobe.fr/products/dreamweaver
Microsoft Expression Web	Windows	149 €	Assez bonne	http://www.microsoft.com/france/expression/
Word	Windows et Mac	290 €	Très mauvaise	http://www.microsoft.com/france/word

Notez que cette liste n'est pas exhaustive (loin s'en faut !) et reflète bien entendu mon opinion sur chacun de ces produits. S'il fallait retenir une chose, c'est que si Word permet d'enregistrer en HTML, c'est une solution à éviter à tout prix tant le code produit par ce logiciel peut donner la nausée au plus solide des webmasters.

La figure 1-12 présente l'éditeur Nvu en action. Comme vous pouvez le voir, on édite directement le site à la manière d'un traitement de texte sans avoir à taper une seule ligne de code.

Toutefois, la qualité du code XHTML et CSS produit par ces éditeurs est rarement bonne et le site est parfois plus difficile à maintenir. Ce n'est pas seulement la faute du logiciel : les utilisateurs ne s'en servent pas toujours comme il faudrait. En effet, quand on crée un site, on ne doit pas raisonner comme si on utilisait un éditeur de texte. Le principe

EN PRATIQUE Éditeurs WYSIWYG et code source

Même si ce n'est pas leur vocation première, la plupart des éditeurs WYSIWYG permettent d'éditer manuellement le code XHTML et CSS qu'ils génèrent. On peut voir par exemple en bas de la figure 1-12 que l'éditeur Nvu propose un onglet *Source* permettant d'afficher la source du site en cours d'édition.

de séparation du fond et de la forme implique de se défaire de certaines mauvaises habitudes, comme chercher à mettre précisément la première majuscule de tel paragraphe en gras.

ACTUALITÉ Expression Web Designer remplace Frontpage

Dans le secteur des WYSIWYG, Microsoft a choisi de laisser de côté Frontpage et de le remplacer par un tout nouvel outil nommé « Expression Web Designer ». Bien différent de son prédécesseur, celui-ci prend bien mieux en compte les langages XHTML et CSS et permet de créer des sites conformes et standards. Son prix est d'un peu plus de 300 €.

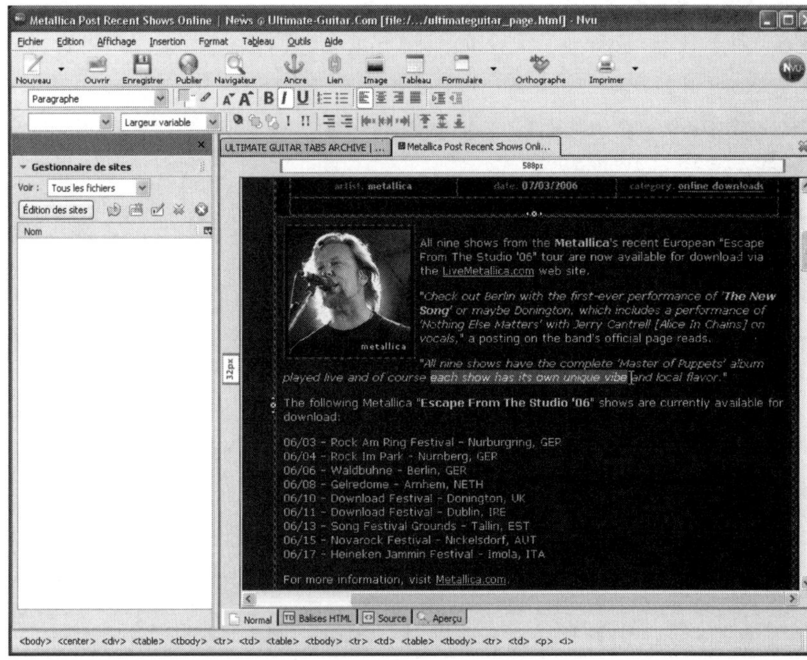

Figure 1–12
Un logiciel WYSIWYG (ici Nvu) permet d'éditer son site sans avoir à connaître les langages XHTML et CSS.

C'est donc une solution qui peut paraître attirante pour le débutant, mais ce n'est pas celle qui sera explicitée dans cet ouvrage. Les vrais webmasters savent manipuler le code XHTML/CSS directement et c'est ce que nous allons apprendre à faire !

D'après moi, les éditeurs WYSIWYG sont « une solution de facilité » car ils tentent de masquer les difficultés en vous offrant une interface plus élégante au premier abord. Malheureusement, aucun d'entre eux ne permet d'obtenir toute la souplesse et les possibilités que l'on a en rédigeant soi-même le code XHTML/CSS de ses pages, et cela, on le paie toujours tôt ou tard.

B.A.-BA Traitement de texte et éditeur de texte

Un traitement de texte et un éditeur de texte sont deux logiciels différents. Le premier permet de mettre en forme son texte, tandis que le second permet de travailler sur du texte brut, sans information de mise en forme. Les programmeurs et webmasters utilisent des éditeurs de texte pour travailler, car les traitements de texte ne sont pas adaptés à leurs besoins.

La solution des webmasters : les éditeurs de texte

Les éditeurs WYSIWYG sont des logiciels assez complexes et bien souvent très chers. En revanche, les éditeurs de texte sont pour la plupart gratuits et vous permettent de tout faire sur votre site web pour peu que vous connaissiez les langages XHTML et CSS (ça tombe bien, ce livre est là pour ça !).

Voici une liste des éditeurs de texte que vous pouvez considérer,

Tableau 1–2 Comparaison des éditeurs de texte

Logiciel	Système d'exploitation	Prix	Libre ?	Commentaires	Adresse
Bloc-notes	Windows	Gratuit (livré avec Windows)	Non	Simple, très simple, trop simple ?	Aucune (de série avec Windows)
Notepad++	Windows	Gratuit	Oui	Excellent éditeur, simple de prise en main. Recommandé.	http://notepad-plus.sourceforge.net
PSPad	Windows	Gratuit	Non	Excellent éditeur, très complet.	http://www.pspad.com/fr
Smultron	Mac OS X	Gratuit	Oui	Un bon éditeur pour Mac.	http://smultron.sourceforge.net
jEdit	Windows, Mac et Linux	Gratuit	Oui	Fonctionne sur tous les ordinateurs. Puissant.	http://www.jedit.org/
Emacs	Linux, existe aussi pour Windows et pour Mac OS X	Gratuit	Oui	Puissant, mais délicat de prise en main.	http://www.gnu.org/software/emacs/
vim	Linux, existe aussi pour Windows et pour Mac OS X	Gratuit	Oui	Puissant, mais délicat de prise en main.	http://www.vim.org/
UltraEdit	Windows	Payant (environ 30 €)	Non	Puissant et réputé.	https://www.ultraedit.com/

CULTURE Pourquoi opter pour un logiciel libre ?

Comme nous l'avons vu dans l'aparté Culture Logiciel libre ≠ gratuit, parmi les quatre conditions qui font qu'un programme informatique est « libre » il y a le fait que son code source, c'est-à-dire sa recette de fabrication, soit librement accessible pour étude, modification, etc.
Choisir d'utiliser un logiciel libre, c'est s'assurer que le programme pourra toujours être développé ou repris par d'autres programmeurs et donc qu'il continuera à évoluer, puisque son code source est librement accessible et modifiable. Ainsi, l'utilisation de logiciels libres vous garantit la pérennité de vos données, les formats étant ouverts et connus. A contrario, dans le cas des logiciels propriétaires, les formats utilisés appartiennent à leur constructeur.
Du côté des éditeurs WYSIWYG, les éditeurs libres sont bien plus rares. Dans la liste du tableau 1-1, seul Nvu en fait partie.

Vous avez tous un éditeur de texte livré avec votre système d'exploitation, que vous soyez sous Windows, Mac ou Linux. Cependant, ces éditeurs-là sont limités (en particulier Bloc-notes). Même s'ils suffisent en théorie, il est préférable d'en prendre un meilleur dès le début.

Si vous êtes sous Windows, je vous recommande chaudement Notepad++. Contrairement à Bloc-notes, il permet de colorer intelligemment le code XHTML et CSS, ce qui vous permet de vous repérer plus facilement dans votre code source. Ce n'est pas négligeable.

La figure 1-13 montre à quoi ressemble l'édition d'un site web lorsqu'on travaille avec un éditeur de texte comme Notepad++. Notez qu'on ne voit pas le résultat immédiatement : il faut lancer un navigateur pour tester son site.

ASTUCE Liste des éditeurs de texte libres

Vous trouverez sur le site Framasoft une liste plus complète des éditeurs de texte libres existants :

- http://www.framasoft.net/rubrique157.html

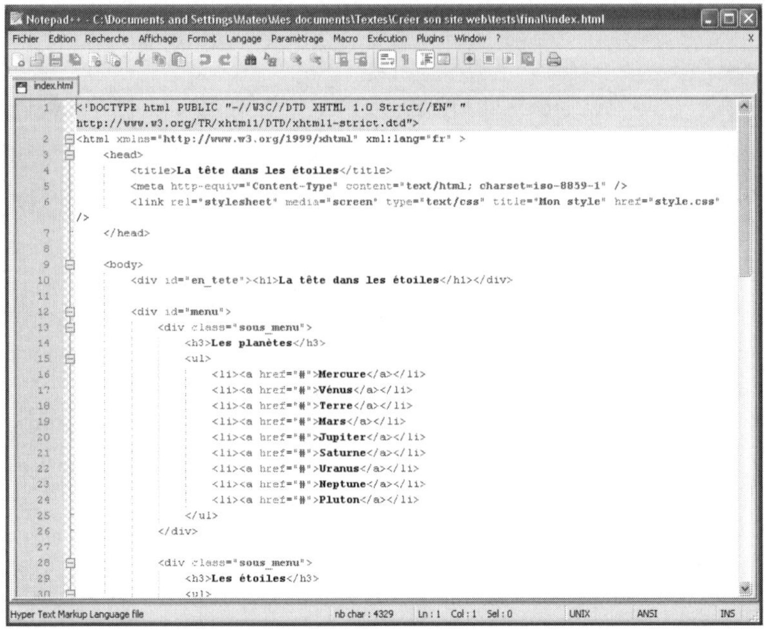

Figure 1–13
Un éditeur de texte (ici Notepad++) permet d'éditer directement le code XHTML et CSS de son site

En résumé...

Pour créer un site web, on doit utiliser deux langages que l'ordinateur comprend :

- **XHTML** : il permet de créer le contenu de votre site (c'est *le fond).*
- **CSS** : il permet de mettre en page votre site, de le décorer (c'est *la forme*).

Un navigateur est un logiciel qui permet de voir les sites web. Il analyse le code XHTML et CSS des pages et produit un résultat visuel. Ce résultat peut différer selon le navigateur que vous utilisez. Il est donc recommandé de tester continuellement son site sur au moins deux navigateurs à la fois pendant sa création, afin d'être sûr que tous vos visiteurs aient un résultat correct.

Pour créer un site, on doit utiliser un éditeur. Il en existe deux types :

- **Éditeurs WYSIWYG** : ils permettent de créer un site à la manière d'un traitement de texte. Ils génèrent automatiquement le code XHTML & CSS et sont donc plus faciles à prendre en main, mais limités.
- **Éditeurs de texte** : ce sont les plus puissants, bien que moins conviviaux au premier abord. Nous utiliserons un éditeur de texte tel que Notepad++ dans la suite de cet ouvrage pour réaliser notre site web.

Firefox
Internet Explorer
Opéra
XHTML
CSS

chapitre 2

Attributs
<!DOCTYPE html PUBLIC "-//W3C//DTD
XHTML 1.0 Strict//EN"
"http://www.w3.org/TR/xhtml1/DTD/xhtml1-
strict.dtd">
<html
xmlns="http://www.w3.org/1999/xhtml"
xml:lang="fr" >
<head>
<title>Mon super site !</title>
<meta http-equiv="Content-Type"
content="text/html;
charset=iso-8859-1" />
</head>
<body>
</body>
</html>
XHTML
BALISES
</??>
Accès libre
Créer son Site web
XHTML
CSS
VENUS

Comment démarrer sa première page web ?

Une page web est construite notamment à partir de balises. Qu'est-ce que c'est ? Comment s'en sert-on ? Autant de questions auxquelles ce chapitre va répondre, en plus de vous montrer comment réaliser votre toute première page web !

SOMMAIRE

- Une page web est constituée de balises
- Le code source minimal d'une page
- Les commentaires

MOTS-CLÉS

- XHTML
- Balises
- Attributs
- Commentaires

Nous y sommes. Après avoir préparé le terrain dans le premier chapitre, nous démarrons ici sans plus tarder la création de notre première page.

À la lecture de ces lignes, vous devriez avoir déjà installé un éditeur de texte (à moins que vous ne préfériez vous contenter du Bloc-notes). Durant tout cet ouvrage, nous utiliserons l'éditeur Notepad++. Vous pouvez toutefois en utiliser un autre sans souci, cela n'aura pas d'influence sur la création de votre site.

B.A.-BA Qu'appelle-t-on « page web » ?

Les pages web sont des documents informatiques qui peuvent contenir du texte, des images, des tableaux, des formulaires et d'autres éléments multimédias. Elles sont créées par les webmasters à l'aide des langages XHTML et CSS, et sont visualisées par les internautes grâce à un navigateur web, tel Firefox.

Une page web est constituée de balises

Avant de foncer tête baissée dans la réalisation de notre première page web, il va nous falloir faire un tout petit peu de théorie. Profitez-en bien, ce sera le seul passage théorique de cet ouvrage !

Nous voulons savoir comment rédiger le contenu d'une page web. Par exemple, si nous voulons créer une page qui affiche le texte « Bonjour, je m'appelle Robert ! », comment faire ?

C'est en fait extrêmement simple. Si vous voulez que quelque chose s'affiche, il vous suffit de l'écrire :

```
Bonjour, je m'appelle Robert !
```

Si vous créez un fichier XHTML contenant ce texte, celui-ci sera affiché dans votre navigateur.

Toutefois, vous pensez certainement que c'est un peu trop simple pour être vrai, qu'il y a forcément anguille sous roche... Et vous avez raison !

RÈGLE Une balise s'écrit en minuscules

En XHTML, les balises s'écrivent entièrement en minuscules, sans espace ni accent. En clair, on doit écrire `<balise>` et non `<BALISE>`.
Écrire des balises en majuscules était autorisé auparavant en langage HTML. Le XHTML impose l'utilisation de minuscules pour des raisons d'uniformisation.

Deux types de balises

En plus du texte, une page web XHTML contient ce que l'on appelle des balises. Une balise est une information spéciale s'adressant au navigateur. Elle n'est jamais affichée à vos visiteurs, mais elle est en revanche lue et « comprise » par le navigateur.

Une balise commence par un chevron ouvrant < et se termine par un chevron fermant >. Par exemple :

```
<balise>
```

SÉMANTIQUE Ces balises qui ont du sens

Chaque balise donne un sens précis au texte qu'elle délimite. Par exemple, la balise `<titre>` indique que ce qui suit correspond à un titre.
Vous devez choisir les balises que vous utilisez en fonction de leur signification et non pas (comme on pourrait être tenté de le faire) en fonction de l'apparence qu'elles donnent au texte. Souvenez-vous que l'apparence peut être modifiée grâce au langage CSS que nous étudierons plus loin dans cet ouvrage.

À quoi sert une balise ? Elle permet de donner une indication à l'ordinateur sur la nature du texte. Il existe par exemple une balise « titre » qui permet d'indiquer que tel texte est le titre de votre page, une balise « paragraphe » qui permet de dire que tel texte constitue un paragraphe, etc.

SÉMANTIQUE
Pourquoi les éditeurs WYSIWYG produisent-ils un code peu sémantique ?

On reproche souvent aux éditeurs WYSIWYG de produire un code de mauvaise qualité, principalement parce que le code n'est généralement pas sémantique. Les balises employées ne donnent pas la signification du texte, elles le mettent en forme. Or, cela se rapproche plus d'un traitement de texte, et les avantages de la séparation entre le fond et la forme disparaissent de ce fait.
Notons que NVU, l'éditeur WYSIWYG libre, fait ici exception car il emploie des mécanismes pour faire en sorte que le code soit sémantique autant que possible. Néanmoins, c'est l'utilisateur qui doit être conscient de l'importance de la sémantique, et non le logiciel.

Il existe deux types de balises :

- **Les balises en paires** : ce sont celles que vous rencontrerez le plus souvent. On écrit une première fois la balise, on tape du texte, puis un referme la balise après le texte en récrivant le nom de la balise précédé d'un slash (/). Par exemple :

  ```
  <titre>Le titre de ma page</titre>
  ```

  Ce codage signifie que tout ce qui se trouve entre `<titre>` et `</titre>` est le titre de la page. Les balises permettent donc de délimiter une partie de votre texte pour dire à quoi il correspond.
- **Les balises auto-fermantes (ou monoatomiques)** : ce sont des balises qui, contrairement aux précédentes, n'existent pas en deux exemplaires (on parle aussi de balise unique). Elles ne délimitent pas de texte, elles servent à insérer une information à un endroit précis. Une telle balise doit se terminer par un / avant le chevron fermant. Un exemple : `<image />`

  Cette balise signifie qu'une image doit être insérée à l'emplacement indiqué.

Notez que les balises présentées ici à titre d'exemple n'existent pas. Nous verrons les vraies balises un peu plus loin.

Les attributs

Que la balise soit de type « paire » ou « unique », elle peut prendre en plus ce qu'on appelle des attributs. Le rôle des attributs est de compléter une balise pour donner des informations supplémentaires.

Prenons au hasard la balise `<image />` que l'on vient de voir. Telle quelle, cette balise ne sert à rien. Elle dit qu'on veut insérer une image, encore faut-il préciser laquelle. Ce sera le rôle de l'attribut :

```
<image nom="photo.jpg" />
```

RÈGLE **Bien écrire les attributs**

Un attribut s'écrit obligatoirement en lettres minuscules et ne comporte pas d'espace, tout comme le nom de la balise. Il est immédiatement suivi du signe égal « = » puis de guillemets qui entourent la valeur de l'attribut.
La valeur de l'attribut n'est en revanche pas soumise aux mêmes règles : elle peut contenir des majuscules et des espaces sans problème.

L'attribut ici utilisé s'appelle `nom` et il a une valeur : `photo.jpg`.

Voilà, vous avez maintenant toute la théorie nécessaire. Passons à la pratique !

Le code source minimal d'une page

Une page XHTML doit comporter un minimum de code pour être « correcte ». Voici le code XHTML que toute page doit obligatoirement comporter :

```
<!DOCTYPE html PUBLIC "-//W3C//DTD XHTML 1.0 Strict//EN"
"http://www.w3.org/TR/xhtml1/DTD/xhtml1-strict.dtd">
<html xmlns="http://www.w3.org/1999/xhtml" xml:lang="fr" >
   <head>
      <title>Mon super site !</title>
      <meta http-equiv="Content-Type" content="text/html;
charset=iso-8859-1" />
   </head>

   <body>
   </body>
</html>
```

C'est peut-être encore du chinois pour vous, mais comprendre ce code dans les moindres détails n'est pas vital pour le moment. Sans rentrer dans les détails, car cela ferait un peu trop pour un début, voyons voir ce que signifient ces premières lignes de code XHTML :

- La première ligne est un peu particulière : c'est le `<!DOCTYPE>`. Il s'agit d'une information sur la version du langage (X)HTML que vous utilisez. Durant cet ouvrage, nous utiliserons le langage XHTML en version 1.0 qui succède au langage HTML 4.01. C'est la seule balise, avec celle de commentaire que nous verrons tout à l'heure, qui ne respecte pas les règles d'écriture des balises que nous venons de découvrir. Ne soyez donc pas surpris, en particulier par la présence de majuscules dans cette balise. Considérez que c'est « l'exception qui confirme la règle ».
- Vient ensuite la balise « de base » du langage XHTML : `<html>`. Tout votre code devra se trouver entre `<html>` et `</html>`. Il n'y a aucune balise en dehors hormis la balise spéciale `<!DOCTYPE>` que l'on vient de voir.
- La balise `<html>` possède ici deux attributs qui donnent des indications d'ordre général sur la page web : d'une part la langue utilisée (`xml:lang`), et d'autre part l'espace de noms (`xmlns`), c'est-à-dire l'adresse où se trouve la liste des balises XHTML existantes.

CHOIX Quelle version de XHTML utiliser ?

Le langage XHTML, tout comme le HTML, évolue au fil de ses versions. Nous choisissons dans cet ouvrage de présenter le XHTML 1.0.
Il faut noter qu'il existe une version plus récente encore : le XHTML 1.1. Les différences entre ces deux versions sont toutefois extrêmement minimes et elles ne méritent pas qu'on s'y attarde ici. En revanche, le XHTML 1.1 est mal supporté par les navigateurs, ce qui explique pourquoi nous ne l'utiliserons pas dans cet ouvrage.

ACTUALITÉ HTML 5, alternative au XHTML ?

Malgré les efforts d'introduction du XHTML, les webmasters utilisent assez peu ce langage à l'échelle du Web et sont pour la plupart restés au HTML 4.
Pour les inviter à évoluer, il a été décidé de préparer une nouvelle version : HTML 5. À terme, elle devrait coexister avec le XHTML.

PRATIQUE Pas de par cœur nécessaire

Le code source minimal est assez gros pour un début, mais c'est pourtant la base et nous sommes obligés de le taper même pour la plus simple des pages web. Toutefois, il n'est pas nécessaire de le retenir par cœur. Vous n'avez qu'à recopier ce code source pour chaque nouvelle page web que vous créez.

- La balise <head> contient des informations d'en-tête qui ne sont généralement pas affichées sur la page. On y trouvera en particulier toujours :
  - Le titre de la page : <title>. Le titre d'une page web est affiché dans la barre de titre du navigateur comme nous le verrons plus loin. Choisissez-le avec soin car il a beaucoup d'importance pour les moteurs de recherche qui référencent les pages web, comme Google.
  - La balise <meta /> peut être utilisée pour indiquer différentes informations d'en-tête comme le nom de l'auteur, la fréquence de mise à jour des pages, etc. Dans l'exemple donné, nous en avons placé une qui indique le type de caractères utilisé. Ici, `iso-8859-1` correspond aux caractères français. Si vous avez l'intention d'écrire en japonais par exemple, il faudra changer cette valeur (par souci de simplicité toutefois, nous éviterons d'écrire nos pages web en japonais dans cet ouvrage !).
- Enfin, la balise <body>, qui pour l'instant ne contient rien, est celle à l'intérieur de laquelle nous travaillerons le plus. En effet, tout ce qui se trouve à l'intérieur de cette balise sera affiché à l'écran.

Recopiez le code source minimal dans votre éditeur. Si vous êtes sous Notepad++, activez la coloration automatique du code en vous rendant dans le menu *Langage/HTML*. Le résultat est montré sur la figure 2-1.

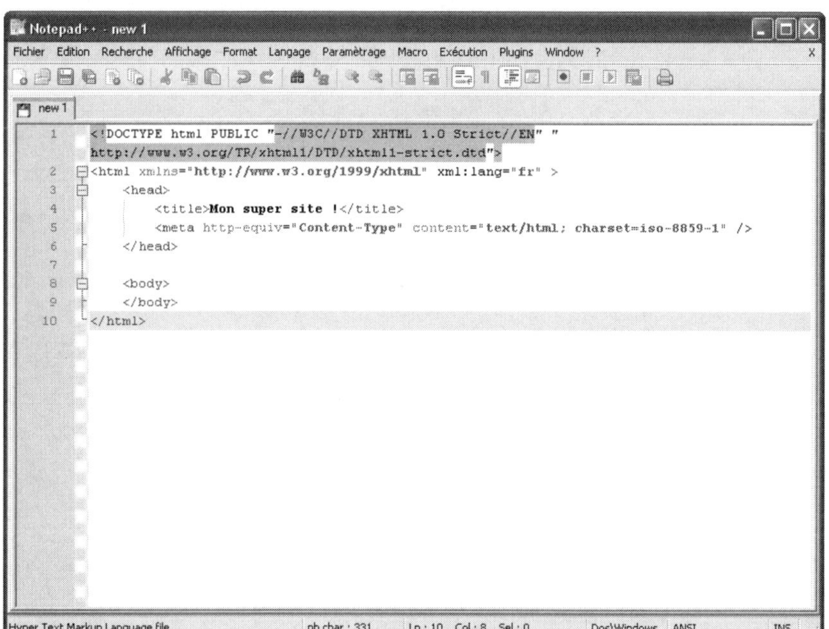

Figure 2–1
Le code minimal coloré sous Notepad++

ASTUCE Retenir les noms des balises

Le langage XHTML comporte un grand nombre de balises et il n'est pas évident de toutes les retenir lorsqu'on débute. Voici déjà des explications pour deux d'entre elles :

- <head> : ce mot signifie « tête » en anglais. C'est la balise d'en-tête. On trouve à l'intérieur des informations générales sur la page : son titre, le type de caractères utilisé, etc.
- <body> : ce mot signifie « corps » en anglais. C'est la partie principale de la page web : ce qu'on écrira à l'intérieur sera affiché à l'écran des visiteurs.

ALLER PLUS LOIN Les différents DOCTYPE

Le DOCTYPE indique la version de HTML ou de XHTML utilisée, mais aussi la rigueur du code. En effet, il y a plusieurs niveaux pour XHTML 1.0 :

- Strict ;
- Transitional ;
- Frameset.

Le niveau Strict est celui que l'on recommande d'utiliser dans la mesure du possible, les autres étant surtout utilisés pour faire la transition entre un « vieux » code en HTML et un code XHTML. Nous utiliserons donc le niveau Strict qui implique le plus de rigueur, mais qui sera aussi à l'avenir le seul niveau autorisé (XHTML 1.1 est obligatoirement en Strict par exemple).

Il vous faut maintenant enregistrer cette page. Pour cela, rendez-vous dans le menu *Fichier/Enregistrer*. Sélectionnez en bas de la fenêtre *Type : HTML file (*.html)* et rentrez ensuite un nom pour votre fichier, par exemple `test.html`.

La figure 2-2 vous montre ce que vous devriez avoir à l'écran.

INFORMATION L'extension des fichiers XHTML

Tous les fichiers sur votre ordinateur possèdent un suffixe à la fin de leur nom. Ce suffixe est appelé extension. Une extension commence toujours par un point et indique la *nature* du fichier : `fichier.jpg` est une photo, `fichier.doc` est un document Word, `fichier.exe` est un programme, etc.

Les fichiers XHTML, eux, possèdent l'extension `.html`. Notez qu'il est aussi possible de leur donner l'extension `.htm` qui est plus courte et qui revient exactement au même.

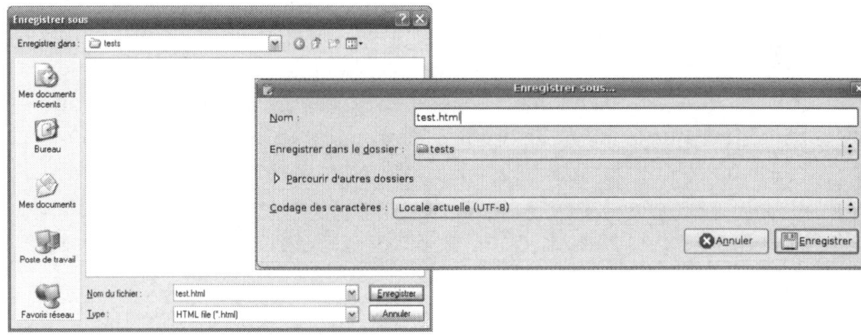

Figure 2–2
Enregistrement du fichier (X)HTML
Sous Windows (à gauche)
et sous Linux (à droite)

Une fois votre fichier `test.html` enregistré, rendez-vous dans le dossier où il se trouve. Si vous ne le voyez pas, c'est que vous n'avez pas correctement enregistré le fichier.

La figure 2-3 vous indique ce que vous devriez voir si vous vous rendez dans le dossier où vous avez enregistré votre page. Notez que l'icône du fichier peut être différente selon le navigateur que vous utilisez. Ici, il s'agit de l'icône de Mozilla Firefox.

ASTUCE Un dossier par site

Vous allez être amené à créer plusieurs fichiers `.html` comme celui-ci pour créer votre site, sans parler des fichiers images. Il est donc recommandé de créer un nouveau dossier (par exemple dans `Mes documents`) pour chaque nouveau site que vous commencez.

Pour le moment, vous pourriez créer un dossier `tests` qui contiendra vos premiers tests de pages web.

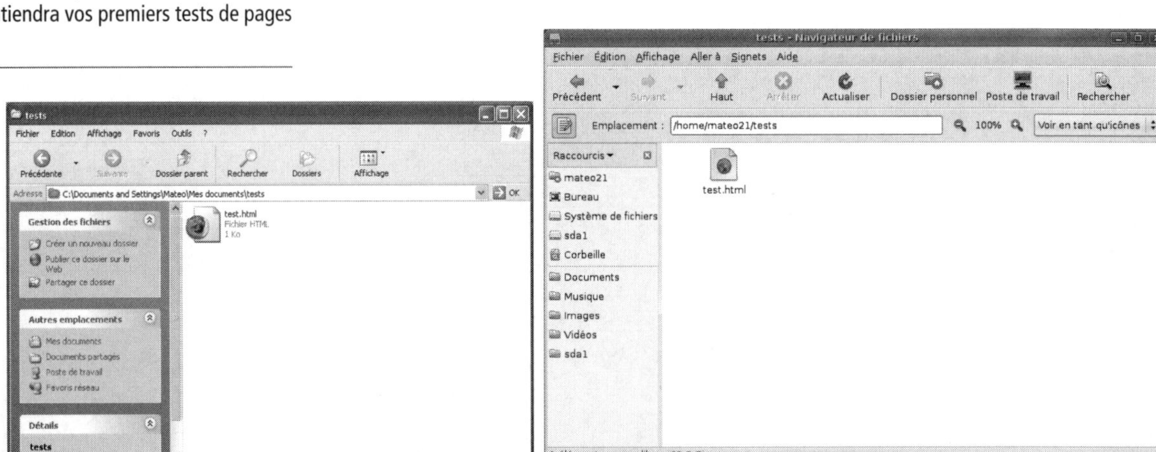

Figure 2–3 Votre fichier XHTML une fois enregistré sous Windows (à gauche) et sous Linux (à droite)

Double-cliquez sur le fichier et votre navigateur ouvrira la page web. Vous pouvez aussi démarrer votre navigateur, puis aller dans le menu *Fichier/Ouvrir un fichier* et sélectionner le fichier `.html` que vous venez de créer.

Votre toute première page web devrait ressembler à ce que montre la figure 2-4, c'est-à-dire une page vide sur un fond blanc. Le titre de la page (« Mon super site ! » en l'occurrence) doit s'afficher dans la barre de titre, tout en haut de la fenêtre.

ASTUCE **Afficher les extensions des fichiers**

Par défaut, Windows masque les extensions des fichiers. Sur la figure 2-3 par exemple, on ne verrait pas l'extension `.html` sur un Windows configuré par défaut. Pour afficher les extensions, allez dans le menu *Outils/Options des dossiers* de l'explorateur, rendez-vous dans l'onglet *Affichage*, et là, décochez la case *Masquer les extensions des fichiers dont le type est connu*.

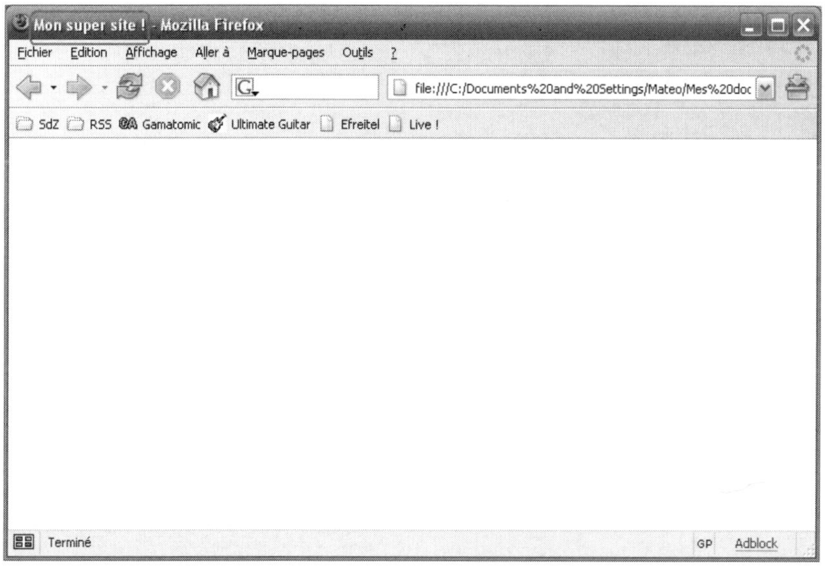

Figure 2–4
Votre première page web dans le navigateur

Voilà notre première page web sur pied ! Elle est certes un peu vide pour l'instant, mais nous ne tarderons pas à la remplir. En effet, dès le prochain chapitre nous verrons comment écrire du texte à l'intérieur de ce grand vide blanc.

Les commentaires

Il existe une balise particulière en XHTML qui... ne fait rien ! C'est ce qu'on appelle une balise de commentaire : elle n'est visible que si l'on regarde le code source de la page web que l'on visite. C'est une information généralement destinée au webmaster (c'est-à-dire vous-même !) qui peut servir de repère ou d'aide-mémoire pour ne pas oublier de coder quelque chose.

Astuce Voir le code XHTML des pages que vous visitez

Quand vous naviguez sur le Web, le navigateur affiche le résultat visuel de la page et non son code source XHTML. Sachez toutefois que, quelle que soit la page, il est possible de demander à voir son code source.

Sous Firefox, allez dans le menu *Affichage/Code source de la page*. Sous Internet Explorer c'est : *Affichage/Source*. Notez qu'il est impossible à un webmaster de masquer son code XHTML, celui-ci étant toujours visible.

Regarder le code source des sites que l'on visite est parfois un bon moyen d'apprendre de nouvelles choses. Attention toutefois, car tous les codes ne sont pas forcément de bons exemples à suivre !

Les commentaires se placent dans une balise ayant une forme un peu particulière. Celle-ci commence par `<!--` et se termine par `-->`. Rien de ce qui se trouve à l'intérieur ne sera affiché. Voici un exemple de commentaire :

```
<!-- Coucou, je suis un commentaire -->
```

On pourrait par exemple ajouter un commentaire dans le « code minimal » que l'on a vu tout à l'heure :

```
<!DOCTYPE html PUBLIC "-//W3C//DTD XHTML 1.0 Strict//EN"
"http://www.w3.org/TR/xhtml1/DTD/xhtml1-strict.dtd">
<html xmlns="http://www.w3.org/1999/xhtml" xml:lang="fr" >
   <head>
      <!-- Penser à trouver un meilleur titre -->
      <title>Mon super site !</title>
      <meta http-equiv="Content-Type" content="text/html;
charset=iso-8859-1" />
   </head>

   <body>
   </body>
</html>
```

Cette page web affichera exactement la même chose à l'écran que la dernière fois. Le commentaire sert uniquement au webmaster. Ici par exemple, il fait office d'aide-mémoire pour vous rappeler de trouver un titre un peu plus original.

N'abusez pas trop des commentaires toutefois car cela peut alourdir votre code source à la longue, et donc augmenter le temps de chargement de votre page web.

QCM

Laquelle de ces balises est correctement écrite ?

- `<Title></Title>`
- `<title></title>`
- `<TITLE></TITLE>`

À l'intérieur de quelle balise le texte de la page web sera-t-il écrit ?

- `<body>`
- `<head>`
- `<title>`

La toute première balise qui doit être écrite dans une page web est `<!DOCTYPE>`. Quel est son rôle ?

- Indiquer la version du langage (X)HTML utilisé.
- Indiquer si le fichier utilise le langage XHTML ou CSS.
- Indiquer le titre de la page web.

Laquelle de ces balises est une balise de commentaire ?

- `<! Commentaire>`
- `<!- Commentaire -->`
- `<!-- Commentaire -->`

chapitre 3

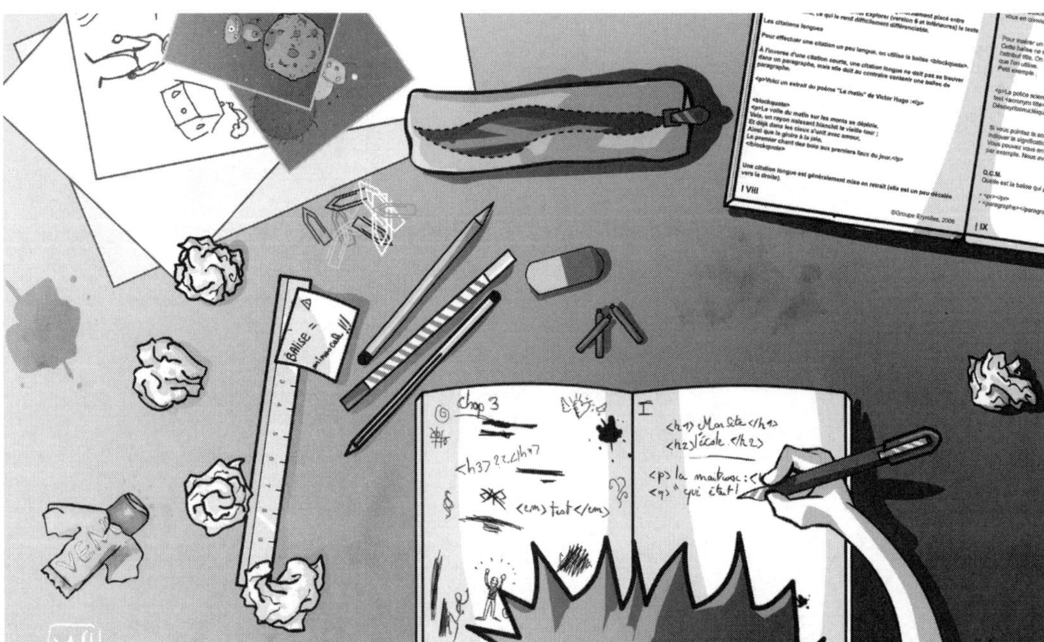

Baliser le texte de sa page

Dans le chapitre précédent, nous avons appris à créer une page web basique. Pour l'instant, cette page est blanche. Il est temps maintenant d'y mettre du texte !

SOMMAIRE

- Créer des paragraphes
- Créer des titres
- Mettre en valeur son texte
- Les citations
- Les exposants et indices
- Les acronymes

MOTS-CLÉS

- Contenu
- Paragraphes
- Titres
- Sémantique

À ce stade, vous devriez être capable de créer une page web blanche constituée du code XHTML minimal. Voyons maintenant comment baliser le contenu de notre page afin qu'il s'affiche avec des paragraphes et des titres. Nous verrons également les principales balises de mise en forme qui mettront en exergue certains éléments de notre texte.

Comme nous l'avons vu au chapitre précédent, nous allons placer le contenu du site à l'intérieur des balises `<body></body>`. Cela sera valable tout au long de cet ouvrage.

JARGON En local

Les fichiers de votre site sont pour le moment stockés sur le disque dur de votre ordinateur. Cela signifie que seul vous pouvez accéder au site que vous êtes en train de créer. On dit qu'on travaille « en local ».

Pour que tous les internautes du monde entier puissent visiter votre site, il faudra envoyer vos fichiers chez un hébergeur web. Nous verrons comment faire cela à la fin, lorsque votre site sera terminé (chapitre 14).

Créer des paragraphes

La première balise que vous devez connaître est la balise de paragraphe. C'est certainement l'une des balises les plus utilisées car, comme son nom l'indique, elle sert à délimiter un paragraphe de texte. Cette balise est très simple : `<p></p>`.

Tout ce qui se trouve à l'intérieur de cette balise sera considéré par le navigateur comme un paragraphe. Vous pouvez donc taper le texte que vous voulez :

```
<p>Salut à toi, internaute !</p>
```

Vous devez placer cette portion de code à l'intérieur de la balise `<body>`. Voici donc ce que donne le code complet de notre fichier `test.html` :

```
<!DOCTYPE html PUBLIC "-//W3C//DTD XHTML 1.0 Strict//EN"
"http://www.w3.org/TR/xhtml1/DTD/xhtml1-strict.dtd">
<html xmlns="http://www.w3.org/1999/xhtml" xml:lang="fr" >
   <head>
      <title>Mon super site !</title>
      <meta http-equiv="Content-Type" content="text/html;
charset=iso-8859-1" />
   </head>

   <body>
      <p>Salut à toi, internaute !</p>
   </body>
</html>
```

Enregistrez la page comme vous avez appris à le faire dans le précédent chapitre. Ouvrez ensuite le fichier `test.html` que vous venez de créer. Le paragraphe doit s'afficher dans la fenêtre du navigateur. La figure 3-1 vous montre ce que doit afficher votre navigateur.

Figure 3–1
Un premier paragraphe

La mise en forme du paragraphe

Il faut savoir que le langage XHTML ne respecte pas les sauts de ligne que vous pourriez taper. Essayez par exemple d'écrire le paragraphe suivant dans votre page web :

```
<p>Bonjour !

Je suis un paragraphe de texte rédigé en XHTML (oui je sais je
n'en ai pas l'air comme ça !)
Je sers à montrer une règle du langage XHTML assez surprenante
pour un débutant. Heureusement, le problème se résout
facilement.</p>
```

N'oubliez pas de mettre ce paragraphe dans le code XHTML minimal que vous avez découvert dans le chapitre précédent.

Le résultat apparaît sur la figure 3-2.

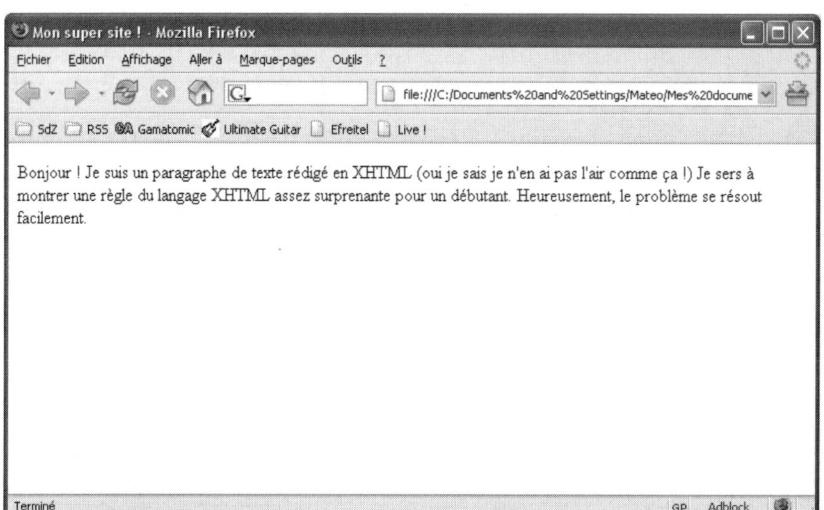

Figure 3–2
Le paragraphe n'est pas mis en forme.

Le paragraphe n'a pas été mis en forme tel qu'on l'avait écrit, toutes les lignes sont à la suite les unes des autres. C'est justement cette curiosité que nous tenions à vous faire découvrir.

Comment régler le problème ? On peut déjà commencer par faire deux paragraphes au lieu d'un :

```
<p>Bonjour !</p>

<p>Je suis un paragraphe de texte rédigé en XHTML (oui je sais
je n'en ai pas l'air comme ça !)
Je sers à montrer une règle du langage XHTML assez surprenante
pour un débutant. Heureusement, le problème se résout
facilement.</p>
```

Vous constaterez qu'il y a cette fois deux paires de balises <p></p>. Le résultat est donné sur la figure 3-3.

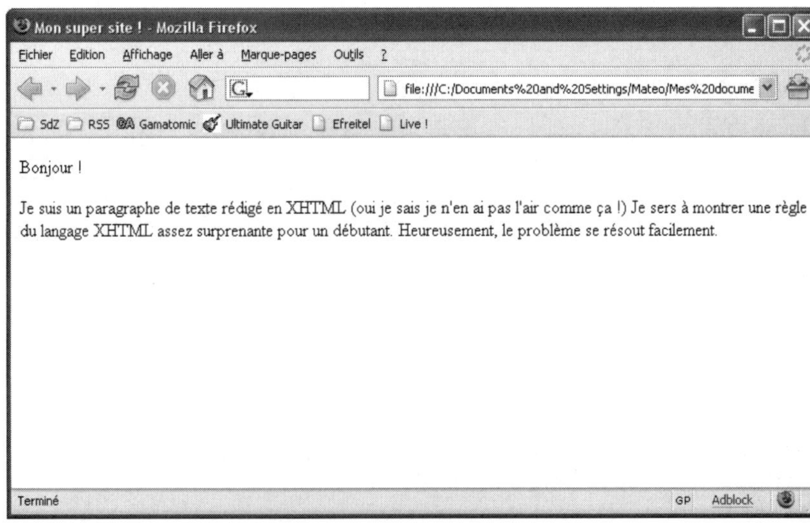

Figure 3–3
Le même texte en 2 paragraphes

RÈGLE La balise <br /> dans la balise <p>

Vous devez impérativement placer la balise
 à l'intérieur d'une balise de paragraphe <p></p>. Par exemple, le code suivant est interdit car la balise <br /> ne se trouve pas à l'intérieur d'un paragraphe :

```
<p>Paragraphe</p>
<br />
<p>Autre paragraphe</p>
```

Si vous faites cela, aucune erreur ne s'affichera mais votre page sera considérée comme invalide. Une page invalide est une page qui ne respecte pas les règles du langage XHTML, sa pérennité risque alors d'être affectée. Tout webmaster un tant soit peu consciencieux doit faire l'effort de respecter ces règles. Nous parlerons de la validité des sites web plus en détail à la fin du chapitre 13.

Le résultat est un peu meilleur mais il reste un problème : comment faire un simple retour à la ligne à l'intérieur d'un paragraphe ? En effet, on aimerait bien aller à la ligne dans le second paragraphe. On pourrait certes en créer un troisième, mais cela décalerait trop le texte car un nouveau paragraphe produit l'équivalent de deux retours à la ligne.

Il existe une balise permettant de faire un retour à la ligne simple à l'intérieur d'un paragraphe : la balise
 (pour *break*).

Rien qu'en la voyant, vous avez certainement deviné, si vous avez bien suivi le chapitre précédent, qu'il s'agit là d'une balise auto-fermante. Contrairement à <p></p>, on ne la rencontre pas sous forme de paire. La balise <br /> sert simplement à indiquer qu'on insère un retour à la ligne à un endroit, et rien de plus.

Voyons ce que cela donne si on utilise le code suivant :

```
<p>Bonjour !</p>

<p>Je suis un paragraphe de texte rédigé en XHTML (oui je sais
je n'en ai pas l'air comme ça !)<br />
Je sers à montrer une règle du langage XHTML assez surprenante
pour un débutant. Heureusement, le problème se résout
facilement.</p>
```

**ATTENTION N'abusez pas des
**

La balise `<br />` est certes pratique pour faire un retour à la ligne, mais il ne faut pas en abuser. On pourrait être tenté en particulier de faire plusieurs retours à la ligne pour décaler son texte plus bas dans la page :

Cette technique fonctionne en effet, mais en pratique ce n'est pas comme ça qu'il faut faire. Pour décaler le texte et le placer à un endroit précis sur la page, nous utiliserons le langage CSS que nous découvrirons plus loin dans cet ouvrage.

Le résultat tant attendu apparaît sur la figure 3-4.

Figure 3–4
Notre texte est enfin correctement mis en forme !

C'est de cette manière que l'on organise le texte de sa page web. La majeure partie du texte d'une page web se trouve donc à l'intérieur de balises de paragraphe `<p>`, dans lesquelles on retrouve généralement des sauts à la ligne `<br />`.

BON À SAVOIR Présentation du code source

Effectuer un retour à la ligne dans le code source XHTML (en appuyant sur la touche *Entrée*) n'a strictement aucun effet sur le résultat final. Pour effectuer un retour à la ligne, il faut utiliser la balise `<br />`. Ne vous fiez donc pas aux sauts de ligne placés entre les deux paragraphes, ils n'ont en réalité aucun effet. Essayez d'ailleurs de placer tout le code sur la même ligne, vous verrez que le résultat sera le même :

```
<p>Bonjour !</p><p>Je suis un paragraphe de texte rédigé en XHTML
(oui je sais je n'en ai pas l'air comme ça !)<br />Je sers à montrer
une règle du langage XHTML assez surprenante pour un débutant.
Heureusement, le problème se résout facilement.</p>
```

Toutefois, pour des raisons de présentation, on préférera aérer son code source autant que possible.

Créer des titres

Après avoir vu comment créer des paragraphes, nous allons apprendre à placer des titres dans notre page web pour structurer l'information.

Le langage XHTML vous propose pas moins de... 6 balises de titres différentes ! Pas de panique toutefois, elles sont très simples à retenir et vous allez rapidement comprendre pourquoi il y en a autant : ce sont des niveaux de titres différents. Dans une page web correctement organisée, on trouve des titres, des sous-titres, des sous-sous-titres, etc.

Le XHTML vous permet donc de créer jusqu'à 6 niveaux de titres différents :

```
<h1>Titre très important (titre principal)</h1>
<h2>Sous-titre</h2>
<h3>Sous-sous-titre</h3>
<h4>Sous-sous-sous-titre</h4>
<h5>Sous-sous-sous-sous-titre (pas très important)</h5>
<h6>Sous-sous-sous-sous-sous-titre (hum...)</h6>
```

Entre nous, il est rare d'aller plus loin que la balise <h4> ! Donc avec 6 niveaux de titres différents, vous devriez avoir le temps de voir venir a priori.

Pour bien comprendre comment vous devez organiser vos titres, aidez-vous de l'exemple ci-dessous :

```
<h1>Salon de coiffure Trankilou</h1>

<h2>Localisation</h2>
<p>Le salon de coiffure est situé dans un charmant petit village
du nord de la Creuse.</p>

<h2>Horaires d'ouverture</h2>
<p>De 14h à 17h du Lundi au Mardi (avec la pause café de 15h à
16h)</p>
```

ATTENTION Il y a titre et titre

Il ne faut pas confondre le titre général de la page (<title>) qu'on a découvert au chapitre précédent avec les titres et sous-titres *à l'intérieur* de la page que nous voyons ici (<h1>, <h2>, etc.).

Le titre général de la page est affiché en haut de la fenêtre du navigateur, tandis que les titres de type <h1> sont affichés à l'intérieur même de la page web.

SÉMANTIQUE Choisir un niveau de titre

En fonction de l'importance du titre, celui-ci sera écrit plus ou moins gros par le navigateur. Ainsi, <h1> est écrit très gros et <h6> est écrit en petit. Lorsqu'on débute, on a tendance à choisir sa balise de titre en fonction de la taille dans lequel le texte est écrit. Or, c'est une erreur. Il faut choisir la balise en fonction du « niveau » du titre, c'est-à-dire de son importance : titre de niveau 1, de niveau 2, etc. Si vous voulez modifier la taille du texte, c'est le langage CSS qu'il faut utiliser (nous verrons comment faire cela au chapitre 7).

ATTENTION N'abusez pas des sous-titres

Ne multipliez pas trop les niveaux de titres. Si vous avez des sous-sous-sous-sous-titres, votre page risque de devenir difficilement compréhensible. En vous organisant correctement, vous ne devriez pas avoir besoin de dépasser 3 ou 4 niveaux de titres différents.

ATTENTION Placement des balises de titres

Les balises de titres doivent être placées *à l'extérieur* des balises de paragraphe, comme le montrent les exemples de ces pages. Vous ne pouvez donc pas écrire :

```
<p><h1>Titre</h1> Paragraphe</p>
```

Ce code est considéré comme incorrect. Concrètement, votre page s'affichera correctement mais le code ne sera pas valide. On dit d'un tel code qu'il est « mal formé ». Les effets néfastes d'un code mal formé se ressentent à long terme. Pour éviter d'avoir à le regretter plus tard, il est donc temps de prendre dès à présent la bonne habitude d'organiser vos balises comme indiqué dans les exemples de cet ouvrage.

L'objectif des titres est de vous permettre de structurer au mieux votre page web, ce qui est le but du langage XHTML. Les titres importants seront écrits plus gros par votre navigateur que les sous-titres, ce qui vous permet de bien les différencier à l'affichage, comme le montre la figure 3-5.

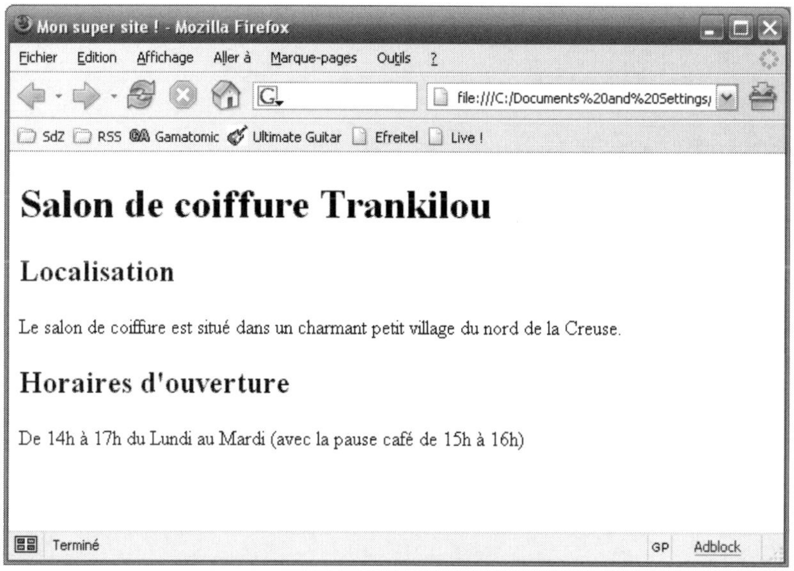

Figure 3–5
Utilisation des balises de titres

N'oubliez pas que ce code source doit se trouver à l'intérieur de la balise <body></body>, comme tout le code que nous allons voir à partir de maintenant !

Mettre en valeur son texte

Lorsqu'une page comprend beaucoup de paragraphes, comme c'est souvent le cas, il peut être pratique de mettre en valeur certaines parties du texte.

On dispose pour cela de 2 balises de « mise en valeur » différentes :

- <em></em> : pour une faible mise en valeur. Le texte sera généralement mis en italique.
- <strong></strong> : pour une mise en valeur importante. Le texte sera généralement mis en gras.

C'est à vous de choisir la balise qui convient selon l'importance que vous voulez donner à votre texte.

SÉMANTIQUE **Sémantique et mise en forme**

Les balises que nous étudions en XHTML ont un sens : par exemple <p> indique un « paragraphe » et <strong> indique un texte « important ». On dit que votre page web respecte une sémantique, c'est-à-dire qu'elle a un sens.
Toutefois, cela ne veut pas dire que <strong> sert à mettre en gras un texte comme on pourrait être tenté de le croire. En effet, les navigateurs mettent en valeur le texte comme ils le souhaitent (la plupart du temps ils mettent en gras les termes concernés, mais ce n'est pas toujours le cas).
Si vous voulez explicitement mettre en gras du texte, c'est que vous voulez faire de la mise en forme et tout ce qui touche à la mise en forme se fait avec le langage CSS que nous découvrirons à partir du chapitre 6.

Les balises `<strong>` et `<em>` doivent être utilisées à l'intérieur de paragraphes `<p>` comme le montre l'exemple suivant :

```
<p>Attention, ceci est <strong>très important</strong> !<br />
Ce mot aussi est <em>important</em>, mais un peu moins que le
texte ci-dessus.</p>
```

Observez comment le texte a été mis en valeur par le navigateur sur la figure 3-6.

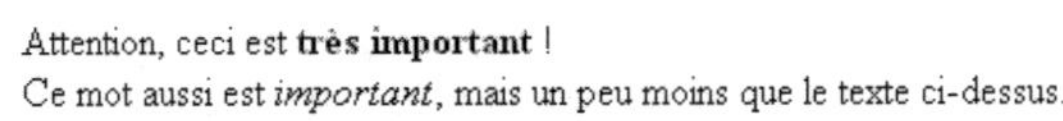

Figure 3–6
Mise en valeur du texte

Les citations

Dans votre site web, vous serez peut-être amené à faire des citations, que ce soit des citations de livres ou d'autres sites.

Pour ce faire, on dispose de plusieurs balises ; on choisit la balise en fonction de la longueur de la citation...

Les citations courtes

Une citation courte (quelques mots) se place dans une balise `<q></q>`. Cette balise doit se trouver à l'intérieur d'un paragraphe.

```
<p>Une citation du film "Le Schpountz" de Marcel Pagnol :<br />
<q>Irénée, tu n'es pas bon à rien, tu es mauvais à tout.</q></p>
```

Le texte à l'intérieur d'une citation courte sera généralement placé entre guillemets. Notez que sous Internet Explorer (version 6 et inférieures) le texte n'est pas modifié, ce qui le rend indifférenciable.

TOUJOURS PLUS **La balise <cite>**

Signalons aussi l'existence d'une autre balise de citation : `<cite>`. Elle sert à indiquer le nom de l'auteur d'une citation.

Les citations longues

Pour effectuer une citation un peu longue (de plusieurs paragraphes), on utilise la balise `<blockquote>`.

À l'inverse d'une citation courte, une citation longue ne doit pas se trouver dans un paragraphe mais elle doit au contraire contenir une balise de paragraphe.

```
<p>Voici un extrait du poème "Le matin" de Victor Hugo :</p>

<blockquote>
<p>Le voile du matin sur les monts se déploie.<br />
Vois, un rayon naissant blanchit la vieille tour ;<br />
Et déjà dans les cieux s'unit avec amour,<br />
Ainsi que la gloire à la joie,<br />
Le premier chant des bois aux premiers feux du jour.</p>
</blockquote>
```

Une citation longue est généralement mise en retrait (elle est un peu décalée vers la droite). Vous pouvez observer cet effet sur la figure 3-7.

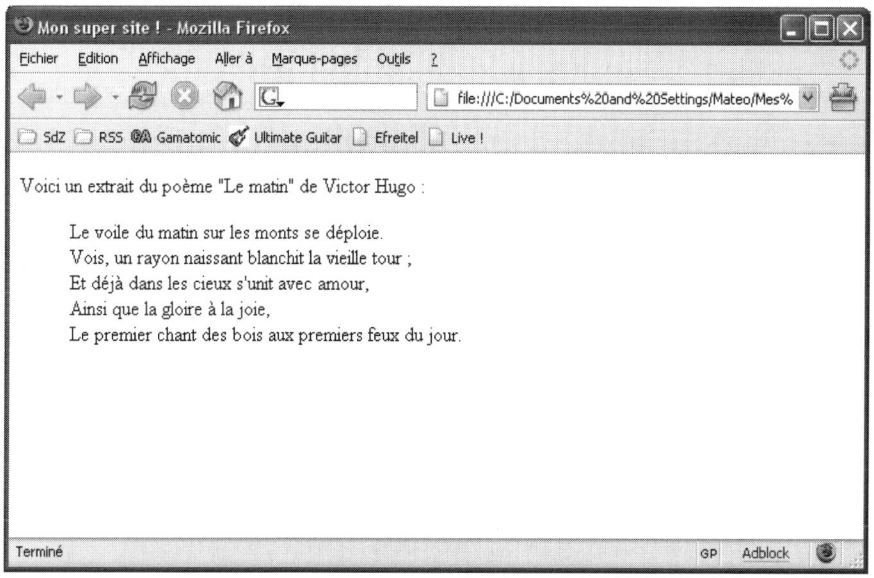

Figure 3–7
Les citations longues sont généralement mises en retrait.

Les exposants et indices

Les exposants et indices sont rarement utilisés mais peuvent s'avérer pratiques si vous avez l'intention d'écrire des formules mathématiques ou des abréviations.

- `<sup></sup>` : mise en exposant (caractères surélevés).
- `<sub></sub>` : mise en indice (caractères abaissés).

On peut utiliser la mise en exposant pour indiquer une date par exemple :

```
<p>Bienvenue dans le XXI<sup>ème</sup> siècle !</p>
<p>L'eau est notée H<sub>2</sub>O en chimie.</p>
```

Le résultat de ce code source apparaît sur la figure 3-8.

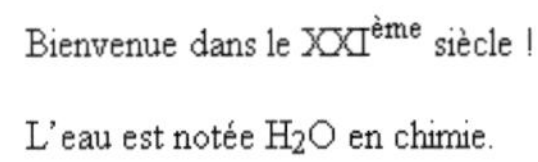

Figure 3–8
Une mise en exposant et en indice

Les abréviations

Si vous insérez un terme en notation raccourcie dans votre page, vous devez le placer à l'intérieur de la balise <abbr>. Cette balise permet de regrouper les acronymes, abréviations et sigles (voir encadré ci-contre).

Prenons par exemple le terme ADN, contraction de « acide désoxyribonucléique » (ce qui est quand même plus court à prononcer).

```
<p>La police scientifique a démasqué le coupable à l'aide d'un
test <abbr title="Acide Désoxyribonucléique">ADN</abbr></p>
```

L'attribut `title` sert à afficher une infobulle. Si vous survolez ADN avec la souris, une infobulle apparaîtra pour vous indiquer la signification du terme (voir figure 3-9).

ALLER PLUS LOIN

Abréviations, sigles et acronymes

La langue française fait la distinction entre : les abréviations (« Dr » pour Docteur), les sigles (ADN), et les acronymes (Ovni, qui se prononce comme un mot complet). En XHTML 1.0, on dispose en fait de deux balises : <abbr> et <acronym>. Nous avons pris ici le parti de ne parler que de la balise <abbr> car c'est la plus pérenne. En effet, la balise <acronym> disparaîtra dans XHTML 2.0 et HTML 5. Les abréviations, sigles et acronymes doivent donc tous être placés dans une seule balise : <abbr>. Cela simplifie les choses, et personne ne s'en plaindra.

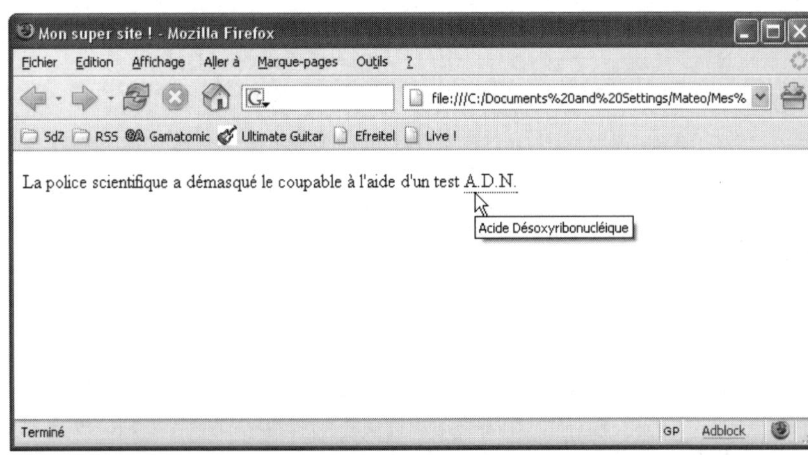

Figure 3–9
Un sigle et son infobulle

Vous pouvez vous entraîner avec les sigles XHTML et CSS par exemple. Nous avons vu leur signification dans le chapitre 1, rappelez-vous.

QCM

Quelle balise permet d'insérer un paragraphe ?

- `<pr></pr>`
- `<paragraphe></paragraphe>`
- `<p></p>`

Combien existe-t-il de niveaux de titres différents en XHTML ?

- 1
- 5
- 6

Laquelle de ces balises indique la mise en valeur la plus forte ?

- `<strong>`
- `<em>`
- `<p>`

Où une citation courte doit-elle être située ?

- À l'intérieur d'un paragraphe.
- À l'extérieur d'un paragraphe.
- Peu importe, les deux sont valables.

chapitre 4

PAPA
chambre
JARDIN
BUS
ECOLE
Cinéma
Bambi
Musée national
Tarif de Groupe

Un site, ça crée des liens !

Jusqu'ici, nous n'avons travaillé que sur une seule page web. Pourtant, dans la pratique votre site sera certainement composé de plusieurs pages. Pour que vos visiteurs puissent naviguer entre elles, nous allons apprendre à créer des liens.

SOMMAIRE

- Faire un lien vers une autre page
- Faire un lien vers un autre endroit de la page
- Les liens relatifs et absolus

MOTS-CLÉS

- Lien hypertexte
- Ancre

Les liens hypertextes sont l'invention géniale qui est à la base du Web. Aujourd'hui, tout le monde y est familier : quand on voit que le pointeur de sa souris se transforme en main, on sait qu'il s'agit d'un lien qui va nous amener sur une autre page (voir figure 4-1).

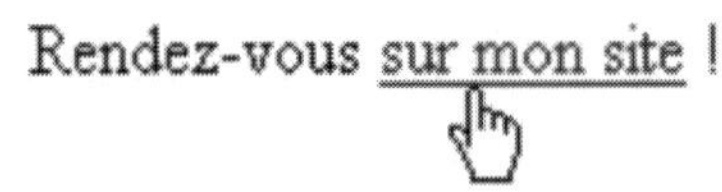

Figure 4–1
Un lien hypertexte

C'est précisément ce que nous allons apprendre à faire dans ce chapitre.

Il faut savoir qu'on a la possibilité de faire deux types de liens :

- **Un lien vers une autre page** : c'est le cas le plus courant, que nous verrons en premier.
- **Un lien vers un autre endroit sur la même page** : cela permet de se déplacer rapidement à différents endroits d'une même page, évitant ainsi à votre visiteur d'avoir à trop utiliser la molette de sa souris ou l'ascenseur.

Insérer un lien vers une autre page

Ce type de lien est donc le plus courant. Vous pouvez faire un lien qui amène vers une autre page de votre site ou même vers un site différent du vôtre.

Création d'un lien simple

Pour faire nos premiers tests, nous allons créer deux pages HTML : `page1.html` et `page2.html`. Créez ces deux fichiers dans le même dossier (voir figure 4-2) et mettez le texte que vous voulez dedans, cela n'a pas d'importance.

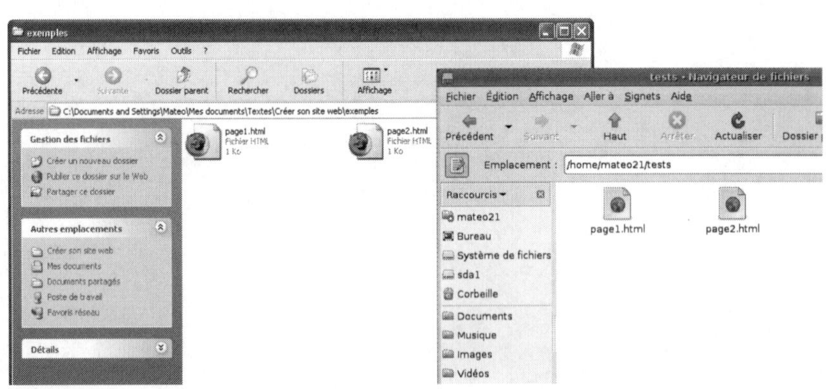

Figure 4–2
Nos deux pages HTML dans un même dossier sous Windows (à gauche) et sous Linux (à droite).

Votre mission, si vous l'acceptez, consistera à faire un lien dans `page1.html` qui amènera le visiteur sur `page2.html`. Ouvrez le fichier `page1.html` avec votre éditeur de texte, c'est dans celui-ci que nous allons créer le lien.

Pour faire un lien, nous allons utiliser la balise XHTML suivante : <a></a>. Vous devez mettre à l'intérieur le texte qui va servir de lien. Par exemple :

```
<a>Cliquez ici</a> pour aller sur la page 2 !
```

Toutefois, il manque encore quelque chose pour que notre lien soit correct : il faut indiquer le nom de la page vers laquelle amène le lien ! Nous allons rajouter un attribut à la balise <a> : l'attribut `href`. Cet attribut permet d'indiquer le nom de la page qui sera appelée lorsqu'on cliquera sur ce lien.

```
<a href="page2.html">Cliquez ici</a> pour aller sur la page 2 !
```

Ici, le texte « Cliquez ici » sera écrit en bleu souligné. Si vous cliquez dessus, vous serez amené sur `page2.html`.

Nous y sommes : vous venez de créer votre premier lien ! Ouvrez le fichier `page1.html` avec votre navigateur et admirez le résultat sur la figure 4-3.

QUESTION Comment ouvrir un lien dans une nouvelle fenêtre ?

Lorsque vous cliquez sur un lien, la nouvelle page s'affiche dans la même fenêtre du navigateur. Depuis l'apparition du langage XHTML, il n'est plus possible de faire en sorte que la nouvelle page s'ouvre dans une nouvelle fenêtre. Pourquoi cela ? Parce qu'on a estimé que c'était au visiteur de décider si oui ou non il souhaitait ouvrir le lien dans une nouvelle fenêtre.

Pour qu'un lien s'ouvre dans une nouvelle fenêtre de Firefox ou Internet Explorer, maintenez la touche `Shift` enfoncée lorsque vous cliquez. Mieux encore : si vous utilisez Firefox, la combinaison *Ctrl + clic* ouvrira le lien dans un nouvel onglet. Vous pouvez aussi cliquer avec la molette de la souris (bouton du milieu).

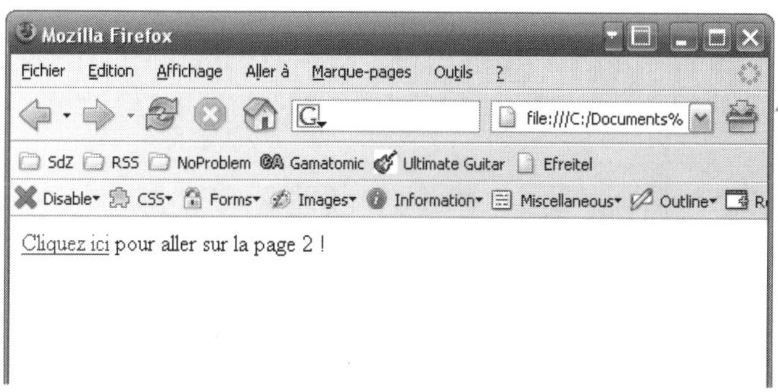

Figure 4–3
Le fichier page1.html
avec un lien vers page2.html

Si vous cliquez sur le lien, le fichier `page2.html` s'ouvre (figure 4-4).

Figure 4–4
Le fichier page2.html
a été ouvert grâce au lien !

EFFET DE STYLE

Des liens qui changent de couleur

Si vous retournez sur `page1.html`, vous constaterez que le lien est désormais coloré en violet. C'est votre navigateur qui a changé sa couleur : cela permet au visiteur de savoir que c'est un lien qu'il a déjà visité. Il est possible de changer cette couleur, généralement peu élégante, à l'aide des feuilles de style CSS. Nous verrons cela au chapitre 8.

À titre informatif, le fichier `page2.html` contient simplement un titre. En fait, son contenu importe peu ici, nous voulions juste vérifier que le fichier `page2.html` était bien ouvert après un clic sur le lien situé dans `page1.html`.

```
<h1>Bienvenue sur page2.html</h1>
```

Ajout d'une infobulle

Il est possible d'ajouter une infobulle (ou bulle d'aide) sur votre lien. Cette bulle est un petit message qui s'affiche lorsque vous pointez avec la souris sur le lien, comme le montre la figure 4-5.

Figure 4–5
Une infobulle sur un lien

Pour créer une bulle d'aide sur un lien, c'est très simple. On doit ajouter à la balise `<a>` un attribut que l'on a déjà rencontré dans le chapitre précédent : `title`.

```
<a href="livreor.html" title="Signez mon livre !">Livre d'or</a>
```

Le texte de la bulle d'aide doit être assez court (quelques mots tout au plus). Il est donc inutile de rédiger un roman dans la balise `title`, celui-ci serait irrémédiablement tronqué par la navigateur au bout de quelques mots seulement.

Notez que l'attribut `title` peut être utilisé sur la plupart des balises : `<p>`, `<q>`, `<strong>`, `<em>`... Une infobulle apparaîtra si vous pointez sur un élément qui possède cet attribut.

Un lien pour envoyer un e-mail

Une fois votre site sur pied, vous aurez certainement envie d'y laisser votre adresse e-mail pour que vos nombreux fans en délire puissent vous dire combien ils vous admirent. Ça tombe bien, le XHTML a prévu votre cas !

On peut en effet créer un lien ouvrant une fenêtre de composition d'un nouvel e-mail dans le logiciel de messagerie (comme Thunderbird). Cet e-mail sera automatiquement rempli avec votre adresse en destinataire, si bien que vos visiteurs n'auront plus qu'à rédiger leur message et à cliquer sur le bouton *Envoyer*.

Ce type de lien se crée exactement de la même façon qu'un lien vers une page web, à la différence près que le contenu de l'attribut `href` doit cette fois commencer par le préfixe `mailto:` suivi de votre adresse e-mail. Exemple :

```
<a href="mailto:moi@vivemoi.com">Envoyez-moi un message !</a>
```

Testez ce lien, vous verrez qu'il ouvre une nouvelle fenêtre de message de votre logiciel de courrier électronique (voir figure 4-6).

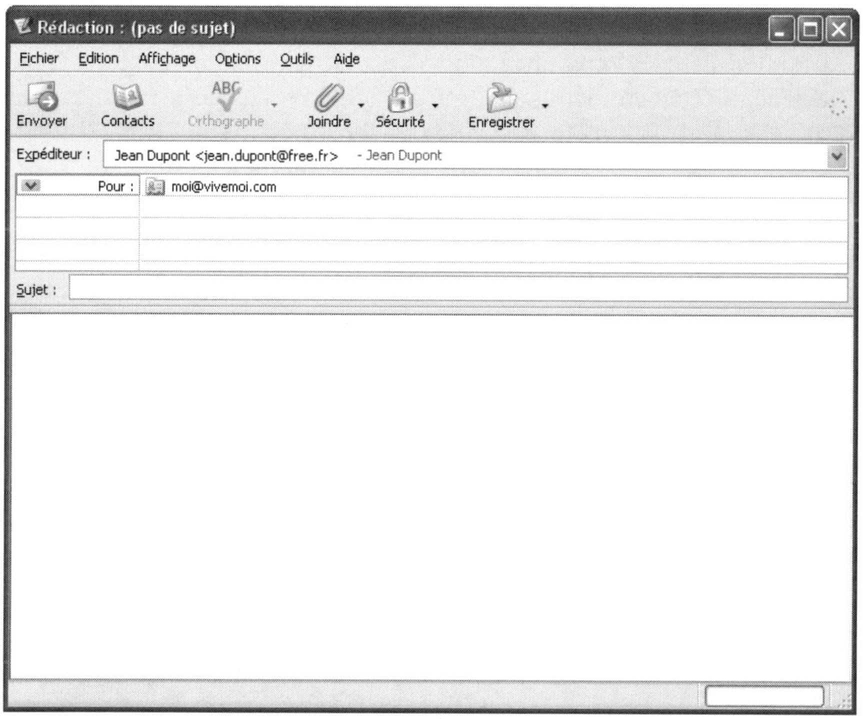

Figure 4–6
Un lien de type mailto ouvre une fenêtre de message.

Vous remarquerez que le champ du destinataire a été automatiquement rempli par votre adresse e-mail. Vos visiteurs n'ont plus qu'à rédiger leur message !

ENCORE PLUS FORT **Pré-remplir le sujet**

Comme vous pouvez le constater, le visiteur doit taper le contenu du message ainsi qu'un sujet. Vous voudriez que le sujet soit automatiquement rempli ? Pas de problème ! Ajoutez à la fin de l'adresse e-mail un `?subject=` suivi du sujet de votre choix. Exemple :

```
<a
href="mailto:moi@moi.com?subject=Je
t'admire, mon héros !">Envoyez-moi un
mail</a>
```

Insérer un lien vers un autre endroit de la page

Voici un exemple pratique : vous avez placé une liste de recettes en bas de la page, mais celle-ci est très longue. Pour éviter à vos visiteurs d'avoir à faire défiler toute la page, vous avez la possibilité de créer un point de repère sur la section de la page contenant les recettes : ce point de repère est appelé « ancre ». Vous pourrez ensuite dans un deuxième temps créer un lien en haut de la page qui indiquera au navigateur : « Si le visiteur clique sur ce lien, alors amène-le à l'endroit de la page où se trouve l'ancre des recettes ».

Pour créer une ancre, il suffit de rajouter un attribut `id` à n'importe quelle balise. Cet attribut sert à donner un nom à l'ancre pour l'identifier. Par exemple, on peut rajouter une ancre à un titre :

> **ATTENTION Les id sont uniques**
>
> Il ne peut pas y avoir deux ancres avec le même nom dans une page. L'attribut `id` sert à donner un nom *unique* à une balise pour en permettre l'identification.

```
<h2 id="recettes">Les recettes de Mamie</h2>
```

Maintenant que votre ancre est créée, vous pouvez insérer le lien qui amène directement dessus. Vous utilisez toujours la balise <a> mais vous indiquez l'attribut `href="#recettes"`, c'est-à-dire le nom de l'ancre précédé d'un dièse (#). Cela nous donne le lien suivant :

```
<a href="#recettes">Aller voir les recettes de Mamie</a>
```

Au final, le code de votre page web devrait ressembler à cela :

Le lien indique qu'il faut amener le visiteur à l'ancre `recettes` si l'internaute clique dessus.

L'ancre `recettes` sert de point de repère pour le navigateur. Si le visiteur clique sur le lien plus haut, il sera amené à cet endroit de la page.

```
<p><a href="#recettes">Aller voir les recettes de Mamie</a></p>

<p>
Du texte ici<br />
Du texte ici<br />
Du texte ici<br />
</p>

<h2 id="recettes">Les recettes de Mamie</h2>

<p>Voici la liste des recettes : ...</p>

<p>
Blablabla<br />
Blablabla<br />
Blablabla<br />
</p>
```

Le résultat se trouve sur la figure 4-7.

Après un clic sur le lien, nous sommes amenés plus bas sur la même page, à l'emplacement de l'ancre `recettes`, comme le montre la figure 4-8.

Les liens relatifs et absolus

Pour faire un lien d'une page vers une autre, deux façons d'écrire l'adresse de la page cible s'offrent à vous : la notation relative ou absolue. Nous allons voir par la suite ce qui différencie ces deux notations qu'il est vital de connaître et de bien comprendre. En effet, l'une peut s'avérer plus adaptée que l'autre, voire obligatoire dans certains cas.

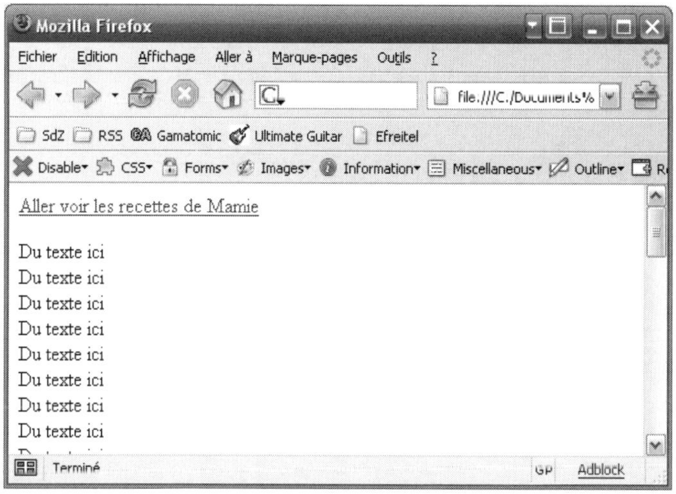

Figure 4–7
Un lien vers une ancre

QUESTION Pourquoi mon lien vers l'ancre n'a aucun effet ?

Pour que le lien vers l'ancre fonctionne, il faut que votre page web contienne suffisamment de texte. Observez comment la barre de défilement s'est déplacée sur la figure 4-8 : le lien a fonctionné car l'ancre était plus bas sur la page. Pour que le test fonctionne chez vous aussi, il faudra donc écrire beaucoup de texte pour remplir la page, comme nous l'avons fait avec nos « Du texte ici ».

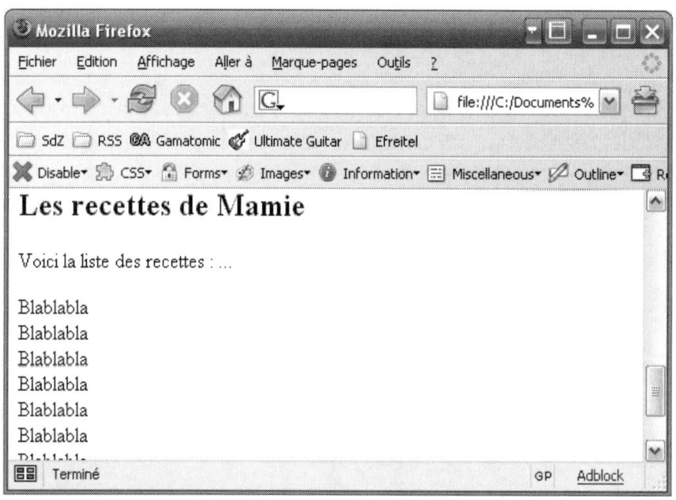

Figure 4–8
Le lien nous a amené directement à l'ancre plus bas sur la page.

ENCORE PLUS FORT Un lien vers une ancre sur une autre page

Il est possible de combiner les 2 types de liens que nous avons appris à faire. Supposons que `page2.html` contienne une ancre : nous voulons faire un lien depuis `page1.html` vers cette ancre. Nous devrons écrire le lien suivant :

```
<a href="page2.html#ancre">Go</a>
```

Ce lien ouvrira `page2.html` et amènera le visiteur directement à l'ancre.

Tout d'abord, il faut savoir que chaque page web est située à une adresse précise. Cela fonctionne comme dans la vie réelle, où on peut aller chez un ami en connaissant simplement l'adresse où il réside.

Imaginons que vous soyez chez vous, vous prenez votre voiture. Vous avez deux façons de vous rendre chez votre ami :

- Soit vous utilisez les indications qu'il vous a données pour aller chez lui en partant de chez vous : « Tourne à gauche, va tout droit sur 2 kilomètres, puis prends à droite, et enfin prends la seconde à gauche ». Ce lien entre vous et lui est appelé lien relatif, car il est relatif à votre position de départ (chez vous).

- Soit vous avez son adresse complète, par exemple « 18, avenue des Champs Élysées, à Paris ». Vous utilisez dans ce cas la carte routière pour déterminer le trajet (ou le GPS si vous en êtes équipé). Grâce à l'adresse complète, vous êtes capable de vous rendre chez votre ami où que vous soyez sur Terre. Ce type de lien est appelé lien absolu, car il ne dépend pas de votre position de départ.

Dans le cas d'un lien relatif, on ne connaît donc pas l'adresse complète de la page vers laquelle on amène (mais on peut la déterminer, en regardant par exemple sur la carte routière). Dans le cas d'un lien absolu, on a en revanche l'adresse complète : ce type de lien permet d'amener vers une autre page indépendamment de la position de la page de départ.

Les liens relatifs

Jusqu'ici, vous avez placé vos fichiers `.html` dans le même dossier. Les liens, tels que nous les avons écrits, sont appelés liens relatifs :

```
<a href="autrepage.html">Lien</a>
```

Étudions un peu plus en détail le fonctionnement de ces liens relatifs. Tout d'abord, il faut savoir que les liens relatifs ne vous obligent pas à mettre tous vos fichiers `.html` dans le même dossier. Il est possible de créer des sous-dossiers et d'y mettre vos fichiers `.html`. Cela permet d'organiser votre site en catégories.

Supposons que `page1.html` ne bouge pas de place, mais qu'on mette `page2.html` dans un sous-dossier appelé *dossier*, comme le montre la figure 4-9.

Dans ce cas, le lien dans `page1.html` devra être le suivant :

```
<a href="dossier/page2.html">Lien</a>
```

Cela donne l'indication suivante au navigateur : « Rends-toi dans le dossier nommé *dossier* et va sur `page2.html` ».

S'il y a plusieurs dossiers imbriqués, c'est facile :

```
<a href="dossier1/dossier2/page2.html">Lien</a>
```

En revanche, si votre fichier `page2.html` se trouve dans le dossier situé *avant* `page1.html` dans l'arborescence, il vous faudra l'indiquer grâce à « `../` » :

```
<a href="../page2.html">Lien</a>
```

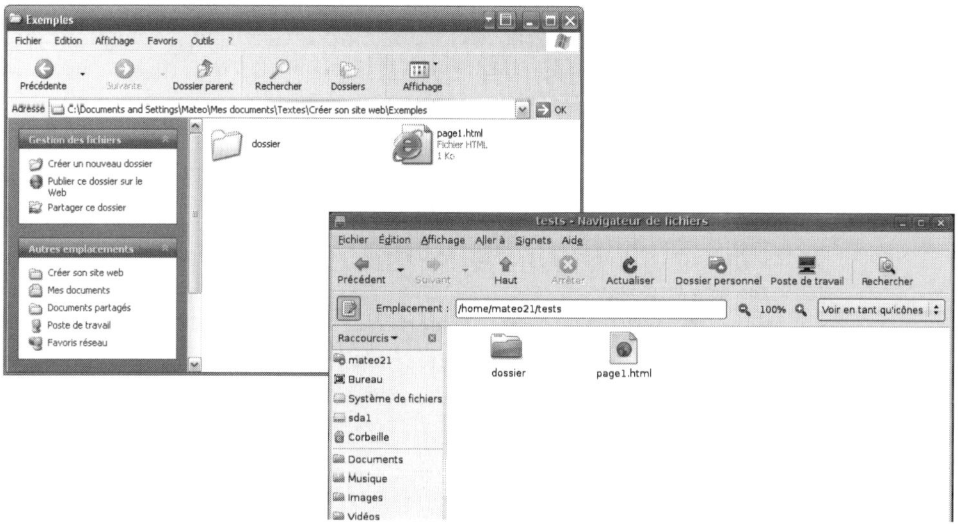

Figure 4–9
Le fichier page2.html a été placé dans un sous-dossier sous Windows (à gauche) et sous Linux (à droite).

Cette fois, l'indication sera la suivante : « Rends-toi dans le dossier précédent dans l'arborescence et ouvre `page2.html` ».

N'hésitez pas à vous entraîner à manipuler les liens relatifs car vous serez amené à les utiliser pratiquement tout le temps par la suite.

> ATTENTION
> **Évitez les noms de fichiers complexes**
>
> Le Web supporte assez mal les noms de fichiers complexes comportant des accents, des espaces, des majuscules, etc. Le nom « Une Page Géniale.html » marche peut-être sur votre ordinateur, mais une fois sur le Web cela ne vous posera que des problèmes. Pour éviter les ennuis, donnez à vos fichiers des noms en minuscules, sans espace ni accent. Vous pouvez utiliser le caractère underscore (_), aussi appelé « tiret bas », pour simuler un espace. Ce caractère est généralement situé sous la touche 8 du clavier (pour un clavier français). Exemple de bon nom de fichier :
> `<a href="une_page_geniale.html">`

> QUESTION **Comment créer un lien pour faire télécharger un fichier ?**
>
> Il suffit de faire un lien simple comme vous le feriez pour une page `.html`, sauf que cette fois vous utilisez une autre extension que `.html`. Par exemple, pour faire télécharger le fichier zip `projet.zip` vous ferez le lien suivant :
> `<a href="projet.zip">Télécharger</a>`
> Cet exemple est un lien relatif, ce qui suppose que votre fichier `projet.zip` se trouve dans le même dossier que le fichier `.html`. Vous pouvez tout à fait placer le fichier dans un sous-dossier « telechargements ». Il faudra alors adapter le lien comme ceci :
> `<a href="telechargements/projet.zip">Télécharger</a>`

Les liens absolus

Intéressons-nous maintenant à la seconde notation : la notation absolue. Si vous vous souvenez bien de l'exemple vu plus haut, vous savez qu'il faut connaître l'adresse complète de la page cible pour insérer un lien absolu.

Une adresse de page web commence la plupart du temps par http://, et quelquefois par https:// pour les pages sécurisées. Voici un exemple de lien absolu :

```
<a href="http://www.siteduzero.com">Aller sur le Site du Zér0</a>
```

La création d'un lien absolu implique donc de connaître l'adresse complète de la page web cible. Ce type de lien est le seul utilisable pour faire un lien vers un autre site que le sien. En effet, la notation relative ne fonctionne que pour les liens internes à son site, tandis que la notation absolue fonctionne dans tous les cas : liens internes et liens externes.

Si les liens absolus fonctionnent dans tous les cas, quel est alors l'intérêt d'utiliser des liens relatifs me direz-vous ? En fait, les liens relatifs ne contiennent pas le début de l'adresse commençant par http:// et c'est justement un avantage. En effet, vous ne connaissez probablement pas encore l'adresse complète de votre site (elle dépendra de votre hébergeur). Vous seriez donc bien embêté s'il fallait faire un lien vers une autre page puisque vous ne connaissez pas son adresse complète !

De plus, si un jour votre site change d'adresse et que vous avez écrit vos liens en absolu, il faudra modifier tous ces liens pour les adapter à la nouvelle adresse ! Là encore, les liens absolus ne se révèlent pas très pratiques.

Quel type de lien choisir ?

En résumé, il faut retenir ceci :

- Les liens relatifs : ils décrivent la position d'un fichier cible par rapport au fichier actuel. Ces liens s'adaptent très bien aux changements d'adresse précisément car ils ne contiennent pas l'adresse du site. Il est donc conseillé d'utiliser des liens relatifs lorsque vous faites des liens internes, c'est-à-dire des liens pointant vers d'autres pages de votre site.

```
<a href="page.html">Lien vers une page de mon site</a>
```

- Les liens absolus : ils décrivent la position d'un fichier cible de manière absolue. Cela signifie qu'on peut faire un lien vers un autre site que le sien. Leur défaut vient du fait qu'il faille connaître l'adresse complète du site en question. Ils ne sont donc pas adaptés pour faire des liens internes à votre site car vous ne connaissez pas l'adresse de votre site web (votre site n'est pas encore envoyé sur Internet, il est toujours stocké sur votre disque dur !). Utilisez donc les liens absolus uniquement pour amener le visiteur vers un autre site que le vôtre.

```
<a href="http://www.autresite.com/page.html">Lien vers une page
d'un autre site</a>
```

QCM

Quel est l'attribut que l'on doit impérativement utiliser dans la balise <a> pour indiquer où amène le lien ?

- `href`
- `url`
- `addr`
- `title`

Laquelle de ces adresses est écrite de manière absolue (et non de manière relative) ?

- `page.html`
- `../page.html`
- `http://www.monsite.com/page.html`

Quel préfixe doit-on mettre dans l'adresse pour créer un lien de type e-mail ?

- `mailto:`
- `mail:`
- `sendmail:`

Quel attribut, que l'on peut mettre sur quasiment toutes les balises, permet de créer une ancre ?

- `anchor`
- `id`
- `to`

chapitre 5

Insérer des images

Lors de la sortie de la toute première version du HTML, il était impossible d'insérer des images dans les pages web. Face à la demande croissante des internautes, cette fonctionnalité a été rapidement ajoutée par la suite. En effet, aujourd'hui qui envisagerait de créer un site sans images ? Elles sont tout simplement devenues indispensables.

SOMMAIRE

MOTS-CLÉS

- Images
- JPEG
- PNG
- GIF

Avec des images, votre page paraîtra plus attirante et sera plus agréable à lire. Au-delà de l'aspect purement décoratif, les images permettent de donner une identité visuelle au site (avec le logo du site) et peuvent même constituer le centre de l'information.

Sur un ordinateur, il existe plusieurs formats d'image, c'est-à-dire plusieurs façons différentes de coder une même image. Certains sont plus adaptés que d'autres selon l'utilisation qui en sera faite. Nous allons dans un premier temps voir quels sont les formats d'image utilisés sur le Web et comment choisir le bon format. En effet, un mauvais choix peut considérablement détériorer votre image ou la rendre plus « lourde », donc bien plus longue à télécharger pour vos visiteurs.

Les formats d'image du Web

Le saviez-vous ? Si les pages web sont parfois longues à charger, ce n'est pas parce qu'elles contiennent beaucoup de texte mais plutôt à cause des images. Par exemple, une simple photo de 120 Ko correspond à 120 000 caractères, soit environ 24 000 mots ! Vous comprenez par conséquent pourquoi le poids des images a tant d'importance sur le Web.

L'objectif est donc d'avoir des fichiers images les plus légers possible. Pour cela, on utilise des algorithmes mathématiques de compression (n'ayez crainte, vous n'aurez pas à résoudre d'équations différentielles pour pouvoir enregistrer une image).

Cependant, c'est à vous, en tant que webmaster, qu'il incombe de choisir le format d'image approprié. Selon celui que vous choisissez, le poids de l'image et sa qualité peuvent beaucoup varier (la technique de compression est différente d'un format à l'autre).

Tous les logiciels de retouche d'images vous laissent le choix du format dans lequel vous souhaitez enregistrer votre image. Regardons quels formats propose Gimp à l'enregistrement par exemple (voir figure 5-1).

ATTENTION **Oubliez les BMP !**

Il existe de nombreux autres formats d'image, mais ils ne sont pas adaptés à une diffusion sur le Web. C'est le cas notamment des BMP (images bitmap). Ces images sont non compressées, ce qui veut dire qu'elles prennent beaucoup de place et qu'elles sont donc très longues à charger.
À titre d'exemple, une photo BMP occupe en moyenne 2,25 Mo d'espace, alors que la même image enregistrée au format JPEG prend 170 Ko, soit 13 fois moins ! C'est vous dire l'impact qu'a le choix du format d'image sur le temps de chargement d'une page web.

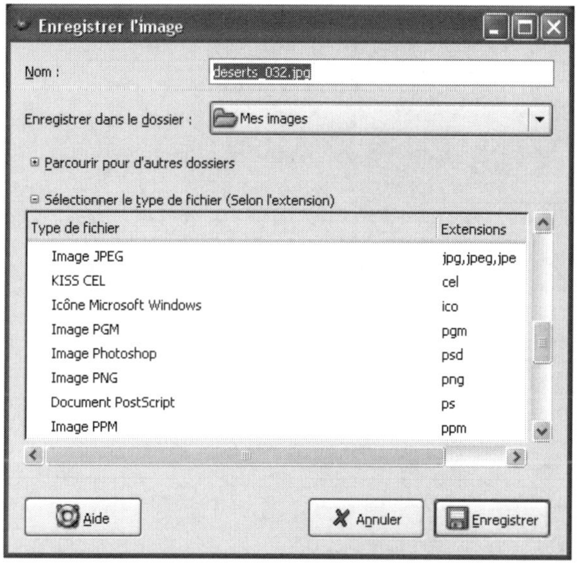

Figure 5–1
Les formats d'image gérés par Gimp

Les 3 principaux formats que l'on utilise sur le Web sont :

- JPEG ;
- GIF ;
- PNG.

Chacun a ses avantages et ses défauts. Nous allons apprendre à reconnaître le format le plus approprié selon le type d'image que l'on veut diffuser (photo, graphique, capture d'écran...).

Les JPEG

Les images au format JPEG (*Joint Photographic Expert Group*) sont très répandues. Elles sont en particulier très adaptées pour les photos, c'est-à-dire les images comportant beaucoup de couleurs différentes.

JPEG **Niveau de compression**

Le format JPEG possède la particularité de proposer différents niveaux de compression. C'est à vous de trouver le meilleur compromis : préférez-vous une image de très bonne qualité mais de poids plus important ou de qualité moindre mais de poids très faible ?
Votre logiciel d'édition d'images doit vous demander normalement le niveau de compression que vous désirez. Notez que Paint, qui est un éditeur basique, ne vous permet pas de choisir le taux de compression. Utilisez de préférence un logiciel plus performant comme Gimp, qui présente en outre l'avantage d'être un logiciel libre.

BONNE PRATIQUE
Limitez le poids total de vos pages

Avec l'avènement de l'ADSL, on a tendance à oublier que certaines personnes se connectent aujourd'hui encore en bas débit 56 K mais aussi via des satellites dans les régions les plus reculées (notamment en Afrique). Pour toutes ces personnes, il est nécessaire de faire attention au poids total de vos pages web, car le temps de chargement d'une page leur semble parfois interminable. De manière générale, veillez à ne pas dépasser 150 Ko d'images sur une page si vous ne voulez pas que vos visiteurs fuient votre site avant même de l'avoir découvert.

ACTUALITÉ **JPEG 2000, successeur du JPEG**

Il existe depuis quelque temps un nouveau format de fichier : le JPEG 2000. Sa méthode de compression est bien plus complexe mais elle a l'avantage d'être aussi plus performante. Pour plus d'informations, consultez Wikipédia :
▸ http://fr.wikipedia.org/wiki/JPEG_2000

Figure 5–2
Le format JPEG est particulièrement adapté aux photos.

Évitez de préférence d'enregistrer en JPEG des images possédant peu de couleurs différentes (comme c'est souvent le cas avec les captures d'écran) car l'image risque d'être « sale » par endroits.

Le format JPEG détériore un peu la qualité de l'image pour parvenir à réduire son poids. Toutefois, cette réduction de qualité est calculée : l'œil humain ne distingue pas la détérioration de l'image, sauf si le taux de compression que vous demandez est très élevé.

Les PNG

Le format d'image PNG (*Portable Network Graphics*) est assez récent. Contrairement au JPEG, il compresse l'image sans en détériorer la qualité. On peut enregistrer indifféremment des images avec peu ou beaucoup de couleurs, bien que le format JPEG reste le plus indiqué pour les photos.

Le format PNG est libre de droit, contrairement au GIF qui est soumis à un brevet. Il a d'ailleurs justement été créé pour offrir une alternative à ce format. Cela nous assure que personne ne peut prétendre en être l'inventeur et être ainsi en mesure de réclamer des royalties à tous les webmasters utilisant ce type d'image (ce qui est arrivé pour le GIF !).

Il existe plusieurs types d'images PNG. Chacun de ces types permet d'enregistrer plus ou moins de couleurs différentes dans la même image.

ALLER PLUS LOIN **Les PNG animés**

Contrairement au format GIF, dont nous allons parler peu après, les PNG ne peuvent pas être animés. Pour créer une alternative aux GIF animés, le format MNG a été développé.

Malheureusement, très peu de navigateurs supportent le MNG à l'heure actuelle. Vous trouverez plus d'informations sur le MNG sur l'encyclopédie libre Wikipédia :

- http://fr.wikipedia.org/wiki/Multiple-image_Network_Graphics

On distingue généralement deux types :

- **Les PNG 8 bits** : ce format d'image PNG peut stocker jusqu'à 256 couleurs différentes. Il est donc adapté pour les images possédant très peu de couleurs (images en noir et blanc, petits logos...).
- **Les PNG 24 bits** : ce format supporte plusieurs millions de couleurs à la fois (16 777 216 pour être précis). On peut donc sauvegarder des images très riches en couleurs, notamment des photos. Notez toutefois qu'on recommande l'utilisation du JPEG pour les photos car la compression est plus efficace pour ce type d'image.

Les images PNG 8 bits peuvent être rendues transparentes. Les images PNG 24 bits peuvent en plus être rendues translucides, comme on peut le voir sur la figure 5-3. Il s'agit d'une transparence sur 256 niveaux : certaines zones de l'image sont plus ou moins transparentes.

Quand on réalise un design, la transparence sur plusieurs niveaux est un atout majeur qui permet de mieux lisser l'image, comme en témoigne la figure 5-4. Le rendu final paraît plus propre, donc plus professionnel.

ATTENTION
PNG 24 bits sous Internet Explorer 7

Bien qu'Internet Explorer 7 gère la transparence sur plusieurs niveaux contrairement à ses prédécesseurs, un nouveau bogue peut provoquer l'affichage de couleurs erronées. Faites attention !

Figure 5–3
Une image PNG 24 bits translucide

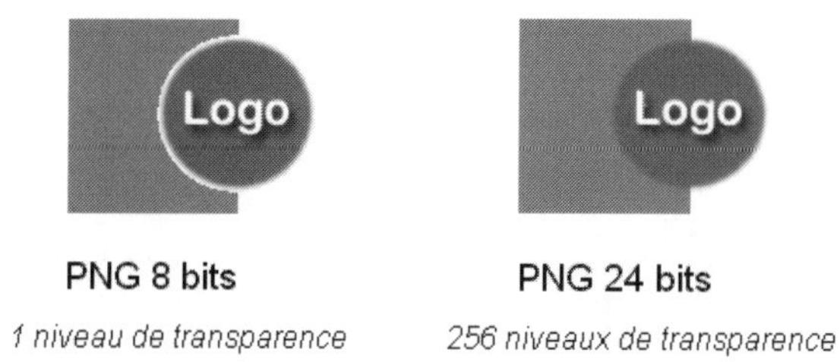

Figure 5–4
La transparence sur plusieurs niveaux permet d'obtenir un rendu plus lisse.

ATTENTION **PNG 24 bits transparents et Internet Explorer 6**

Le navigateur Internet Explorer dans sa version 6 (et ses versions antérieures) ne gère pas les PNG 24 bits transparents. C'est ennuyeux mais ce navigateur tend fort heureusement à être de moins en moins utilisé, si bien que certains sites web importants (comme YouTube) annoncent l'arrêt prochain du support de ce navigateur. Soyez conscient de ce défaut si vos visiteurs sont susceptibles d'utiliser IE 6, mais ne limitez pas pour autant votre usage des PNG 24 bits, qui offrent de nombreux avantages en termes de design.

Les GIF

Le format GIF (*Graphics Interchange Format*) est très répandu sur le Web (plus que le PNG) car c'est un format qui existe depuis plus longtemps.

Contrairement aux PNG, les GIF ne peuvent pas contenir plus de 256 couleurs ce qui les rend inutilisables pour les photos. Ils peuvent être rendus transparents mais ne proposent pas autant d'options de transpa-

BONNE PRATIQUE **N'abusez pas des GIF animés**

Il fut un temps où il était à la mode de placer sur son site le plus de GIF animés possible. Cette époque est révolue. On sait désormais combien les images animées peuvent distraire les visiteurs, voire les agacer. Par conséquent, évitez l'utilisation de GIF animés à moins que cela ne soit vraiment nécessaire.

rence que les PNG. Il est donc aujourd'hui recommandé d'utiliser les PNG dans la mesure du possible.

Les GIF ont cependant encore un atout que les autres formats n'ont pas : ils peuvent être animés. La figure 5-5 montre un exemple d'image au format GIF. Celle-ci est en temps normal animée (le bonhomme tourne la tête de gauche à droite).

Figure 5–5
Une image au format GIF

Le format GIF reste donc adapté aux images contenant peu de couleurs, mais son concurrent direct, le PNG 8 bits, compresse généralement mieux les images. On préférera donc utiliser des PNG autant que possible.

Tableau récapitulatif

Aidez-vous du tableau 5-1 pour savoir quel format d'image utiliser en fonction de vos besoins.

Tableau 5–1 Comparaison des formats d'image

Format	Nombre maximal de couleurs	Commentaires	Exemples d'utilisation
JPEG	16 777 216	Les images JPEG sont légèrement détériorées pour réduire la taille des fichiers. Ce format est de loin le plus adapté à l'enregistrement de photographies.	Photographies.
PNG 8 bits	256	C'est un concurrent direct du GIF. Il compresse mieux les images. Celles-ci sont donc plus légères et plus rapides à charger, ce qui explique pourquoi on l'utilise de plus en plus.	Boutons graphiques (peu de couleurs), flèches de navigation, petites icônes...
PNG 24 bits	16 777 216	À mi-chemin entre le PNG 8 bits et le JPEG, ce format présente la particularité de ne pas déteriorer l'image. La transparence sur plusieurs niveaux permet de créer de très belles images adaptées pour un design de site web. Pour des photographies, préférez le format JPEG.	Logos et boutons graphiques détaillés (nombreuses couleurs), captures d'écran...
GIF	256	Préférez le format PNG 8 bits au GIF dans la mesure du possible. Le GIF est le seul format pouvant créer des images animés.	Logos et boutons animés.

Insérer une image dans une page

Nous avons vu quels étaient les principaux formats d'image adaptés au Web. Il est temps maintenant de retourner au code XHTML pour découvrir la balise permettant d'insérer une image dans votre page web.

La balise d'image

Comment insérer une image dans une page web ? Grâce à la balise `<img />`, qui est auto-fermante comme vous pouvez le voir. Cette balise doit être insérée dans un paragraphe (`<p></p>`), elle ne peut pas être placée à l'extérieur.

Cette balise requiert obligatoirement deux attributs :

- `src` : précise le chemin vers l'image que vous voulez afficher. Vous devez utiliser la technique que vous avez découverte dans le chapitre précédent sur les liens absolus et relatifs pour indiquer la position du fichier image.

  Par exemple, si vous tapez juste `photo.jpg`, il faudra que l'image se trouve dans le même dossier que la page XHTML. Si en revanche vous tapez `images/photo.jpg`, il faudra que l'image se situe dans un sous-dossier `images`.
- `alt` : cet attribut permet d'indiquer un texte de remplacement (dit « texte alternatif ») pour votre image. Ce texte sera affiché à la place de votre image si celle-ci ne peut pas être affichée.

Voici un exemple d'utilisation de `<img />` :

```
<img src="moraira.jpg" alt="Photo de vacances" />
```

Or, nous savons que cette balise doit être placée à l'intérieur d'un paragraphe. Voici un code plus complet respectant cette règle. Si vous le testez, pensez à mettre ce code entre `<body>` et `</body>` comme d'habitude :

```
<p>Voici une photo de mes dernières vacances en Espagne à
Moraira :</p>
<p><img src="moraira.jpg" alt="Photo de vacances" /></p>
```

La figure 5-6 vous montre le résultat de ce code XHTML.

PROBLÈME Que faire si l'image ne s'affiche pas ?

Si l'image refuse de s'afficher, c'est que vous avez mal indiqué son adresse. Si vous avez juste tapé le nom du fichier (exemple : `photo.jpg`), vérifiez si l'image se trouve bien dans le même dossier.
Autre chose, très importante : vérifiez si le nom du fichier est bien correct. Au moindre écart, comme une majuscule, votre ordinateur pourrait bien ne plus reconnaître le fichier. Comme nous l'avons vu précédemment, évitez aussi de laisser des espaces ou des accents dans un nom de fichier, cela ne vous attirera que des ennuis.
Veillez aussi à toujours mettre vos noms de fichiers en minuscules, extensions comprises. Attention à certains logiciels qui ont tendance à mettre les extensions en majuscules (exemple : `photo.JPG`). Renommez le fichier de préférence afin que tout soit en minuscules (exemple : `photo.jpg`).

ACCESSIBILITÉ Ne sous-estimez pas l'importance de alt !

L'attribut `alt` est particulièrement utile aux personnes qui ne peuvent pas voir les images, comme c'est le cas des non-voyants. Cela peut paraître bête, mais il y a des personnes qui ne peuvent pas voir les images de votre site. Grâce au texte alternatif, ces personnes peuvent avoir une idée de l'image qui se trouve là. De plus, le texte alternatif est affiché par le navigateur à la place de l'image si celle-ci ne peut être chargée (parce que le fichier est introuvable, parce que l'utilisateur a désactivé le chargement des images, etc.). Notez que ce texte est également référencé par les moteurs de recherche (nous en reparlerons au chapitre 15).

ACCESSIBILITÉ S'il n'y a pas de texte alternatif pertinent

Si vous ne voyez pas de texte alternatif pertinent pour une image, laissez l'attribut `alt` vide, comme ceci :

```
<img src="image.png" alt="" />
```

En général, les images décoratives (qui ne donnent aucune information essentielle) ne nécessitent pas de texte alternatif. Il faut cependant toujours mettre cet attribut `alt`, car il est obligatoire.

BON À SAVOIR La longueur de alt est limitée

Si vous tenez vraiment à insérer une description plus copieuse, libre à vous de recourir à l'attribut `longdesc`. Attention toutefois, cet attribut n'est pas supporté par tous les navigateurs !

Figure 5–6
Une image dans une page web

Ajouter une infobulle

Il est possible d'ajouter une infobulle qui s'affiche lorsqu'on pointe sur l'image, comme on l'avait fait pour les liens. Cela permet par exemple de donner au visiteur une information supplémentaire sur l'image qu'il est en train de consulter.

L'attribut à utiliser est en fait le même (et il fonctionne d'ailleurs sur un grand nombre de balises) : il s'agit de `title`. Voici un exemple d'utilisation :

```
<p><img src="moraira.jpg" alt="Photo de vacances" title="Le
cadre est sympathique, hein ?" /></p>
```

Pointez avec la souris sur l'image, et au bout de quelques instants vous vous retrouverez dans la même situation que sur la figure 5-7 :

Figure 5–7
Une bulle d'aide sur une image

Créer une image cliquable

Un lien ne se présente pas obligatoirement sous la forme d'un texte. On peut aussi transformer une image en lien et réaliser ce qu'on appelle une « image cliquable ». Le curseur de la souris se transformera alors en une main lorsqu'on pointera sur l'image, indiquant ainsi à l'internaute que l'image est un lien.

Comment faire ? C'est extrêmement simple, il suffit de combiner les balises <a> et <img /> !

```
<p>Voici une photo de mes dernières vacances en Espagne à
Moraira (cliquez sur l'image pour accéder au site de la ville)
:</p>
<p><a href="http://www.moraira.org"><img src="moraira.jpg"
alt="Photo de vacances" /></a></p>
```

Le résultat peut être vu sur la figure 5-8.

Figure 5–8
Une image cliquable

B.A.-BA Texte alternatif

Même pour les images cliquables, n'oubliez pas le texte alternatif ! La balise utilisée étant <img />, il n'y a aucune raison de changer nos bonnes vieilles habitudes.

PROBLÈME Comment retirer le cadre autour d'une image cliquable ?

Lorsque vous créez une image cliquable, le navigateur crée automatiquement un cadre (bleu ou violet) autour de l'image pour montrer qu'il s'agit d'un lien. Toutefois, c'est rarement esthétique et la plupart des webmasters préfèrent retirer ce cadre. Comment faire ? Nous le verrons dans peu de temps, lorsque nous apprendrons à utiliser le CSS. En effet, c'est le langage CSS qui permet de modifier (voire de supprimer) ce type de décoration.

QCM

Lequel de ces formats d'image n'est pas adapté au Web ?

- GIF
- BMP
- JPEG

Quel attribut utilise-t-on pour indiquer un texte de remplacement à une image ?

- `title`
- `src`
- `alt`

Lequel de ces formats d'image ne gère pas la transparence ?

- GIF
- PNG
- JPEG

Combien de couleurs différentes une image au format PNG 8 bits peut-elle afficher ?

- 16
- 256
- 16 777 216

Photoshop
De A à Z
CSS & XHTML

chapitre 6

CSS, le langage de mise en page du Web

Les pages web que nous avons réalisées jusqu'ici étaient plutôt austères, c'est le moins qu'on puisse dire. À partir de ce chapitre, la donne va changer : nous allons voir comment nous occuper du design de nos pages web grâce au langage CSS.

SOMMAIRE

- Insérer du code CSS
- Appliquer un style à une ou plusieurs balises
- Appliquer un style à certaines balises
- Les commentaires en CSS

MOTS-CLÉS

- CSS
- Propriétés
- Style
- Mise en page
- Commentaire

Pour le moment, nous n'avons travaillé qu'avec un seul langage : le XHTML. Il est temps d'introduire un nouveau langage appelé CSS. Il est assez différent du XHTML, mais vous allez vite vous rendre compte que les deux sont complémentaires.

Il est en théorie possible de faire un site uniquement en XHTML. D'ailleurs, c'est exactement ce que nous avons fait jusqu'à présent. Le problème, c'est que la présentation du site laissait à désirer. Heureusement que le CSS est là pour embellir tout ça !

On peut faire de nombreuses choses grâce au CSS : changer la couleur du texte ou du fond, changer la police, la taille, etc. Nous allons apprendre à faire tout cela dans ce chapitre et les suivants.

Insérer du code CSS

La première question que vous devez vous poser est : où doit-on placer le code CSS ? Dans le fichier `.html`, entre des balises spéciales ou dans un autre fichier ?

La réponse est : vous avez le choix ! En effet, il y a 3 façons différentes d'insérer du code CSS. Certaines sont plus ou moins adaptées selon le cas. Nous allons étudier chaque méthode.

ALLER PLUS LOIN **CSS et ses versions**

Tout comme le HTML et le XHTML, le CSS a connu plusieurs versions. La dernière en date est CSS 2.1. Une nouvelle version, CSS 3, est actuellement en cours de discussion et devrait apporter un nombre conséquent de nouveautés dont :

- les ombres ;
- les bordures arrondies ;
- les blocs redimensionnables, etc.

Dans un fichier .css

La technique la plus courante (et la plus conseillée !) consiste à créer un fichier spécial pour placer le code CSS. Jusqu'ici, vous avez dû créer des fichiers à l'extension `.html`, par exemple `test.html`. Cette fois, créez un nouveau fichier que vous enregistrerez avec l'extension `.css`, par exemple `style.css`.

Commençons par enregistrer le fichier CSS avec Notepad++ :

1. Ouvrez Notepad++ et allez dans le menu *Langage/CSS* pour activer la coloration du code CSS.
2. Tapez ensuite le code CSS que vous voulez.

Pour le moment, vu que nous ne connaissons pas encore le CSS, contentons nous de prendre cet exemple (dont nous détaillerons le fonctionnement plus tard) :

```
p
{
   text-align: center;
}
```

La figure 6-1 vous montre ce que vous devriez avoir sous les yeux.

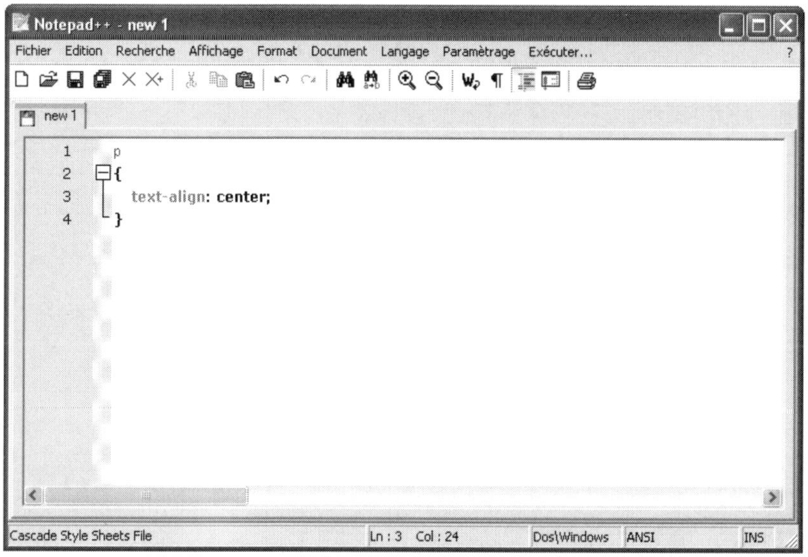

Figure 6–1
Du code CSS coloré sous Notepad++

Enregistrez ensuite le fichier en vous rendant dans le menu *Fichier/Enregistrer*. Tapez le nom que vous voulez donner à votre fichier, comme `style.css`, et cliquez sur *Enregistrer*.

Vous pouvez enregistrer le fichier dans le même dossier que les `.html`, ou dans un sous-dossier `css`. Il n'y a pas de règle particulière sur ce point.

La figure 6-2 vous indique à quoi doit ressembler la fenêtre d'enregistrement.

> ATTENTION
> **Méfiez-vous du type de fichier !**
>
> Dans une fenêtre d'enregistrement, il y a toujours en bas un champ *Type* qui vous permet d'indiquer l'extension que vous voulez donner au fichier. Certains logiciels comme Bloc-notes (mais aussi Notepad++) ne proposent pas le type CSS. Dans ce cas, pas de panique : choisissez *Tous les fichiers*, ou encore *All types (*.*)* comme le montre la figure 6-2. Veillez simplement à bien taper le nom du fichier en entier avec son extension : `style.css`.

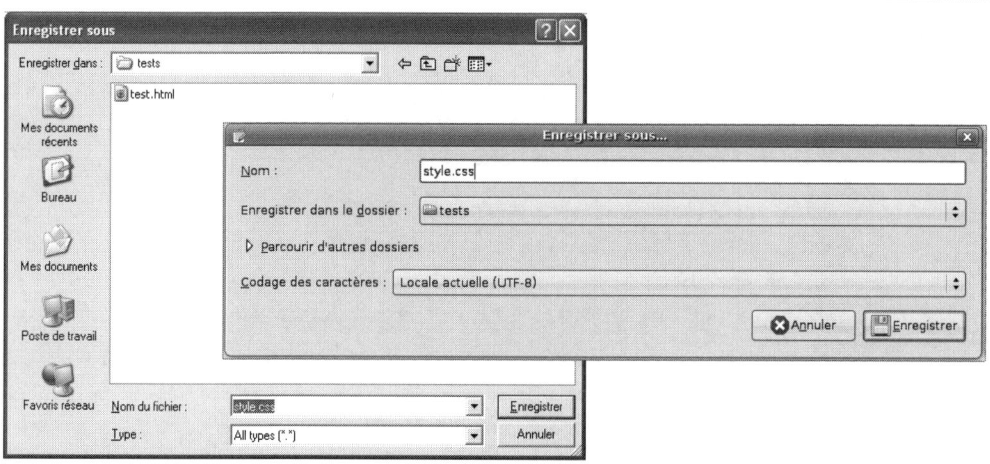

Figure 6–2
Enregistrement d'un fichier CSS sous Windows (à gauche) et sous Linux (à droite)

Maintenant que cela est fait, il va falloir modifier le fichier XHTML (test.html dans mes exemples) pour lui dire d'utiliser le fichier style.css.

On doit rajouter une balise entre <head> et </head> : la balise <link />. Voici un exemple d'utilisation :

```
<!DOCTYPE html PUBLIC "-//W3C//DTD XHTML 1.0 Strict//EN"
"http://www.w3.org/TR/xhtml1/DTD/xhtml1-strict.dtd">
<html xmlns="http://www.w3.org/1999/xhtml" xml:lang="fr" >
  <head>
    <title>Mon super site !</title>
    <meta http-equiv="Content-Type" content="text/html;
      ➥ charset=iso-8859-1" />
    <link rel="stylesheet" media="screen" type="text/css"
      ➥ title="Mon style" href="style.css" />
  </head>

  <body>
    <p>Bonjour, je suis un paragraphe !</p>
  </body>
</html>
```

Vous pouvez modifier si vous le désirez les attributs title (facultatif, c'est le nom de votre design) et href (nom du fichier .css).

Si votre fichier CSS est situé dans un sous-dossier css, utilisez la technique des liens relatifs que vous avez apprise au cours des chapitres précédents. Cela donnera par exemple le code suivant :

```
<link rel="stylesheet" media="screen" type="text/css"
title="Mon style" href="css/style.css" />
```

Il est facile de vérifier si cela fonctionne : normalement vos paragraphes de texte devraient maintenant tous être centrés !

ALLER PLUS LOIN L'attribut media

Vous avez dû constater que la balise <link /> était pourvue d'un attribut media ayant ici pour valeur screen. Cet attribut permet d'indiquer pour quel type d'affichage le fichier CSS est prévu. Si c'est l'écran comme bien souvent, il faut utiliser la valeur screen. Si c'est pour une impression, utilisez print, pour un appareil mobile (portable, PDA) utilisez handheld, etc. Le navigateur utilisera le fichier CSS le plus adapté en fonction du type d'affichage utilisé. Vous trouverez plus d'informations à cette adresse :

- http://www.yoyodesign.org/doc/w3c/css2/media.html

Dans l'en-tête du fichier XHTML

Une autre technique consiste à placer le code CSS à l'intérieur même du fichier XHTML. Il devra être placé entre des balises spéciales situées entre <head> et </head>. Cette fois, pas besoin de créer de nouveau fichier à l'extension .css : tout se passera dans votre fichier .html.

La balise permettant d'insérer du CSS dans un fichier XHTML est <style>. Elle s'utilise comme ceci :

```
<!DOCTYPE html PUBLIC "-//W3C//DTD XHTML 1.0 Strict//EN"
"http://www.w3.org/TR/xhtml1/DTD/xhtml1-strict.dtd">
<html xmlns="http://www.w3.org/1999/xhtml" xml:lang="fr" >
  <head>
    <title>Mon super site !</title>
```

```
    <meta http-equiv="Content-Type" content="text/html;
       ➥ charset=iso-8859-1" />
    <style type="text/css">
    p
    {
       text-align: center;
    }
    </style>
  </head>

  <body>
    <p>Bonjour, je suis un paragraphe !</p>
  </body>
</html>
```

Vous devrez placer tout votre code CSS entre `<style>` et `</style>`.

Est-il préférable de mettre le CSS dans un fichier séparé ou dans le fichier XHTML ?

Par expérience, je peux vous assurer qu'il vaut mieux créer un fichier `.css` spécialement pour le code CSS. L'intérêt n'est peut-être pas évident pour un petit site d'une ou deux pages, mais lorsque votre site prendra de l'ampleur, vous ne regretterez pas d'avoir bien séparé le XHTML du CSS. Il y a en effet plusieurs avantages :

- Cela vous évite d'avoir à dupliquer le même code CSS dans plusieurs fichiers XHTML. Si vous voulez que tous les paragraphes de votre site soient bleus, dites-le une fois pour toutes dans un fichier `.css` au lieu de le répéter dans chaque fichier XHTML ! C'est un gain de taille : vos fichiers XHTML seront moins gros.
- Les fichiers `.css` sont mis en cache par le navigateur. Cela signifie que l'ordinateur d'un visiteur ne téléchargera le fichier CSS qu'une seule fois et le conservera sur son disque dur. Il aura donc beaucoup moins de données à télécharger et sa navigation sur votre site en sera accélérée.
- La maintenance de votre site sera simplifiée : si demain vous décidez que vos paragraphes doivent être écrits en rouge, vous n'aurez qu'à éditer le fichier CSS de votre site et tous vos paragraphes seront instantanément transformés. Si vous aviez mis le CSS dans les fichiers XHTML, il aurait fallu éditer tous vos fichiers XHTML pour effectuer ce changement (imaginez le travail pour un site d'une centaine de pages !).

DERNIÈRE POSSIBILITÉ **À l'intérieur des balises**

Enfin, il existe une dernière façon d'utiliser le langage CSS. Cette technique n'est pas très recommandée et comporte de nombreux défauts.

Il est possible d'ajouter un attribut `style` à la plupart des balises XHTML. Vous devez mettre du code CSS dans la valeur de cet attribut. Petit exemple :

```
<p style="text-align: center;">
Bonjour, je suis un paragraphe !</p>
```

On peut utiliser cette technique pour changer l'apparence d'un paragraphe en particulier (et non de tous les paragraphes), comme ici. Toutefois, vous apprendrez par la suite que la même chose est faisable si vous séparez votre code CSS du code XHTML.

Pourquoi vaut-il mieux éviter de mettre du code CSS à l'intérieur des balises XHTML ? Parce que cela rend la maintenance de votre site très difficile : si vos fichiers XHTML sont gros, vous mettrez du temps à retrouver dans le code source le paragraphe dont vous voulez changer l'apparence. Encore une fois, la technique du fichier `.css` séparé reste la meilleure.

Appliquer un style à une ou plusieurs balises

Maintenant que nous avons vu comment lier un fichier CSS et un fichier XHTML, nous allons nous concentrer sur l'écriture de code CSS.

Appliquer un style à toutes les balises

On peut appliquer un style à toutes les balises, que ce soit des paragraphes `<p>`, des titres `<h1>`, des citations `<q>`, etc. Dans ce but, on utilise le sélecteur universel. Derrière ce nom terrifiant se cache... le symbole étoile * ! Il signifie : « appliquer à toutes les balises ».

Insérez donc une étoile suivie d'une accolade ouvrante et d'une accolade fermante, comme ceci :

```
*
{

}
```

Les accolades délimitent le style. Tout le code CSS qui se trouve à l'intérieur sera appliqué à toutes les balises. Si on veut centrer le texte de toute la page web (titres, paragraphes...), on écrira le code suivant :

```
*
{
   text-align: center;
}
```

ORGANISATION La présentation du code CSS

Il faut savoir que l'on peut présenter son code CSS de différentes manières. En ce qui me concerne, j'ai tendance à le présenter comme vous le voyez dans cet ouvrage (un élément par ligne), mais vous rencontrerez sûrement des gens qui mettent tout sur la même ligne :

```
* { text-align: center; }
```

C'est certes plus court, mais parfois cela peut devenir difficile à lire. À vous de trouver la présentation qui vous convient le mieux !

Dans cet exemple, `text-align` est ce qu'on appelle une propriété CSS, et `center` est une valeur. Il est possible de définir plusieurs propriétés CSS à la fois : dans ce cas elles se combineront. On peut ainsi faire en sorte que le texte soit centré et écrit en bleu, italique et souligné à la fois.

Testons notre premier code CSS. Pour faire des tests, prenons ce fichier XHTML d'exemple :

```
<!DOCTYPE html PUBLIC "-//W3C//DTD XHTML 1.0 Strict//EN"
"http://www.w3.org/TR/xhtml1/DTD/xhtml1-strict.dtd">
<html xmlns="http://www.w3.org/1999/xhtml" xml:lang="fr" >
   <head>
      <title>Tests du langage CSS</title>
      <meta http-equiv="Content-Type" content="text/html;
         ➥ charset=iso-8859-1" />
      <link rel="stylesheet" media="screen" type="text/css"
         ➥ title="Mon style" href="style.css" />
   </head>
```

```
    <body>
      <h1>Bienvenue sur mon site web !</h1>

      <h2>Présentation</h2>
        <p>Ceci est le site de Jean Suifiaire, un passionné de
Volley Ball.</p>
      <p>Revenez dans quelques jours, il est encore en
construction ! Vous saurez bientôt tout sur les règles du Volley
et pourrez suivre au jour le jour les résultats du championnat
du monde !<br />
      En attendant, je fais quelques tests avec le langage
CSS...</p>
    </body>
</html>
```

Maintenant que cela est fait, admirez le résultat sur la figure 6-3. C'est ce que vous devriez avoir sous les yeux si vous avez correctement écrit le code CSS (et si vous avez bien utilisé la balise `<link />` pour faire le lien avec le fichier `style.css` !).

Figure 6–3
Tous les éléments sont centrés.

En résumé : il faut séparer la propriété de sa valeur par le symbole deux-points (:) et terminer par un point-virgule (;) après la valeur. Schématiquement, notre code CSS devrait donc toujours ressembler à ceci :

```
*
{
  propriete: valeur;
  propriete: valeur;
  propriete: valeur;
}
```

Nous verrons dans le chapitre suivant un grand nombre de propriétés CSS et leurs valeurs possibles. Pour le moment, nous nous concentrons sur le fonctionnement général du langage CSS. Nous nous contentons donc de centrer les éléments avec `text-align` pour l'exemple.

Appliquer un style à une balise

Nous savons maintenant changer l'apparence de toute la page web grâce au sélecteur universel *. Toutefois, vous n'avez peut-être pas envie d'appliquer un même style partout dans la page. Par exemple, vous voudriez bien centrer les titres de vos pages web, mais pas les paragraphes de texte !

C'est très facile à faire. Reprenez le code CSS de tout à l'heure et remplacez l'étoile par le nom de la balise dont le texte doit être centré. Si nous voulons centrer nos titres `<h1>` uniquement, il nous faudra donc écrire :

> ATTENTION **Pas de chevrons en CSS**
>
> Ne mettez pas les chevrons < > de la balise dans le code CSS. Le code suivant est donc incorrect :
>
> ```
> <h1>
> {
>    text-align: center;
> }
> ```

```
h1
{
   text-align: center;
}
```

Cette fois, en ayant modifié seulement le code CSS, votre page va prendre une apparence toute différente (voir figure 6-4).

Figure 6–4
Seul le titre <h1> est centré.

Appliquer un style à plusieurs balises

Il est aussi possible d'appliquer un même style à plusieurs balises à la fois. Pour faire cela, il suffit de séparer les noms des balises par des virgules.

Par exemple, si nous voulons centrer nos titres `<h1>` et `<h2>` :

```
h1, h2
{
   text-align: center;
}
```

Le résultat est visible sur la figure 6-5 : le titre <h2> est aussi centré maintenant.

Figure 6–5
Les titres <h1> et <h2> sont centrés.

Notez que vous pouvez centrer autant d'éléments à la fois que vous le désirez. Si vous voulez centrer tous vos titres sans exception, il faudra donc écrire :

```
h1, h2, h3, h4, h5, h6
{
  text-align: center;
}
```

Appliquer un style à des balises imbriquées

Le CSS permet de définir des règles encore plus précises. Une de celles que vous utiliserez probablement le plus souvent est celle qui permet d'appliquer un style à des balises imbriquées.

Qu'est-ce qu'une balise imbriquée ? C'est une balise qui en contient une autre. Petit exemple :

```
<blockquote>
  <p>
    Le voile du matin sur les monts se déploie.<br />
    Vois, un rayon naissant blanchit la vieille tour ;<br />
    Et déjà dans les cieux s'unit avec amour,<br />
    Ainsi que la gloire à la joie,<br />
    Le premier chant des bois aux premiers feux du jour.
  </p>
</blockquote>
```

Vous pouvez créer une règle CSS qui ne centrera que les paragraphes situés à l'intérieur de balises `<blockquote>`. Il suffit d'écrire les balises dans cet ordre précis en les séparant par un espace :

```
blockquote p
{
  text-align: center;
}
```

Cela signifie « Centrer tous les paragraphes (`p`) situés à l'intérieur de citations longues (`blockquote`) ».

On peut même faire une triple imbrication si on veut :

```
blockquote p strong
{
  text-align: center;
}
```

Cette fois, cela signifie « Centrer tous les textes importants (`strong`) situés dans des paragraphes (`p`) eux-mêmes situés dans des citations longues (`blockquote`) ».

Appliquer un style à certaines balises

id : un identifiant unique

RAPPEL Les id et les liens

Nous avons déjà rencontré l'attribut `id` dans le chapitre 4. Il nous avait déjà permis d'identifier une balise pour faire un lien vers elle (ce qu'on appelle un lien vers une ancre). Ici, on utilise le même attribut `id` dans un autre but : appliquer un style CSS à une balise précise.

Nous savons comment changer l'apparence de toutes les balises d'un même type (par exemple tous les paragraphes). Comment faire pour changer l'apparence d'un seul paragraphe en particulier ?

En fait, il s'agit d'identifier un paragraphe précis en CSS. Et pour cela, il faut donner un nom à la balise qui nous intéresse.

Prenons le paragraphe suivant :

```
<p>Ceci est le site de Jean Suifiaire, un passionné de Volley
Ball.</p>
```

Si on veut changer l'apparence de ce paragraphe-là, il faut d'abord lui donner un nom. On doit utiliser l'attribut `id` que l'on peut appliquer à presque toutes les balises :

```
<p id="introduction">Ceci est le site de Jean Suifiaire, un
passionné de Volley Ball.</p>
```

Notre paragraphe est maintenant identifié : il a pour nom « introduction ».

Rendons-nous maintenant dans notre fichier CSS pour y mettre le code suivant :

```
#introduction
{
  text-align: center;
}
```

Le symbole dièse (#) permet d'indiquer que l'on parle d'une balise ayant un nom précis. La figure 6-6 vous montre que seul le paragraphe ayant pour nom « introduction » a été centré.

ATTENTION
Un seul même id sur toute une page

L'attribut `id` sert à donner un nom unique dans toute la page. Par conséquent, vous ne devez pas donner deux fois le même nom à deux balises d'une même page. Si vous voulez appliquer un style à plusieurs balises précises à la fois, il est possible de leur donner le même nom grâce à l'attribut `class`. C'est ce que nous allons apprendre à faire maintenant.

Figure 6–6
Seul le paragraphe nommé « introduction » est centré.

class : un identificateur réutilisable

Le défaut de l'identificateur `id`, c'est qu'on ne peut l'utiliser qu'une seule fois. Il donne un nom unique.

Heureusement, il existe un autre attribut, lui aussi utilisable sur la plupart des balises. Il s'agit de `class`. Son fonctionnement est pratiquement le même que celui d'`id`, à la différence près qu'on peut donner le même nom à autant de balises que l'on veut.

Dans cet exemple, nous donnons un même nom au titre `<h1>` et au premier paragraphe.

```
<h1 class="maclasse">Bienvenue sur mon site web !</h1>

<h2>Présentation</h2>
<p class="maclasse">Ceci est le site de Jean Suifiaire, un
passionné de Volley Ball.</p>
```

BONNE PRATIQUE
Bien choisir le nom des classes

A priori, vous pouvez donner le nom que vous voulez à vos classes et vos id. Toutefois, il est conseillé de leur donner un nom intelligible dans la mesure du possible. Par exemple, si vous créez une classe qui sera appliquée à tous vos menus, il est conseillé de l'appeler `menu`. La lecture de vos fichiers CSS s'en retrouvera ainsi largement simplifiée.
N'oubliez pas qu'un nom ne doit pas comporter d'espace (utilisez le caractère underscore « _ » à la place au besoin). Par ailleurs, et bien que cela ne soit pas une obligation, j'ai personnellement pris pour habitude de donner des noms entièrement en minuscules à mes classes et id.

```
<p>Revenez dans quelques jours, il est encore en construction !
Vous saurez bientôt tout sur les règles du Volley et pourrez
suivre au jour le jour les résultats du championnat du monde
!<br />
En attendant, je fais quelques tests avec le langage CSS...</p>
```

Cette fois, nous devons modifier le CSS et utiliser un point à la place du dièse :

```
.maclasse
{
  text-align: center;
}
```

ENCORE PLUS FORT

Plusieurs classes pour une balise

Il est possible de donner deux classes (ou plus) à une même balise. Il vous suffit pour cela de séparer les noms des classes par un espace dans le code XHTML :
`<p class="maclasse autreclasse">`
Vous pouvez ainsi combiner de multiples classes CSS. Notez que sur un site simple vous n'aurez probablement pas besoin de donner plus d'un nom de classe à une même balise.

Résultat : toutes les balises utilisant la classe `maclasse` verront leur texte centré, comme le montre la figure 6-7.

Figure 6–7
Centrage des balises utilisant la classe maclasse

Les commentaires en CSS

Il est possible d'insérer des commentaires en CSS. Cela ne se fait pas exactement de la même manière qu'en XHTML où on utilisait les symboles `<!--` et `-->`. Il faut cette fois utiliser `/*` pour indiquer un début de commentaire et `*/` pour indiquer une fin de commentaire. Exemple :

```
/* Tous les paragraphes situés dans des citations longues
seront centrés */
blockquote p
{
  text-align: center;
}
```

Les commentaires CSS, tout comme les commentaires XHTML, n'apparaîtront pas sur votre page web. Ils servent uniquement à donner des renseignements pour vous orienter dans votre code. Ils font office d'aide-mémoire. C'est d'autant plus utile quand on sait que les fichiers `.css` sont généralement plus gros que les fichiers `.html` !

ASTUCE

Commenter un code pour le désactiver

Une autre utilité des commentaires consiste à commenter une portion de code source pour la désactiver temporairement. Par exemple :

```
/* blockquote p
{
   text-align: center;
} */
```

Ici, il nous suffit de placer les symboles `/*` et `*/` autour de la portion de code à désactiver. Celle-ci est maintenant en commentaire et est ignorée par le navigateur. Elle pourra être réactivée plus tard tout simplement en supprimant les symboles `/*` et `*/`.

QCM

Quel est le nom de la balise permettant d'appeler un fichier `.css` externe ?

- `<link />`
- `<insert />`
- `<css />`

Quelle est la particularité des noms donnés avec l'attribut `id` dans le code XHTML ?

- On ne peut pas donner de nom de plus de 10 caractères.
- Un même nom ne peut être utilisé qu'une seule fois dans une page.
- Un nom doit commencer par le symbole dièse `#`.

À quelles balises s'applique ce code CSS ?

```
p strong
{
}
```

- aux balises `<p>` et `<strong>` ;
- aux balises `<strong>` situées dans des `<p>` ;
- aux balises `<p>` situées dans des `<strong>`.

À quelles balises s'applique ce code CSS (bis) ?

```
.menu, em
{
}
```

- aux balises `<em>` situées dans des classes « menu » ;
- aux balises `<em>` ainsi qu'aux classes « menu » ;
- aux balises `<em>` ainsi qu'à la balise ayant pour id « menu ».

chapitre 7

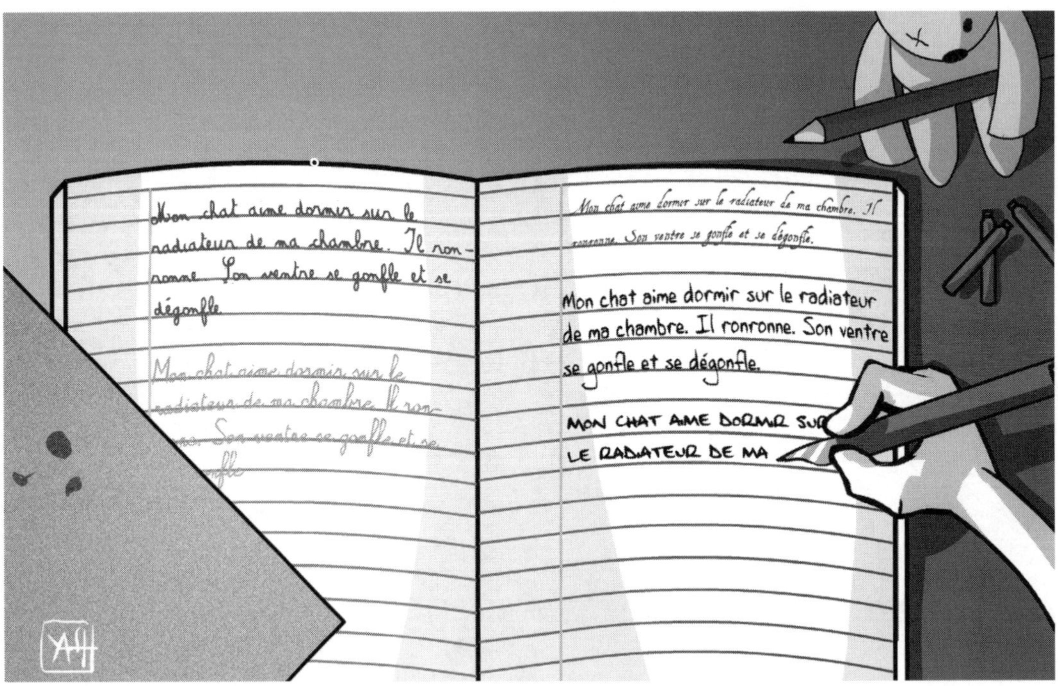
Mon chat aime dormir sur le radiateur de ma chambre. Il ronronne. Son ventre se gonfle et se dégonfle.
Mon chat aime dormir sur le radiateur de ma chambre. Il ronronne. Son ventre se gonfle et se dégonfle.
MON CHAT AIME DORMIR SUR
LE RADIATEUR DE MA

Mettre en forme son texte

Les chapitres 7 et 8 vont vous dévoiler de nombreuses propriétés CSS. Nous nous intéresserons dans ce chapitre aux propriétés de mise en forme du texte. Nous verrons entre autres comment modifier l'alignement, la police, la taille du texte, etc. Au terme de la lecture de ce chapitre, votre site n'aura déjà plus rien à voir avec ce qu'il était jusqu'ici !

SOMMAIRE

MOTS-CLÉS

- Alignement
- Alinéas
- Police
- Taille
- Gras
- Italique
- Soulignement
- Majuscules

Commençons par un bref rappel sur le fonctionnement du langage CSS. Un code CSS est constitué de plusieurs « blocs », chacun ayant la forme suivante :

```
selecteur
{
  propriete: valeur;
  propriete: valeur;
  propriete: valeur;
}
```

Le sélecteur permet d'indiquer sur quels éléments vont s'appliquer les modifications de mise en forme. On peut, par exemple, indiquer le nom de la balise qui va subir la mise en forme, utiliser le sélecteur universel *, ou encore faire usage des classes et `id` (comme nous l'avons vu au chapitre précédent).

L'objectif de ce chapitre et du suivant est de vous faire connaître un grand nombre de propriétés afin que vous soyez en mesure de modifier à votre guise l'apparence de votre page web. Nous ne pourrons toutefois pas toutes les passer en revue : si vous avez besoin d'une liste plus complète, consultez l'annexe C.

L'alignement

Aligner tout le texte

Nous avons découvert dans le chapitre précédant comment centrer un titre, avec le code suivant :

```
h1
{
  text-align: center;
}
```

Commençons par étudier plus en détail la propriété d'alignement `text-align`. Jusqu'ici nous ne l'avons qu'aperçue : nous n'avons vu que la valeur permettant de centrer ! Il faut savoir qu'il existe en tout 4 valeurs différentes :

- `left` : à gauche ;
- `center` : centré ;
- `right` : à droite ;
- `justify` : justifié.

Ces possibilités d'alignement sont les mêmes que celles que vous offre n'importe quel éditeur de texte.

Prenons par exemple la valeur `justify` qui permet d'obliger le texte à prendre la même largeur sur chaque ligne. Cet alignement est très utilisé dans le monde de l'imprimé.

```
p
{
   text-align: justify;
}
```

Avec ce code, tous nos paragraphes seront justifiés. La preuve ? Regardez la figure 7-1.

BON À SAVOIR
Les avantages de l'alignement justifié

L'alignement « justifié » est apprécié pour plusieurs raisons : c'est tout d'abord un confort visuel pour le lecteur, mais cela permet aussi d'identifier plus facilement la structure de la page car on en repère plus rapidement les limites. En outre, on évite ainsi de gâcher inutilement de l'espace, car la répartition du texte est plus homogène.

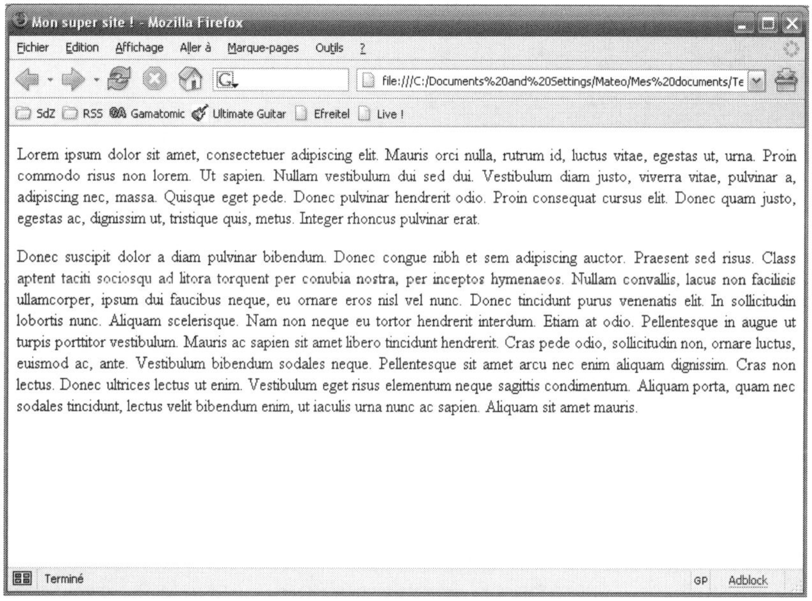

Figure 7–1
Les paragraphes sont justifiés.

Les alinéas

Vous pouvez demander à ce qu'un alinéa soit automatiquement créé au début de chacun de vos paragraphes de texte.

C'est là que la propriété `text-indent` entre en jeu. Vous devez lui donner comme valeur la longueur de la marge à créer. Généralement, on indique cette marge en pixels, que l'on abrège par « px ».

Par exemple, pour un alinéa de 30 pixels, vous devrez taper le code suivant :

```
p
{
   text-indent: 30px;
}
```

Le résultat de l'alinéa ainsi créé vous est montré sur la figure 7-2 :

Lorem ipsum dolor sit amet, consectetuer adipiscing elit. Sed non risus. Suspendisse lectus tortor, dignissim sit amet, adipiscing nec, ultricies sed, dolor. Cras elementum ultrices diam. Maecenas ligula massa, varius a, semper congue, euismod non, mi. Proin porttitor, orci nec nonummy molestie, enim est eleifend mi, non fermentum diam nisl sit amet erat. Duis semper. Duis arcu massa, scelerisque vitae, consequat in, pretium a, enim. Pellentesque congue. Ut in risus volutpat libero pharetra tempor. Cras vestibulum bibendum augue.

Ut velit mauris, egestas sed, gravida nec, ornare ut, mi. Aenean ut orci vel massa suscipit pulvinar. Nulla sollicitudin. Fusce varius, ligula non tempus aliquam, nunc turpis ullamcorper nibh, in tempus sapien eros vitae ligula. Pellentesque rhoncus nunc et augue. Integer id felis. Curabitur aliquet pellentesque diam. Integer quis metus vitae elit lobortis egestas. Lorem ipsum dolor sit amet, consectetuer adipiscing elit. Morbi vel erat non mauris convallis vehicula. Nulla et sapien.

Figure 7–2
Un alinéa de 30 pixels sur les paragraphes

Les polices

Le langage CSS nous permet de changer la police du texte. Pour le moment, c'est une police par défaut qui est utilisée.

Bien choisir la police

Il faut savoir que nous n'avons pas le choix entre une infinité de polices. En effet, pour que la police s'affiche chez vos visiteurs, il faut qu'elle soit installée sur leur ordinateur. De ce fait, on ne peut choisir que des polices standards, présentes sur la plupart des ordinateurs.

Vous trouverez sur la figure 7-3 les polices standards que vous pouvez utiliser sans problème.

Arial
Arial Black
Comic Sans MS
Courier New
Georgia
Impact
Times New Roman
Trebuchet MS
Verdana

Figure 7–3
Les polices standards

La propriété CSS précisant la police est `font-family`. Si vous voulez que vos paragraphes de texte s'affichent en Verdana, vous taperez le code suivant :

```
p
{
  font-family: Verdana;
}
```

Notez que vous pouvez combiner cette propriété avec celle d'alignement que nous venons d'apprendre. C'est même là tout l'intérêt du CSS ! D'après le code suivant, mes paragraphes seront donc écrits en Verdana et seront justifiés :

```
p
{
  font-family: Verdana;
  text-align: justify;
}
```

Vous pouvez bien entendu demander à utiliser d'autres polices que celles-ci, mais vous ne pouvez pas être sûr que vos visiteurs l'auront sur leur ordinateur.

Comment faire pour gérer le cas où le visiteur ne possède pas la police que vous voulez ?

Eh bien le CSS a tout prévu, comme nous allons le voir...

> **ATTENTION Les noms de polices comportant un espace**
>
> Certaines polices possèdent un espace dans leur nom, comme c'est le cas de Courier New par exemple. Si vous voulez utiliser une police dont le nom comporte un espace, vous devez l'entourer de guillemets comme ceci :
> `font-family: "Courier New";`

Proposer plusieurs polices

En règle générale, on n'indique jamais un seul nom de police. On en propose plusieurs, que l'on sépare par des virgules :

```
p
{
  font-family: Elephant, "Arial Black", Georgia, Verdana;
}
```

Les noms de polices doivent être écrits par ordre de priorité. Cela signifie dans l'exemple ci-dessus que la police Elephant sera utilisée en priorité si elle est présente sur l'ordinateur du visiteur. Si elle n'est pas présente, alors le navigateur recherchera la seconde police (Arial Black) et ainsi de suite.

La dernière police indiquée sera utilisée si aucune des précédentes n'était disponible.

Vous vous demandez sûrement... « Mais comment fait-on si le visiteur n'a même pas Verdana ? ». La réponse est simple : on doit indiquer un nom de police par défaut.

Il existe deux noms de polices par défaut :

- `serif` : police par défaut avec empattement.
- `sans-serif` : police par défaut sans empattement.

PROBLÈME Peut-on obliger à télécharger une police ?

Vous avez sur votre ordinateur une police géniale que vous aimeriez vraiment utiliser mais que vous êtes visiblement la seule personne de tout le World Wide Web à posséder ? Il paraît inconcevable de demander à vos visiteurs de télécharger cette police avant de rentrer sur votre site (quoique certains webmasters ont quand même osé !).

Il existe des techniques permettant de faire télécharger automatiquement une police par le navigateur. Malheureusement, les seules solutions existantes sont des solutions propriétaires, c'est-à-dire qu'aucune d'elles ne fonctionne sur tous les navigateurs. Par conséquent, il est préférable d'oublier cette possibilité pour le moment.

ALLER PLUS LOIN Police avec ou sans empattement ?

Certaines polices ont des pattes aux extrémités des lettres. Ces terminaisons servent à relier les caractères entre eux. Regardez par exemple sur la figure 7-3 la différence entre la lettre « n » de Times New Roman (police avec empattement) et celle de Verdana (police sans empattement).

La différence a l'air minime mais elle peut avoir une certaine influence sur la lisibilité de votre site. En effet, sur le Web on recommande l'utilisation de polices sans empattement. L'empattement des lettres peut rendre la lecture difficile, notamment à cause de la résolution limitée des écrans.

Notez également que l'effet produit par ces deux types de polices est différent : les polices à empattement sont ressenties comme classiques, alors que celles sans-sérif produisent une atmosphère plus moderne et plus technique.

Nous allons donc indiquer `sans-serif` en dernier choix :

```
p
{
  font-family: Elephant, "Arial Black", Georgia, Verdana, sans-
serif;
}
```

Ainsi, si le visiteur ne possède aucune des polices précédentes, le navigateur utilisera une police sans empattement par défaut.

BONNE PRATIQUE Bien choisir les polices de son site

Afin de garder une certaine lisibilité, il est nécessaire de limiter le nombre de polices sur son site web. On estime, en effet, qu'il est préférable de ne pas utiliser plus de trois polices différentes.

De plus, réservez les polices un peu fantaisistes aux titres (Comic Sans MS, Impact...), et optez pour une police simple qui a fait ses preuves pour le corps (Arial, Verdana...).

La taille du texte

La propriété CSS gérant la taille du texte est `font-size`.

Il existe, vous allez le voir, un nombre important de manières de s'en servir. On peut en effet préciser la taille du texte de différentes façons.

En pixels

B.A.-BA Le pixel

Le pixel est le plus petit élément affichable sur un écran : il s'agit tout simplement d'un minuscule point. La plupart des écrans actuels affichent au moins 1 024 pixels de largeur sur 768 pixels de hauteur (on parle de résolution « 1024 x 768 »). Il s'agit donc d'une unité très précise pour un site web.

Vous pouvez définir la hauteur des lettres en pixels. C'est la technique la plus précise : elle indique au pixel près la taille que doivent prendre les lettres affichées à l'écran du visiteur.

Par exemple, si vous souhaitez obtenir une taille de 18 pixels, vous écrirez :

```
p
{
   font-size: 18px;
}
```

Toutefois, une taille en pixels peut poser problème si vous écrivez par exemple trop petit. Certains internautes ont des problèmes de vision qui leur empêchent de distinguer correctement les trop petits caractères. Soyez-en conscients !

C'est pour cela qu'on recommande l'utilisation de valeurs relatives à la place de valeur en pixels. On évitera donc autant que possible l'utilisation de l'unité « pixel », que l'on réservera dans des cas bien spécifiques (en particulier lorsque le placement de l'élément doit être extrêmement précis).

En donnant un nom à la taille

Oui oui, vous avez bien lu : on peut écrire directement « gros », « très gros » ou encore « gigantesque » en toutes lettres pour définir la taille. Bien entendu, il va falloir exprimer cela en anglais ! Voici les différentes valeurs utilisables :

- `xx-small` : minuscule ;
- `x-small` : très petit ;
- `small` : petit ;
- `medium` : moyen ;
- `large` : grand ;
- `x-large` : très grand ;
- `xx-large` : mmh... énorme ?

Figure 7–4
Les différentes tailles de polices

Si on souhaite écrire un texte en grand, on utilisera le code suivant :

```
p
{
   font-size: large;
}
```

L'avantage est que cette notation est relative. Si le navigateur du visiteur est configuré pour afficher de gros caractères, alors le mot grand signifiera peut-être 30 pixels de hauteur au lieu de 20 pixels en temps normal.

Astuce
Modifier la taille du texte sous Firefox

La plupart des navigateurs vous permettent de modifier la taille du texte en tant que visiteur. Sous Firefox, il suffit de se rendre dans le menu *Affichage/Taille du texte* et de choisir *Plus grande* ou *Plus petite*.

En notation relative « em »

La notation relative que nous venons de voir ne nous permet d'utiliser que sept tailles différentes. Si on recherche une taille intermédiaire, ou même une taille supérieure, il faut se tourner vers une autre unité relative. L'unité « em » constitue en ce sens un bon choix.

Dans cette notation, 1em signifie « Taille normale », 1.5 em signifie que la taille sera 1,5 fois plus grande que la normale, et 0.5 em qu'elle sera à la moitié de la taille normale.

> ATTENTION **Le symbole décimal est le point**
>
> Comme bien souvent en informatique, c'est le point que l'on utilise comme symbole décimal en lieu et place de la vigule. Vous ne devrez donc pas écrire 1,5 mais 1.5 !

Supposons que nous souhaitons grossir légèrement la taille de nos paragraphes. Avec le code suivant, mes paragraphes seront écrits 1,3 fois plus gros que la normale :

```
p
{
   font-size: 1.3em;
}
```

C'est cette notation que j'utilise personnellement le plus souvent car elle permet d'être précis tout en s'adaptant à la taille de police par défaut du visiteur.

En notation relative « ex »

Eh oui, encore une autre notation ! Comme vous pouvez le constater ce n'est pas le choix qui manque. Ici, c'est une taille relative à la hauteur de la lettre « x ».

1.5 ex signifie donc 1,5 fois la hauteur de la lettre x :

```
p
{
   font-size: 1.5ex;
}
```

Cette unité est assez proche de `em`, à cette différence près que le calcul de la taille est ici basé précisément sur la hauteur de la lettre « x ». À vous de choisir l'unité que vous préférez utiliser, mais si possible ne mélangez pas ces deux unités sur un même site web pour des raisons d'uniformisation.

En pourcentage

Enfin, il est aussi possible d'exprimer la taille en pourcentage. C'est une notation connue, donc facile à utiliser pour la plupart des webmasters débutants.

Sur cet exemple, la taille de mes lettres sera égale à 120 % de la taille par défaut :

```
p
{
   font-size: 120%;
}
```

Cette unité est là encore très proche de `em` et `ex`. Elle est plus facile à appréhender par les débutants car tout le monde connaît les pourcentages.

Gras, italique, souligné, etc.

Nous allons voir ici comment réaliser les effets suivants :

- mise en gras ;
- mise en italique ;
- mise en majuscules/minuscules ;
- soulignement, clignotement...

Mise en gras

Pour mettre en gras du texte grâce au CSS, on utilise la propriété `font-weight`.

Celle-ci peut prendre 2 valeurs :

- `bold` : le texte sera écrit en gras.
- `normal` : le texte sera écrit normalement (valeur par défaut).

Pour que nos citations soient écrites en gras, on pourra donc écrire :

```
q, blockquote
{
   font-weight: bold;
}
```

Ce code CSS mettra en gras aussi bien les citations courtes (`<q>`) que les citations longues (`<blockquote>`). Si vous vous souvenez du chapitre précédent, la virgule permet d'appliquer un style à plusieurs balises, et c'est exactement ce que nous faisons ici.

Appliquons ce CSS sur un code XHTML qu'on a vu dans le chapitre 3 :

```
<p>Une citation du film "Le Schpountz" de Marcel Pagnol :<br />
<q>Irénée, tu n'es pas bon à rien, tu es mauvais à tout.</q></p>
```

Le résultat de notre petite expérience se trouve sur la figure 7-5.

Figure 7–5
Mise en gras d'une citation

QUESTION Quelle différence entre font-weight et <strong> ?

Nous avons appris dans le chapitre 3 à mettre en valeur notre texte grâce à la balise `<strong>`. Nous avions vu que généralement le navigateur mettait le texte en gras, mais nous n'avons jamais dit que cette balise était faite pour mettre un texte en gras.
Cela signifie que si vous voulez mettre un terme en gras, c'est le CSS qu'il faut utiliser, donc `font-weight`. En revanche, si vous voulez dire qu'un terme est important, c'est le XHTML qu'il faut utiliser, donc la balise <strong>.
Retenez bien : le XHTML sert à donner du sens à votre texte, tandis que le CSS sert à la mise en page. Au final, le résultat est visuellement le même, d'accord, mais votre ordinateur et le robot de référencement de Google considéreront qu'un texte dans une balise `<strong>` a plus de valeur que le reste. Le référencement de votre site web se trouvera plus efficace et plus pertinent avec un code sémantique. Nous parlerons plus en détail de cela dans le chapitre 15.

Mise en italique

En CSS, l'italique est appliqué par le biais de la propriété `font-style`.

Cette balise peut prendre 3 valeurs :

- `italic` : le texte sera mis en italique.
- `oblique` : le texte sera penché de manière oblique.
- `normal` : texte normal (valeur par défaut).

QUESTION Quelle différence entre font-style et <em> ?

L'explication est la même que pour la différence entre `font-weight` et `<strong>`. C'est une affaire de sémantique, c'est-à-dire de *sens*.
Là encore, <em> indique que le texte est « assez important » (et met généralement le texte en italique), tandis que `font-style` est juste fait pour mettre le texte en italique.

Quelle est la différence entre `italic` et `oblique` ? Il n'y en a pas. Sur la plupart des polices, ces deux valeurs auront le même effet. La présence de deux valeurs différentes (`italic` et `oblique`) est plutôt historique et est due au fonctionnement interne des polices. On les conserve toutes les deux pour des raisons de compatibilité.

Dans la plupart des cas, les webmasters utilisent la valeur `italic`. Faites donc de même.

```
q, blockquote
{
  font-style: italic;
}
```

Si on utilise ce code CSS sur la même page XHTML que tout à l'heure, cela nous donnera cette fois la figure 7-6.

BONNE PRATIQUE Quand utiliser l'italique ?

Dans le monde de l'imprimé, on utilise l'italique pour mettre en valeur des mots. Dans la sphère du Web, cette mise en valeur se fait grâce à la balise <em> qui a une valeur sémantique, donc compréhensible par le navigateur.
N'abusez pas des termes en italique toutefois car cela peut rendre un texte difficile à lire.

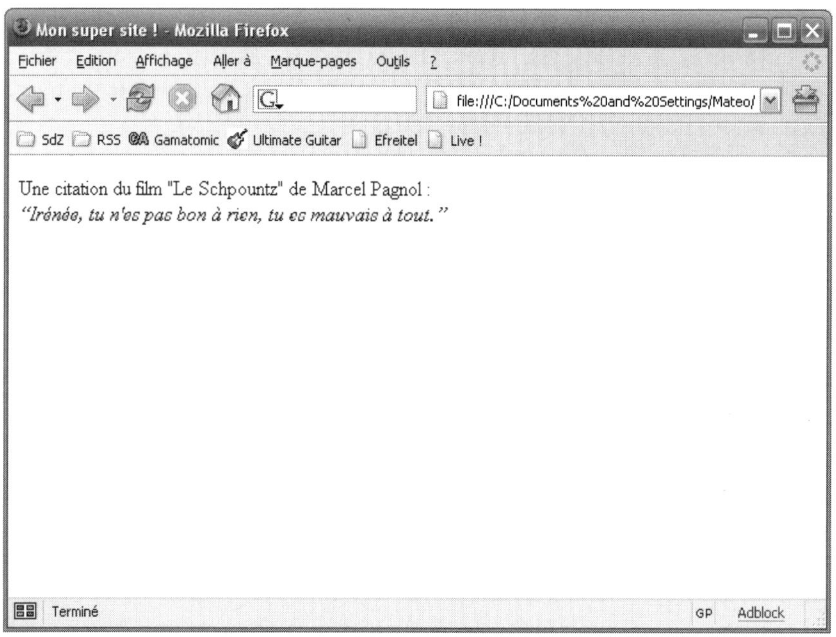

Figure 7–6
Mise en italique d'une citation

Mise en majuscules/minuscules

Il y a plusieurs façons de transformer les lettres d'un texte en majuscules ou en minuscules.

Mise en majuscules et en minuscules

La propriété `text-transform` propose plusieurs valeurs intéressantes :

- `uppercase` : le texte sera écrit en majuscules.
- `lowercase` : le texte sera écrit en minucules.
- `capitalize` : la première lettre de chaque mot sera écrite en majuscule (usage anglo-saxon).
- `none` : le texte ne sera pas modifié (valeur par défaut).

Grâce à `text-transform`, vous pouvez donc facilement transformer les lettres de votre texte. Essayons par exemple de mettre en majuscule la première lettre de chaque mot :

```
q, blockquote
{
  text-transform: capitalize;
}
```

Vous pouvez voir le résultat sur la figure 7-7. Précision importante : nous n'avons pas modifié le code XHTML. C'est exactement le même depuis tout à l'heure : nous ne faisons que changer le code CSS.

ATTENTION N'abusez pas des majuscules

Les textes écrits entièrement en majuscules sont relativement peu lisibles. Évitez autant que possible l'utilisation massive des majuscules dans le corps du texte. Vous pouvez en revanche les utiliser dans les titres, bien que cela ne soit pas réellement indispensable.
Enfin, sachez que les majuscules sont employées dans le corps du texte dans de rares cas pour indiquer que l'on crie.

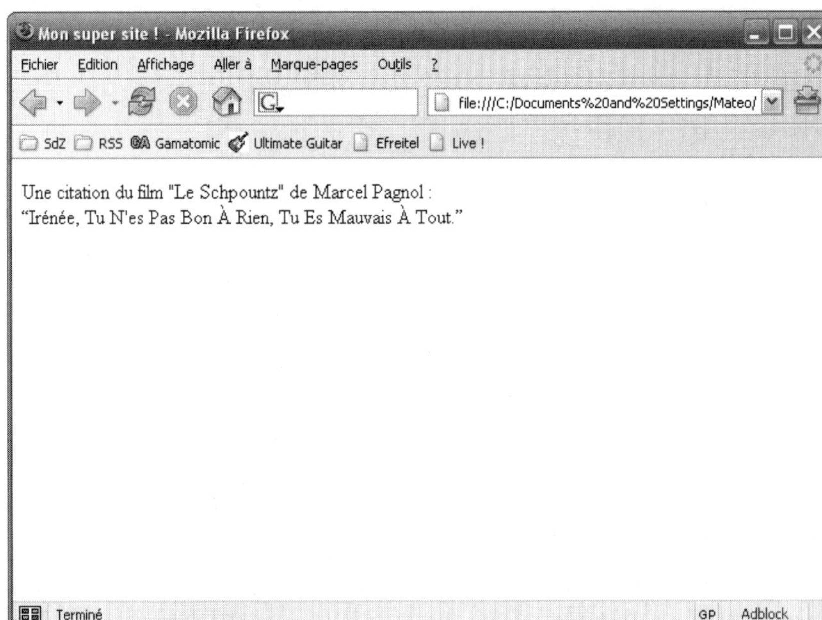

Figure 7–7 Mise en majuscule de la première lettre de chaque mot

Écrire en petites majuscules

Comme les textes tout en capitales sont difficiles à lire, il est possible de les écrire en petites majuscules. Ces majuscules sont de la taille des minuscules.

Dans ce cas, vous utiliserez la propriété `font-variant`. Vous pouvez lui donner deux valeurs différentes. Là encore, c'est très classique :

- `small-caps` : le texte sera écrit en petites capitales.
- `normal` : le texte sera écrit normalement (valeur par défaut).

```
q, blockquote
{
   font-variant: small-caps;
}
```

Le résultat de ce code CSS (toujours sans changer le XHTML) est présenté sur la figure 7-8.

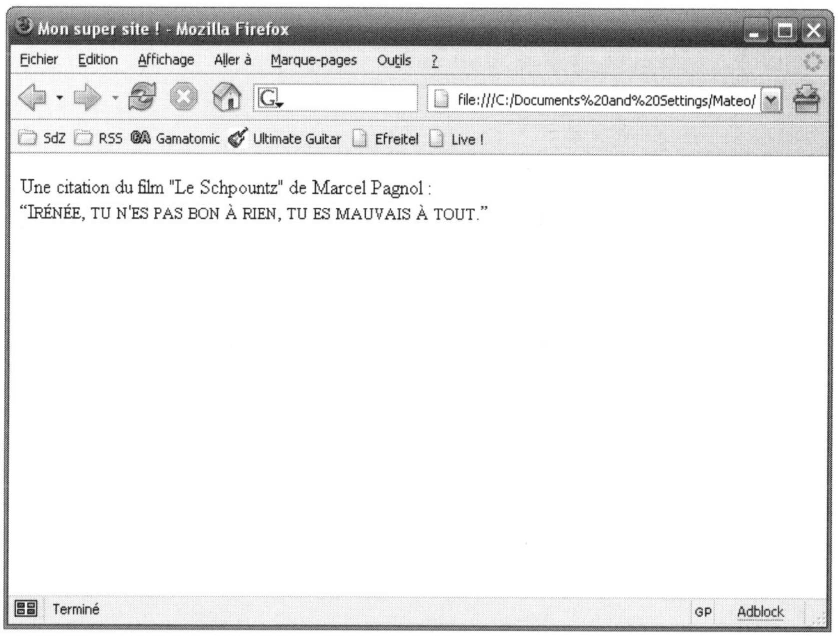

Figure 7–8
Mise en petites capitales

Souligner, barrer, faire clignoter

La propriété `text-decoration` permet de décorer son texte de plusieurs façons différentes :

- `underline` : souligné ;
- `line-through` : barré ;
- `overline` : ligne au-dessus ;
- `blink` : clignotant (attention, cette propriété ne fonctionne pas sur Internet Explorer) ;
- `none` : normal (valeur par défaut).

ATTENTION Utilisez le clignotement avec modération

La valeur `blink` fait donc clignoter votre texte. Évitez de trop utiliser cet effet car cela peut perturber le visiteur voire le fatiguer rapidement. Par ailleurs, il faut savoir que la valeur `blink` ne fonctionne pas sur Internet Explorer : les navigateurs web ne sont pas tenus de gérer cette valeur, mais certains comme Mozilla Firefox ont quand même choisi de la prendre en compte.

Essayons de souligner notre citation :

```
q, blockquote
{
   text-decoration: underline;
}
```

Vous trouverez le résultat sur la figure 7-9.

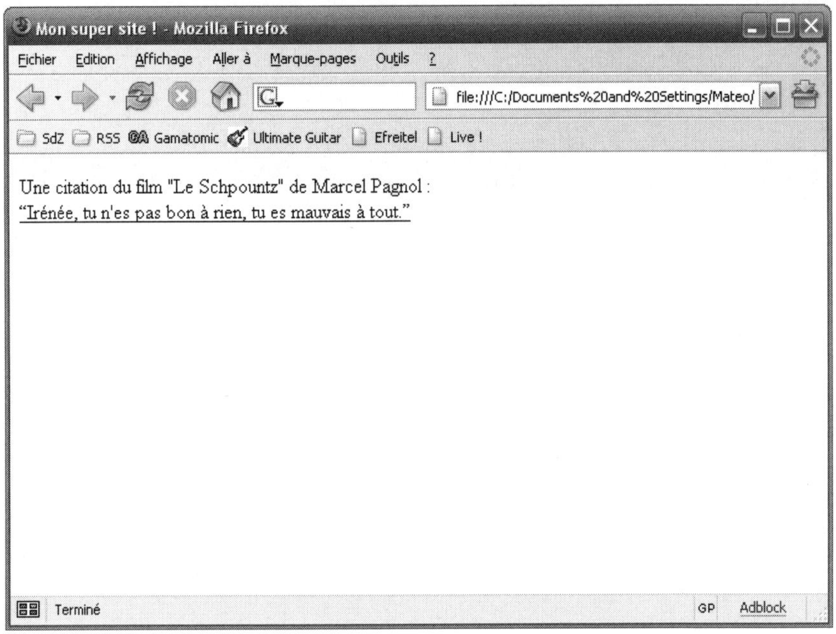

Figure 7–9
Soulignement de la citation

QCM

Quelle propriété CSS permet de créer un alinéa ?

- `text-transform`
- `text-indent`
- `text-alinea`

Si je veux dire qu'un texte est important, que dois-je faire ?

- Utiliser la balise XHTML `<strong>`.
- Utiliser la propriété CSS `font-weight`.

Que fait la valeur `uppercase` de `text-transform` ?

- Elle met en majuscules tout le texte.
- Elle met en majuscule la première lettre de chaque mot.
- Elle met en petites capitales tout le texte.

Quel sera l'effet de ce code CSS ?

```
strong
{
   font-variant: small-caps;
   font-size: 1.3em;
}
```

- Les paragraphes seront écrits en petites majuscules et leur taille sera multipliée par 1,3.
- Les textes situés dans une balise `<strong>` seront écrits en petites capitales et leur taille sera multipliée par 1,3.
- Les textes situés dans une balise `<strong>` seront écrits en grandes majuscules et leur taille sera de 13 %.

chapitre 8

Mon chat aime dormir sur le
radiateur de ma chambre. Il ron-
ronne. Son ventre se gonfle et se
dégonfle
Mon Chat
Mon chat aime dormir sur le
radiateur de ma chambre. Il ron-
ronne. Son ventre se gonfle et se
dégonfle.

Un peu de déco : couleur et fond

SOMMAIRE

- La couleur du texte
- Le fond
- Les pseudo-formats

MOTS-CLÉS

- Couleur
- Hexadécimal
- RVB
- Fond
- Pseudo-format

Ce chapitre est dans la lignée du précédent : nous allons continuer à découvrir une foule de propriétés CSS pour décorer notre site ! Dans le chapitre précédent, nous nous sommes plus concentrés sur la mise en forme du texte, tandis que dans celui-ci nous allons plutôt nous intéresser à la couleur et aux images de fond.

La couleur du texte

Il fut un temps, aux débuts du Web, où les meilleurs ordinateurs géraient rarement plus de 256 couleurs... Aujourd'hui, vous savez probablement que la plupart des ordinateurs sont capables d'afficher des millions, voire des milliards de couleurs (4 294 967 296 pour être précis). Nous sommes arrivés à un stade où il n'est pas nécessaire d'en afficher davantage, car l'œil humain ne peut en discerner plus.

Le langage CSS vous offre un large choix de couleurs et il ne tient qu'à vous de les utiliser au mieux. Ce choix ne devra pas être fait à la légère. En effet, les couleurs ont une symbolique : elles déterminent l'ambiance de votre site et forment son identité visuelle (charte graphique, hiérarchisation des informations et des pages les unes par rapport aux autres, etc.).

Vous souvenez-vous des différentes unités existantes permettant d'indiquer la taille du texte ? Eh bien avec les couleurs, c'est la même chose : il y a plusieurs façons d'indiquer une couleur. Nous allons passer en revue ces techniques une par une.

Tout d'abord, il faut vous présenter la propriété CSS permettant de changer la couleur du texte. Il s'agit de `color`. On peut l'utiliser comme ceci pour changer par exemple la couleur de nos paragraphes :

```
p
{
   color: votre_couleur;
}
```

Comme pour `font-size`, la difficulté réside dans la valeur. Voyons toutes les façons qu'il y a d'indiquer une couleur !

Indiquer la couleur avec un nom

Commençons par voir comment changer de couleur en tapant simplement son nom. C'est la technique la plus facile à utiliser mais vous n'avez pas beaucoup de choix. En effet, seules 17 couleurs possèdent un nom. C'est peu par rapport aux millions de couleurs que notre œil discerne, mais vous vous doutez bien que donner un nom à chaque couleur qui existe aurait été un tantinet difficile !

Les noms des couleurs doivent être écrits en anglais. Jetez un œil au tableau 8-1 qui contient la liste de ces couleurs ainsi qu'une traduction en français. Si vous voulez voir à quoi ressemblent exactement ces couleurs, testez-les sur votre ordinateur.

ATTENTION

Noms de couleurs non standards

Vous trouverez probablement des sites web qui proposent d'autres noms de couleurs que celles présentées sur le tableau 8-1. Il faut savoir qu'il n'y a que 17 couleurs standards (celles qui vous ont été présentées), toutes les autres n'en étant pas.

Qu'est-ce que cela signifie ? Tout simplement que les couleurs standards sont reconnues par tous les navigateurs, ce qui n'est pas forcément le cas des autres couleurs. Si vous voulez utiliser une couleur précise, utilisez une des deux autres techniques de désignation de couleur : la notation hexadécimale ou la notation rgb.

Tableau 8–1 Les 17 couleurs standards

Couleur	Traduction
white	blanc
silver	argent (gris léger)
gray	gris (gris foncé)
black	noir
red	rouge
maroon	marron
lime	citron vert (vert clair)
green	vert
orange	orange
yellow	jaune
olive	olive (jaune foncé)
aqua	bleu clair
blue	bleu
navy	marine (bleu foncé)
fuchsia	fuchsia (rose)
purple	violet
teal	bleu-vert

Si nous désirons mettre les textes importants (`<strong>`) en rouge pour qu'on ne puisse pas les manquer, nous pouvons les écrire en rouge :

```
strong
{
   color: red;
}
```

Testons ce CSS sur un code XHTML. Par exemple :

```
<p>Il y a des <strong>mots importants</strong> dans cette
phrase !</p>
```

La figure 8-1 montre que seuls les mots situés dans la balise `<strong>` sont mis en rouge.

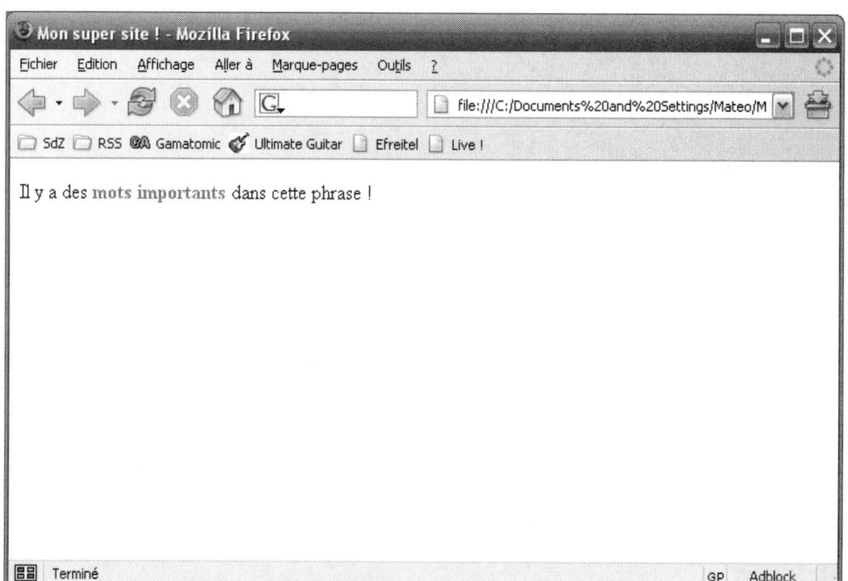

Figure 8–1
Les mots importants ont été mis en rouge (il va falloir me croire sur parole !).

Aller plus loin L'héritage en CSS

Pas de panique, personne n'est mort. L'héritage est un aspect du CSS qu'il est important de connaître : si vous appliquez un style à une balise, il est aussi appliqué à toutes les balises qui se trouvent à l'intérieur.
Pour bien comprendre le phénomène, procédons au test suivant : mettez cette fois en rouge le paragraphe <p> au lieu de la balise <strong>.

```
p
{
   color: red;
}
```

Que voyez-vous ? Le texte à l'intérieur de la balise <strong> a lui aussi été mis en rouge. Or, nous avons demandé à ce que ce soit le texte dans <p> qui soit mis en rouge, et non celui dans <strong> ! C'est là tout le principe de l'héritage : comme la balise <strong> se trouve à l'intérieur de la balise <p>, elle « récupère » ses attributs de mise en forme (ici, la couleur rouge). On dit que la balise <strong> a *hérité* de la couleur rouge du paragraphe qui la contient.

Indiquer la couleur en hexadécimal

17 couleurs, c'est bien, mais ce n'est pas beaucoup ! Pour pouvoir indiquer une couleur précise, il va donc falloir utiliser une autre technique. Une des possibilités consiste à écrire la valeur hexadécimale de la couleur.

En informatique, comme dans le monde de l'imprimerie, on peut obtenir toutes les couleurs que l'on veut en mélangeant du rouge, du vert et du bleu. En fonction des proportions de chacune de ces composantes, la couleur obtenue sera différente.

Voici un exemple de couleur écrite en hexadécimal : #CC6600. Cela ne se voit peut-être pas, mais il s'agit d'une couleur orange !

Ce code peut être décomposé en 4 parties :

- dièse # ;
- quantité de rouge (ici CC) ;
- quantité de vert (ici 66) ;
- quantité de bleu (ici 00).

Les quantités sont écrites en hexadécimal, ce qui n'est pas évident à manipuler quand on n'a pas l'habitude. Toutefois, les couleurs des sites web sont écrites sous cette forme depuis longtemps. Vous trouverez donc de nombreux sites pour vous aider à choisir votre couleur en hexadécimal.

Pour indiquer notre couleur orange en hexadécimal, nous allons donc écrire :

```
strong
{
   color: #CC6600;
}
```

Aller plus loin

La notation hexadécimale raccourcie

Si les chiffres de votre couleur peuvent être regroupés en 3 paires, comme c'est le cas sur les exemples ci-contre, sachez qu'il est possible d'utiliser une écriture raccourcie. Ainsi :
#C60
... est équivalent à :
#CC6600
En revanche, la notation hexadécimale raccourcie ne peut *pas* être utilisée sur les couleurs qui ne contiennent pas 3 paires de chiffres, comme par exemple : #CC6700, #CC6643, #CD6600, etc.

Aller plus loin La notation hexadécimale

En informatique, il est fréquent de voir des nombres écrits en hexadécimal. Au lieu d'écrire les nombres à l'aide de 10 chiffres (de 0 à 9) comme on en a l'habitude, ils sont écrits à l'aide de 16 symboles (de 0 à 9 puis de A à F). C'est une notation qui permet de raccourcir la taille des nombres car il y a plus de symboles différents disponibles.
Pour bien comprendre, voici par exemple les nombres de 0 à 20 écrits en notation hexadécimale : 0, 1, 2, 3, 4, 5, 6, 7, 8, 9, A, B, C, D, E, F, 10, 11, 12, 13. A représente ici le nombre 10, B représente 11, et ainsi de suite jusqu'à F qui représente 15. Le nombre 10, écrit en hexadécimal, signifie en fait 16 dans la notation décimale que nous connaissons.
Si vous voulez vous amuser avec la notation hexadécimale, vous pouvez ouvrir la calculatrice. Réglez-la en mode scientifique en allant dans le menu *Affichage/Scientifique*. Tapez le nombre que vous souhaitez et rendez-vous ensuite dans le menu *Affichage/Hexadécimal* pour le convertir en hexadécimal. La procédure inverse fonctionne aussi, grâce au menu *Affichage/Décimal*.

Indiquer la couleur en RGB

RGB est l'abréviation de « Red, Green, Blue », soit « Rouge, Vert, Bleu » en anglais. C'est une notation plus facile à utiliser que l'hexadécimal.

Cette fois, au lieu d'écrire un code en base 16, nous pouvons écrire les quantités de rouge, vert et bleu en base 10, c'est-à-dire avec les nombres « simples » que nous avons l'habitude de manipuler.

Voici un exemple d'utilisation :

```
strong
{
   color: rgb(247, 128, 40);
}
```

Vous devez écrire `rgb` suivi des quantités de rouge, vert et bleu entre parenthèses. Ces quantités peuvent varier de 0 (rien) à 255 (tout).

Si on écrit :

```
rgb(255, 0, 0);
```

Cela représente une couleur rouge. En effet, il y a 255 (le maximum) de rouge, et 0 pour le vert et 0 pour le bleu.

Astuce Thèmes de couleurs

Si vous avez du mal à trouver des couleurs qui se marient bien pour votre site, vous trouverez de bons conseils sur ce site :
- http://www.colorschemer.com/online.html

Lorsque vous indiquez une couleur, le site vous propose 16 couleurs qui vont avec. Les couleurs sont présentées en notation hexadécimale et RGB. Vraiment très pratique !

ASTUCE Déterminer les composantes d'une couleur

Comment trouver la couleur que vous recherchez ? Il y a un moyen très simple ! Si vous êtes sous Windows, démarrez Paint. Allez dans le menu *Couleurs/Modifier les couleurs* et cliquez sur le bouton *Définir les couleurs personnalisées*. Là, choisissez dans la partie droite de la fenêtre la couleur qui vous plaît et relevez ses quantités de rouge vert et bleu comme indiqué sur la figure 8-2.

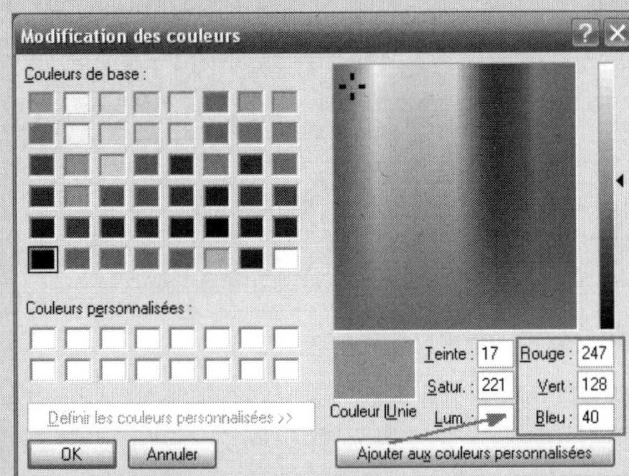

Figure 8–2 Sélection d'une couleur

C'est ainsi que nous savons que ce ton orangé peut être décrit par l'ordinateur comme la combinaison RGB (247, 128, 40) !

Le fond

Nous savons comment changer la couleur du texte, intéressons-nous maintenant au fond. Nous allons voir comment modifier la couleur du fond, mais aussi comment mettre une image de fond.

Contrairement à ce qu'on pourrait croire, « le fond » ne désigne pas forcément toujours le fond de toute la page : on peut aussi changer la couleur de fond des paragraphes ou des titres, ce qui revient à surligner. Vous allez commencer à voir tout l'intérêt du langage CSS et la puissance qu'il nous offre grâce aux exemples qui vont suivre.

La couleur de fond

La propriété `background-color` vous permet de modifier la couleur de fond d'un élément. Pour la valeur, cela fonctionne exactement comme avec la propriété `color` : il est donc temps de réutiliser ce que vous venez d'apprendre !

La couleur de fond de la page

Pour appliquer une couleur de fond à la page, il suffit de modifier le style de la balise qui englobe tout le contenu de la page, c'est-à-dire la balise <body> :

```
body
{
   color: white;
   background-color: black;
}
```

Le texte de la page sera écrit en blanc sur fond noir, comme vous pouvez le constater sur la figure 8-3 !

> **Attention**
> **Choisissez judicieusement votre fond**
> Le choix du fond ne se fait pas à la légère. En effet, un fond mal choisi peut faire fuir un visiteur en moins de temps qu'il n'en faut pour le dire (mettez un fond rouge vous comprendrez tout de suite).
> Le fond influe beaucoup sur l'ambiance de votre site. Ainsi, un fond noir comme sur la figure 8-3 exprime un univers secret, quelque peu inquiétant.
> Si vous avez du mal à trouver une couleur de fond, utilisez une image de fond comme vous allez l'apprendre plus loin. Et si vous n'êtes toujours pas satisfait, utilisez le bon vieux fond blanc qui a fait ses preuves (utilisé par la plupart des grands sites, si si !).

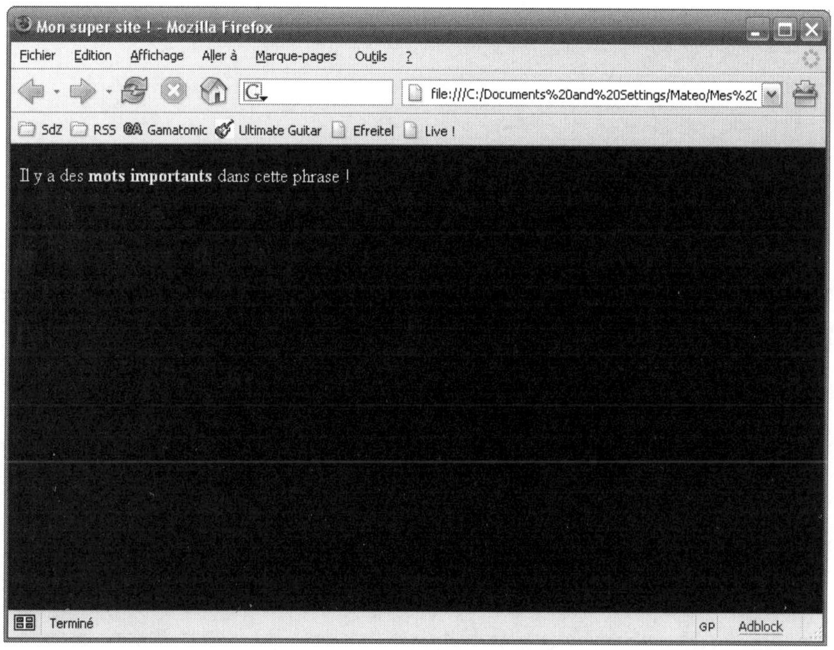

Figure 8–3
Une page en blanc sur fond noir

Grâce au principe d'héritage, toutes les balises contenues dans <body> </body> ont récupéré le même style (on dit qu'elles ont hérité du style). Cela explique donc pourquoi le paragraphe <p>, mais aussi la balise <strong>, se retrouvent eux aussi écrits en blanc sur fond noir !

Le surlignement

La propriété `background-color` ne sert pas qu'à créer un fond pour toute la page. Si on l'applique à une autre balise que <body>, seul le texte à l'intérieur de cette balise prendra la couleur de fond. Cela équivaut à surligner.

Changeons la couleur de fond des balises <strong> : on va mettre le fond en rouge et le texte en jaune, comme ça on ne pourra pas manquer les mots importants ! Cela va donner un effet de surlignement, vous allez voir :

```
strong
{
  color: yellow;
  background-color: red;
}
```

Le code XHTML utilisé reste inchangé, nous utilisons le même depuis le début du chapitre.

Avec ce code CSS, notre texte s'affiche comme sur la figure 8-4.

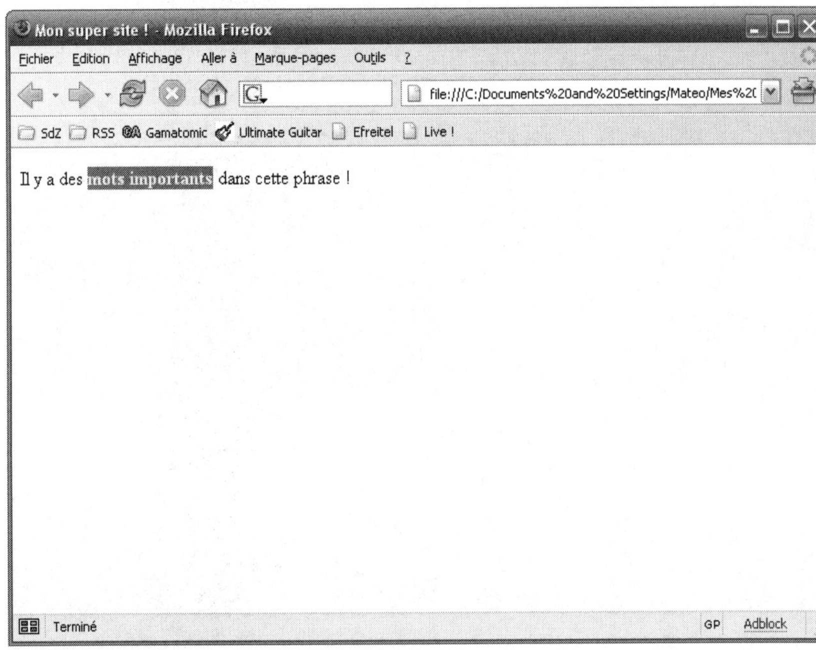

Figure 8–4
Une couleur de fond sur les mots importants

La figure 8-4 montre que les « mots importants » sont écrits en jaune sur fond rouge. En effet, nous avons appliqué les changements de couleur à la balise <strong>.

L'image de fond

Tout comme la couleur de fond, l'image de fond peut être appliquée à certaines balises précises comme <p> et <strong> ou bien à toute la page avec <body>. Dans les exemples qui vont suivre, nous allons nous intéresser au fond de toute la page : nous allons donc appliquer le fond à la balise <body>.

Insérer une image de fond

Nous allons nous servir de la propriété `background-image`. Cette fois, pour indiquer la valeur, ce sera un peu différent. En effet, nous n'allons pas indiquer une couleur mais un fichier. Ce fichier doit être une image qui servira d'image de fond.

La valeur s'écrit comme ceci : `url("image_de_fond.jpg")`. Votre image de fond peut être de n'importe quel type : JPEG, GIF, PNG...

Dans l'exemple suivant, nous voulons mettre des briques en guise d'image de fond :

```
body
{
   background-image: url("briques.jpg");
}
```

Vous pouvez observer le résultat sur la figure 8-5.

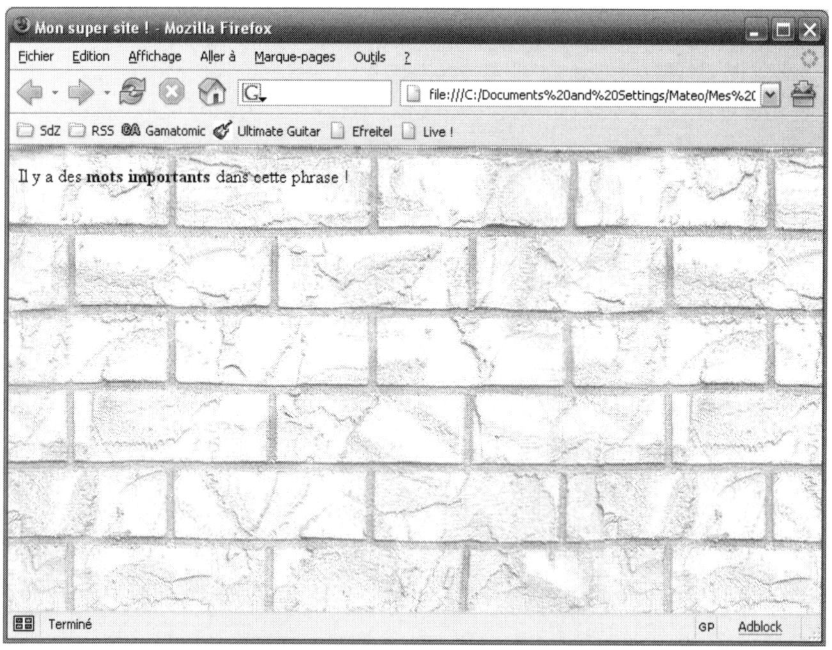

Figure 8–5 Des briques en image de fond

Fixer l'image de fond

Lorsque vous descendez plus bas dans la page, le fond bouge en même temps que le texte. C'est ce qui se produit sur la majorité des sites.

EN PRATIQUE **Bien choisir son image de fond**

Le plus souvent, une image de fond est une image qui peut être répétée en mosaïque. Par conséquent, il suffit d'utiliser une petite portion de l'image et de laisser l'ordinateur la répéter en fond (voir figures 8-5 et 8-6).

Une bonne image de fond est donc en fait une image relativement petite. Évitez à tout prix d'utiliser votre photo de vacances prise avec votre appareil photo 5 mégapixels, elle serait bien trop grosse, donc trop longue à charger (et elle n'est pas faite pour être répétée en mosaïque d'ailleurs !). En règle générale, si votre image de fond fait plus de 50 ou 60 Ko, c'est déjà beaucoup.

ATTENTION **URL relative au fichier CSS**

L'adresse de l'image de fond que vous indiquez dans `url()` est relative à la position du fichier CSS. Cela veut dire que, dans le cas de la figure 8-5, mon image `briques.jpg` se trouve dans le même dossier que le fichier `.css`.

Si vous voulez mettre l'image dans un sous-dossier, il faudra taper :

`url("nom_du_dossier/briques.jpg");`

Revoyez si nécessaire le chapitre 5 sur les liens pour vous rafraîchir la mémoire à propos des adresses relatives.

BONNE PRATIQUE **Assurez-vous de la lisibilité de votre page**

Une des erreurs les plus courantes lorsqu'on débute (à part utiliser sa photo de vacances en 5 mégapixels), consiste à choisir un fond qui rend le texte illisible. Sur la figure 8-5, vous pouvez d'ailleurs constater que le texte est par moments assez peu lisible.

Pour éviter cela, choisissez donc un fond doux avec peu de contrastes de couleurs. Si malgré tout vous tenez à utiliser un fond précis, vous pouvez l'atténuer en augmentant la luminosité et en réduisant le contraste ou en en atténuant l'opacité à l'aide d'un logiciel de retouche d'images comme Gimp.

Toutefois, il existe un effet intéressant que vous pouvez facilement mettre en place. Il s'agit d'une technique permettant de fixer l'image de fond : celle-ci ne bougera pas lorsque vous ferez défiler la page. Seul le texte se déplacera. Il s'agit de la propriété `background-attachment`. Elle peut prendre 2 valeurs très simples :

- `fixed` : l'image de fond sera fixée.
- `scroll` : l'image de fond défilera avec le texte (valeur par défaut).

Si on veut activer cet effet, il faut donc utiliser la valeur `fixed`. Reprenons l'exemple précédent et précisons que nous voulons que le fond soit fixé :

```
body
{
   background-image: url("briques.jpg");
   background-attachment: fixed;
}
```

Répétition de l'image de fond

Par défaut, l'image de fond se répète à l'infini en mosaïque. C'est en effet ce que l'on veut la plupart du temps. Pourtant, il est aussi possible de limiter la répétition de l'image de fond grâce à la propriété `background-repeat`.

Voici les valeurs utilisables :

- `no-repeat` : le fond ne se répétera pas. Il n'y aura donc qu'un exemplaire de l'image en fond de page.
- `repeat-x` : le fond se répétera uniquement horizontalement, sur la première ligne.
- `repeat-y` : le fond se répétera uniquement verticalement, sur la première colonne.
- `repeat` : le fond se répétera verticalement et horizontalement à l'infini (valeur par défaut).

Nous allons tester la valeur `repeat-x` pour notre exemple. Il nous faut donc un fond qui puisse bien se répéter horizontalement.

Avec un logiciel de dessin adapté tel Gimp, vous pouvez créer un fond en quelques secondes seulement, comme en témoigne le dégradé de la figure 8-6.

Le code CSS est tout simple :

```
body
{
   background-image: url("degrade.png");
   background-repeat: repeat-x;
}
```

ASTUCE La largeur du dégradé

Il n'est pas nécessaire de créer un dégradé qui fasse toute la largeur de la page, car il sera automatiquement répété en largeur par le navigateur. En théorie, 1 pixel de largeur suffirait sur la figure 8-6, ce qui rendrait notre fond très léger donc extrêmement rapide à charger !

Figure 8–6 Le fond dégradé que l'on va répéter horizontalement (degrade.png).

Comme vous pouvez le voir sur la figure 8-7, le fond ne s'est répété que sur la première ligne comme prévu.

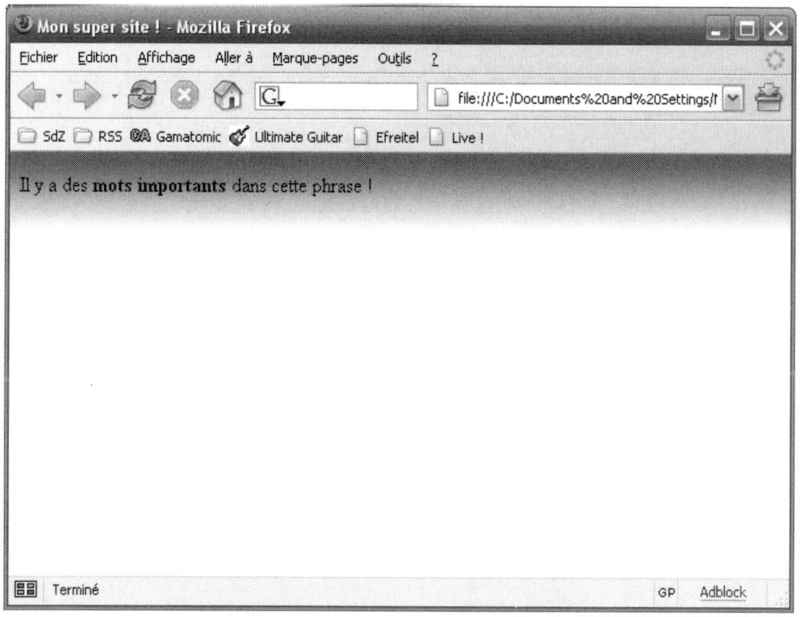

Figure 8–7
Un dégradé horizontal

Positionner le fond

Comme vous le savez maintenant, si vous utilisez la valeur `no-repeat` pour `background-repeat` votre fond ne se répétera pas. Il sera placé en haut à gauche de la page. Mais si vous souhaitez placer le fond à un autre endroit sur la page, il vous faudra recourir à `background-position`.

Il faut donner 2 valeurs successivement à cette propriété : la position par rapport à la gauche de l'écran, et celle par rapport au haut de l'écran. Ces valeurs peuvent être décrites soit en pixels, soit à l'aide de mots (*in english, of course*).

En utilisant des pixels

Si vous voulez placer votre fond 300 pixels plus à droite et 100 pixels plus bas par rapport au coin en haut à gauche de la page, vous écrirez le code suivant :

```
body
{
  background-image: url("soleil.png");
  background-repeat: no-repeat;
  background-position: 300px 100px;
}
```

Veillez bien à mettre le fond à `no-repeat` sinon la propriété `background-position` sera sans effet. Comme vous pouvez le constater sur la figure 8-8, le fond a été placé précisément à l'endroit demandé : 300 pixels plus à droite et 100 pixels plus bas.

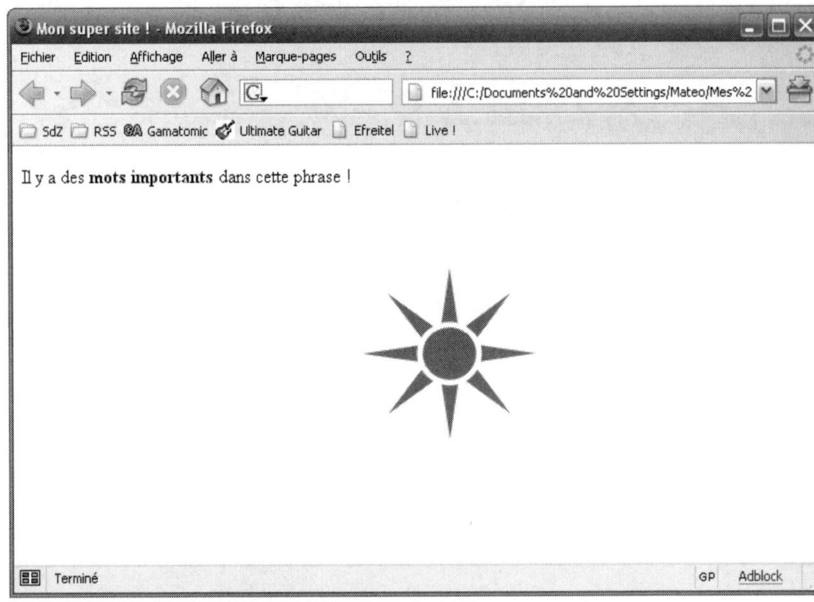

Figure 8–8
Le fond est placé 300 pixels à droite et 100 pixels en bas.

En utilisant des mots

Les valeurs en pixels permettent d'être très précis, c'est un avantage. Toutefois, si vous voulez positionner votre fond en haut à droite de la page, vous serez bien embêté. En effet, tout dépend de la taille de la fenêtre du visiteur : si sa fenêtre mesure 800 pixels de large, les valeurs à indiquer ne seront par les mêmes que si elle avait été de 1 024 pixels de large !

Comment faire pour résoudre ce problème ? On utilise des valeurs sous forme de noms anglais qui nous permettent de décrire la position. On pourra ainsi dire « Je veux que mon fond soit en bas à droite », ou encore « Je veux que mon fond soit centré sur la page ».

Voici les différents mots utilisables :

- `top` : en haut ;
- `middle` : centré verticalement ;
- `bottom` : en bas ;
- `left` : à gauche ;
- `center` : centré horizontalement ;
- `right` : à droite.

Combinez-les intelligemment pour placer le fond à l'endroit désiré. Nous allons placer notre soleil en haut à droite de la page :

```
body
{
  background-image: url("soleil.png");
  background-repeat: no-repeat;
  background-position: top right;
}
```

Vous voyez sur la figure 8-9 que le fond a bien été placé à l'endroit demandé.

ALLER PLUS LOIN **Les super-propriétés CSS**

Nous avons vu un nombre important de propriétés CSS liées au fond de la page. Retenir le nom de chacune d'elles n'est pas évident, pas plus qu'il n'est agréable de devoir écrire 4 lignes pour indiquer comment doit s'afficher notre image de fond :

```
body
{
  background-image: url("soleil.png");
  background-repeat: no-repeat;
  background-attachment: fixed;
  background-position: top right;
}
```

C'est un peu long... Tout ça pour dire qu'on veut un soleil en haut à droite de l'écran qui reste fixé à cette position ! Pour simplifier un peu le problème, on a inventé ce qu'on appelle des « super-propriétés » CSS.

Une super-propriété est la combinaison de plusieurs propriétés CSS de base. Dans le cas du fond, on dispose de la super-propriété `background`. Ce qui est particulier avec une super-propriété, c'est qu'on peut lui donner plusieurs valeurs à la fois. Vous pouvez donc mélanger les valeurs de `background-image`, `background-repeat`, `background-attachment` et `background-position`.

L'exemple ci-dessous produira le même résultat que le code de tout à l'heure. L'avantage est qu'il est plus court et facile à écrire :

```
body
{
  background: url("soleil.png") no-repeat top right fixed;
}
```

Il y a quelques règles à connaître pour les valeurs des super-propriétés :

- L'ordre des valeurs n'a pas d'importance.
- On n'est pas obligé de mettre toutes les valeurs. A priori, même avec une seule valeur cela reste valable (même si ce n'est pas très utile, on est d'accord).

Bref, ces règles ne sont pas contraignantes, bien au contraire : les super-propriétés CSS sont faites pour nous simplifier la vie ! Nous en verrons d'autres plus loin dans cet ouvrage.

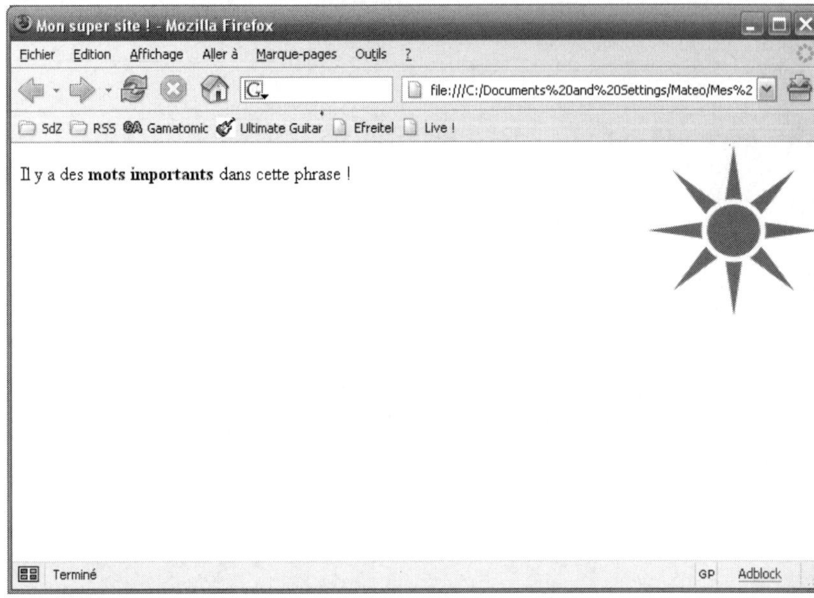

Figure 8–9
Le fond est placé en haut à droite.

Les pseudo-formats

Jusqu'ici, nous avons appliqué nos styles CSS à des balises précises comme `<p>` ou `<body>`. Pour dynamiser un peu notre page, on a la possibilité d'utiliser des pseudo-formats. Ceux-ci permettent d'appliquer un style sur une balise dans certaines conditions, comme lors du survol avec la souris, lors d'un clic, etc. Cela va nous permettre de dire par exemple : « Je veux que mes liens soient écrits en rouge *lorsqu'on pointe dessus* ».

À l'heure actuelle, on utilise surtout les pseudo-formats sur des liens, même si en théorie ils sont utilisables sur la quasi-totalité des balises existantes. La faute incombe à Internet Explorer, qui a mis du temps à supporter cette technique.

Un pseudo-format s'écrit sous cette forme :

```
balise:pseudo-format
{
}
```

Au passage de la souris

Le pseudo-format `:hover` permet d'appliquer un style lorsque la souris pointe sur un élément.

Pour créer un effet lorsqu'on pointe sur un lien (balise <a>), on doit écrire ce code CSS :

```
a:hover /* Apparence du lien lorsqu'on pointe dessus */
{
  /* Placez les propriétés que vous voulez ici */
}
```

Entraînons-nous avec un petit exercice : nous voulons que nos liens soient écrits en vert et que lorsqu'on pointe dessus, ils apparaissent en rouge et en gras.

Êtes-vous capable d'écrire le code CSS qui correspond ? Voici la réponse pour vérifier :

```
a /* Apparence du lien par défaut */
{
  color: green;
}

a:hover /* Apparence du lien lorsqu'on pointe dessus */
{
  color: red;
  font-weight: bold;
}
```

Figure 8–10
:hover permet de changer l'aspect du lien lorsque l'utilisateur pointe dessus.

Lors du clic de la souris

Il est aussi possible de créer un effet qui se déclenche lorsqu'on clique sur un lien. Cela peut produire un résultat intéressant comme vous allez le voir.

Le pseudo-format à utiliser est `:active`. J'ai personnellement l'habitude de changer la couleur de fond du lien lorsqu'on clique dessus, comme ceci :

```
a:active
{
  background-color: lime;
}
```

La figure 8-11 montre que le fond change bien lorsqu'on s'apprête à cliquer sur le lien.

ALLER PLUS LOIN Le pseudo-format :focus

`:focus` est un pseudo-format d'apparence très similaire à `:active`. Si le résultat semble identique, ces deux pseudo-formats sont pourtant différents : `:active` ne s'applique qu'aux liens tandis que `:focus` peut s'appliquer à la plupart des balises.

Petite précision : `:focus` s'applique lorsqu'un élément a « le focus », c'est-à-dire lorsqu'il est sélectionné. Cela arrive donc lorsqu'on clique dessus avec la souris, mais aussi lorsqu'on se déplace d'élément en élément dans la page web avec la touche *Tabulation*.

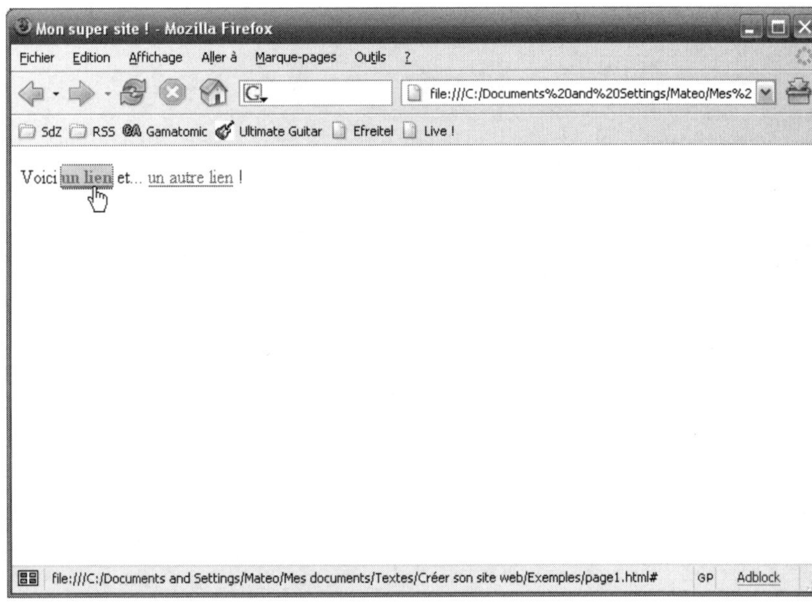

Figure 8–11
:active sur un lien sur lequel l'utilisateur clique.

Lorsque la page a déjà été vue

Il est possible de définir un style particulier pour les liens déjà visités. Cela permet à l'internaute de se souvenir des pages qu'il a déjà parcourues. Par défaut, les liens sont écrits en bleu lorsque non visités, et en violet lorsque déjà visités.

Pour définir le style des liens déjà visités, on doit utiliser le pseudo-format :visited. Dans l'exemple suivant, les liens déjà visités apparaîtront en italique :

```
a:visited
{
   font-style: italic;
}
```

QCM

Laquelle de ces notations n'est pas adaptée pour désigner une couleur ?

- quantité de rouge, vert et bleu ;
- nom de la couleur en anglais ;
- pixels.

Quelle propriété CSS permet de rendre un fond fixe lors du défilement de la page ?

- `background-attachment`
- `background-fixed`
- `background-image`

Par quel symbole commence une couleur écrite en hexadécimal ?

- #
- $
- %
- @

Que signifie ce code ?

```
p: hover
{
   text-decoration: underline;
   color: yellow;
}
```

- Les paragraphes seront écrits en jaune et soulignés lors du clic de la souris.
- Les paragraphes seront écrits en jaune et barrés lors du survol de la souris.
- Les paragraphes seront écrits en jaune et soulignés lors du survol de la souris.

chapitre 9

Liste de courses :
- Pain
- Lait
- Jambon
- Café
- Sucre en poudre
- Farine
- Thé
- Saucisses
- Poivre
- Sel
- Céréales
Ta maman..
0621335555
Contacts

Les listes à puces : pour un site web structuré

Précieuses alliées des webmasters, les listes à puces concourent non seulement à structurer les informations, mais aussi à la création des menus. Ce chapitre sera l'occasion pour vous de découvrir les différents types de listes à puces proposées par le langage XHTML ainsi que les propriétés CSS qui leur sont propres.

SOMMAIRE

MOTS-CLÉS

- Listes
- Puces
- Ordonnancement
- Organisation
- Définitions

Commençons par le commencement : savez-vous ce qu'est une liste à puces ? Si vous avez déjà fait du traitement de texte, cela devrait vous dire quelque chose.

Il existe trois types différents de listes à puces :

- Les listes non ordonnées : ce sont les listes à puces les plus couramment utilisées. Cette liste est d'ailleurs une liste non ordonnée.
- Les listes ordonnées : chaque élément de la liste commence par un numéro (1, 2, 3...) ou une lettre (A, B, C...). Ce type de liste est employé à chaque fois qu'il y a un ordre à suivre, par exemple, lorsqu'on doit indiquer une marche à suivre précise.
- Les listes de définitions : plus rares, elles vous permettent par exemple de créer un lexique. Chaque mot est alors associé à une définition. Vous emploierez de telles listes dans des pages contenant des termes un peu difficiles, voire techniques, afin de les définir pour que vos visiteurs ne soient pas perdus.

Nous étudierons chacun de ces trois types de liste dans ce chapitre. Par ailleurs, vous verrez que l'on ne met pas le CSS de côté, bien au contraire ! Nous découvrirons des propriétés CSS dédiées aux listes à puces.

Le code XHTML des listes à puces

Comme nous l'avons vu plus haut, il y a trois différents types de listes à puces. Chacune d'elles trouve son utilité dans un contexte différent. En ce qui concerne le code XHTML, vous allez voir que la marche à suivre est très proche d'un type de liste à un autre. Commençons sans plus tarder par les listes non ordonnées.

Listes non ordonnées

Une liste non ordonnée se place à l'intérieur des balises `<ul></ul>`. Ces balises doivent être situées à l'extérieur des paragraphes, comme le montre le code suivant :

```
<p>Ceci est un paragraphe situé avant la liste.</p>
<ul></ul>
<p>Ceci est un paragraphe situé après la liste.</p>
```

Pour l'instant, notre liste à puces n'affiche rien. Il va falloir la remplir. Chaque élément de la liste est délimité par des balises `<li></li>` à l'intérieur de `<ul></ul>`. Chaque `<li></li>` représente une puce.

Regardez le code suivant, vous allez rapidement comprendre :

```
<p>Voici les 4 éléments :</p>
<ul>
   <li>L'eau</li>
   <li>Le feu</li>
   <li>L'air</li>
   <li>La terre</li>
</ul>
```

Le résultat de cette liste à puces apparaît sur la figure 9-1.

Figure 9–1
Une liste à puces non ordonnée

C'est aussi simple que cela : à vous de mettre autant de `<li></li>` que vous voulez d'éléments dans votre liste.

Listes ordonnées

Une liste ordonnée se construit exactement de la même manière qu'une liste non ordonnée. Seule la balise `<ul>` change : elle est remplacée par `<ol>`.

Voici un exemple de liste ordonnée :

```
<ol>
   <li>Un</li>
   <li>Deux</li>
   <li>Trois</li>
   <li>Quatre</li>
</ol>
```

Cette fois, le navigateur numérotera automatiquement chaque élément de la liste comme vous pouvez le voir sur la figure 9–2.

Il est possible de changer le type de numérotation. On peut par exemple utiliser une numérotation romaine (I, II, III, IV...) ou alphabétique (A, B, C, D...). Pour changer la numérotation, il faudra faire appel au CSS comme nous le verrons plus loin.

Figure 9–2
Une liste à puces ordonnée

ENCORE PLUS FORT **Imbriquer des listes à puces**

Il est possible d'imbriquer une liste à puces dans une autre sans aucun problème. Pour cela, vous devez ouvrir une nouvelle balise `<ul>` à l'intérieur d'une puce `<li>`. Par exemple :

```
<p>Voici les différentes boissons que nous vous
proposons :</p>
<ul>
   <li>Coca-cola</li>
   <li>Eau
      <ul>
         <li>Eau plate</li>
         <li>Eau gazeuse</li>
      </ul>
   </li>
   <li>Jus de fruits
      <ul>
         <li>Jus d'ananas</li>
         <li>Jus de pomme</li>
         <li>Jus d'orange</li>
      </ul>
   </li>
</ul>
```

En y réfléchissant un peu, vous devriez trouver ce code tout à fait logique ! Ce n'est qu'une imbrication de listes à puces. Voyez vous-même le résultat sur la figure 9–3.

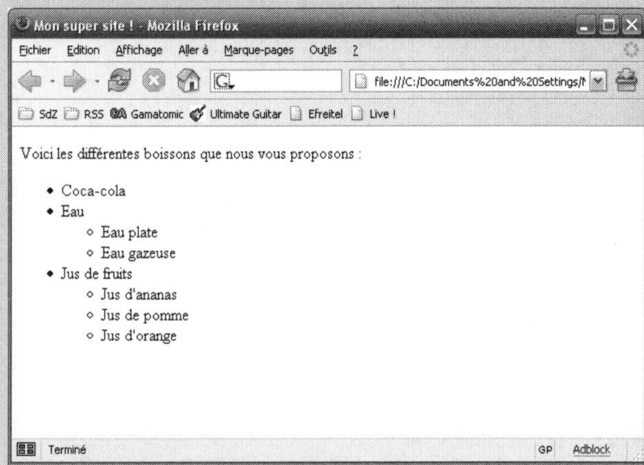

Figure 9–3 Des listes à puces imbriquées

Vous pouvez imbriquer autant de listes à puces que vous voulez... en théorie du moins, parce que si vous faites trop d'imbrications vos listes risquent de commencer à devenir illisibles (à partir de trois niveaux, vous risquez de perdre votre lecteur). Notez également que la multiplication des listes imbriquées est le symptôme d'une mauvaise organisation de l'information.

Listes de définitions

On utilise la balise `<dl>` pour délimiter le début et la fin d'une liste de définitions, tout comme on utilisait `<ul>` et `<ol>` pour les autres types de listes.

On a donc le code suivant pour commencer :

```
<dl>
</dl>
```

Cette fois, on n'utilise plus <li>. En effet, une liste de définitions est une succession de mots suivis de leur définition. On doit donc alterner des balises <dt> et <dd> :

- <dt> : indique le mot que l'on veut définir.
- <dd> : délimite la définition de ce mot.

Le mieux est encore de voir un exemple pour comprendre comment cela fonctionne :

```
<p>Vocabulaire du parfait petit webmaster :</p>
<dl>
   <dt>XHTML</dt>
   <dd>Langage de balisage permettant la rédaction de pages web
structurées.</dd>
   <dt>CSS</dt>
   <dd>Langage de description utilisé pour la mise en forme des
pages web.</dd>
</dl>
```

La liste de définitions devrait s'afficher comme sur la figure 9-4.

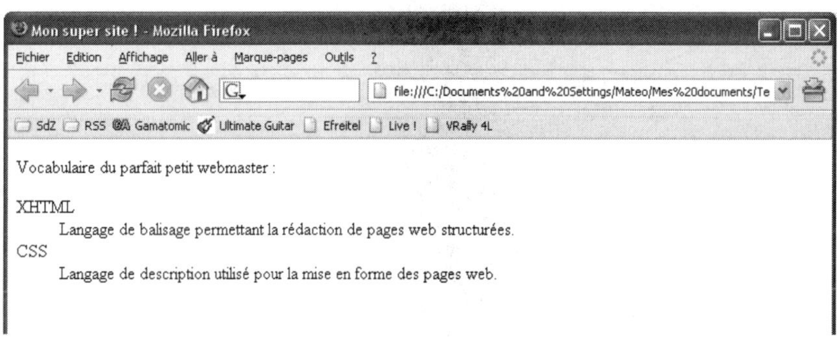

Figure 9–4
Une liste de définitions

ASTUCE **Moyens mnémotechniques pour retenir les noms des balises**

Tous ces noms de balises font vite tourner la tête et on peut facilement s'y perdre et les mélanger. Comment faire pour s'y retrouver ?
Il faut savoir que ces noms de balises sont en fait des abréviations de l'anglais. Voici la signification de toutes ces balises ainsi que leur traduction en français :

Balise	Signification (anglais)	Signification (français)
<ul>	Unorganized List	Liste non organisée
<ol>	Organized List	Liste organisée
<li>	List Item	Élément de liste
<dl>	Definition List	Liste de définitions
<dt>	Definition Term	Terme de définition
<dd>	Definition Definition	Définition

Retenez donc que les éléments d'une liste de définitions vont toujours par deux : d'abord le terme (`<dt>`) puis la définition qui correspond (`<dd>`). Si vous ne le faites pas correctement, votre liste ne voudra plus dire grand-chose.

Propriétés CSS des listes à puces

Comme vous le voyez sur la figure 9-4, ce n'est pas pour le moment ce qui se fait de plus esthétique, mais un petit coup de pinceau CSS avec ce que vous avez appris jusqu'ici devrait y remédier.

```
dt
{
   font-weight: bold;
   color: white;
   background-color: black;
}
```

Vous pouvez voir le résultat sur la figure 9-5.

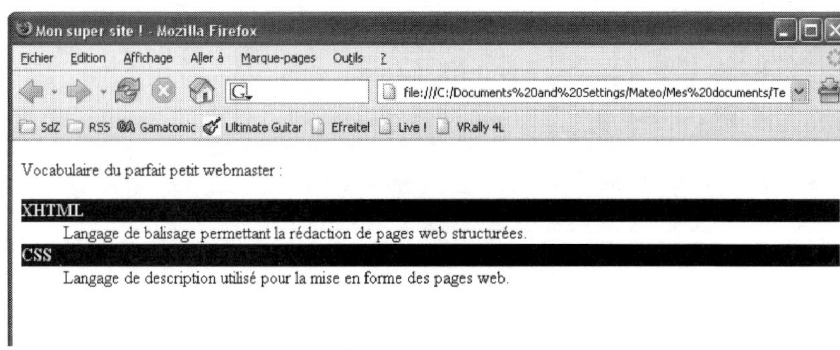

Figure 9–5
Une petite touche de CSS et ça repart.

Bon, sans vouloir prétendre que cela soit plus esthétique, on distingue déjà plus facilement les mots de leur définition ! Et nous n'avons utilisé ici que des propriétés CSS que nous connaissons : `font-weight`, `color`, `background-color`...

Il faut savoir qu'il existe par ailleurs des propriétés CSS spécifiques aux listes à puces, que nous allons maintenant passer en revue.

Retrait des listes

La première propriété que nous allons voir permet de modifier le décalage du texte par rapport aux puces et bien souvent d'accroître la lisibilité de la liste. C'est un petit détail de présentation qui peut être bien utile dans certains cas.

La propriété en question est `list-style-position`. Elle peut prendre la valeur `outside` qui met le texte en retrait (valeur par défaut) ou la valeur `inside` (la puce est intégrée au bloc de texte).

Si on veut que le texte de nos listes à puces ne soit plus mis en retrait, il suffit donc d'écrire le code suivant :

```
ul
{
   list-style-position: inside;
}
```

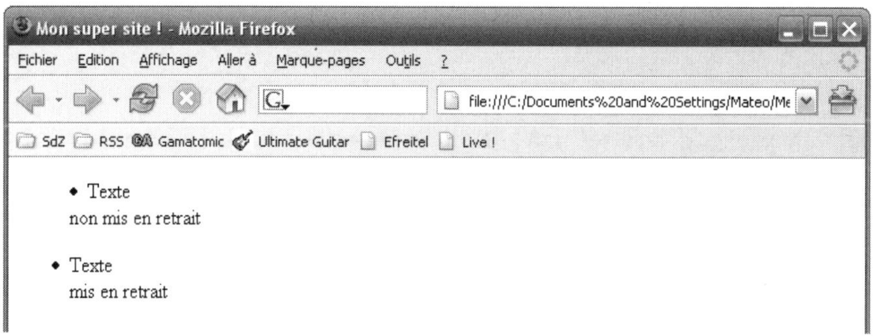

Figure 9–6
Mise en retrait des listes

La mise en retrait relève donc principalement de l'esthétique, mais c'est une possibilité qui peut s'avérer intéressante si le contenu de vos puces est particulièrement long. Personnellement, je n'ai pas pour habitude de changer la valeur par défaut, mais si vous préférez vos listes à puces sans mise en retrait, vous savez maintenant comment les modifier.

Présentation de la puce

On peut changer l'apparence de la puce à l'aide de la propriété `list-style-type`. En effet, rien ne vous impose d'avoir un rond noir comme puce, ou bien une numérotation de type 1, 2, 3, 4.

La propriété `list-style-type` peut prendre un grand nombre de valeurs. Certaines sont adaptées aux listes non ordonnées, d'autres aux listes ordonnées.

Voici les valeurs adaptées aux listes non ordonnées `<ul>` :

- `disc` : un disque noir (valeur par défaut) ;
- `circle` : un cercle ;
- `square` : un carré ;
- `none` : pas de puce.

À présent, les valeurs adaptées aux listes ordonnées `<ol>` :

- `decimal` : nombres décimaux habituels (1, 2, 3, 4...). Valeur par défaut.
- `decimal-leading-zero` : pareil, mais les nombres commencent par un zéro (01, 02, 03, 04...) ;
- `upper-roman` : numérotation romaine en majuscules (I, II, III, IV...) ;
- `lower-roman` : numérotation romaine en minuscules (i, ii, iii, iv...) ;
- `upper-alpha` : numérotation alphabétique en majuscules (A, B, C, D...) ;
- `lower-alpha` : numérotation alphabétique en minuscules (a, b, c, d...) ;
- `lower-greek` : numérotation grecque (α, β, χ, δ...).

Il existe d'autres valeurs que nous vous épargnons volontairement : numérotation hébraïque, idéographique, japonaise hiragana, japonaise katakana... Tous nos ordinateurs ne les gèrent pas, de toute manière.

Pour utiliser des carrés dans des listes à puces non ordonnées, on écrira donc le code CSS suivant :

```
ul
{
   list-style-type: square; /*Puces carrées*/
}
```

Notez qu'il faut appliquer la propriété `list-style-type` à la balise `<ul>`. Il en va de même avec les listes à puces ordonnées :

```
ol
{
   list-style-type: upper-alpha; /*Numérotation alphabétique*/
}
```

Vous pouvez voir un aperçu du résultat que donnent toutes les valeurs présentées précédemment sur les figures 9-7 et 9-8 (pour les listes non ordonnées et ordonnées respectivement).

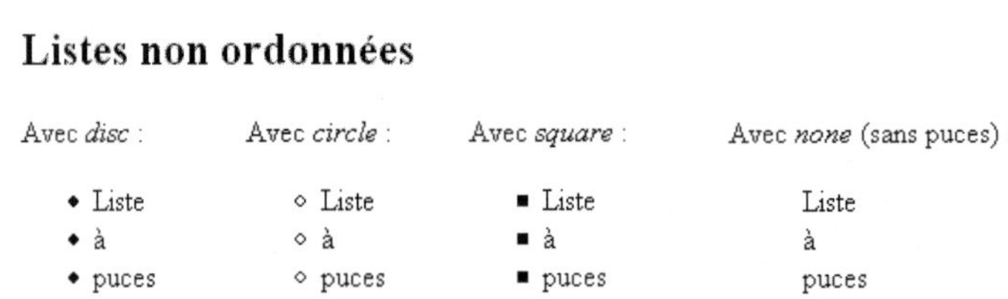

Figure 9–7
Les différents types de listes non ordonnées

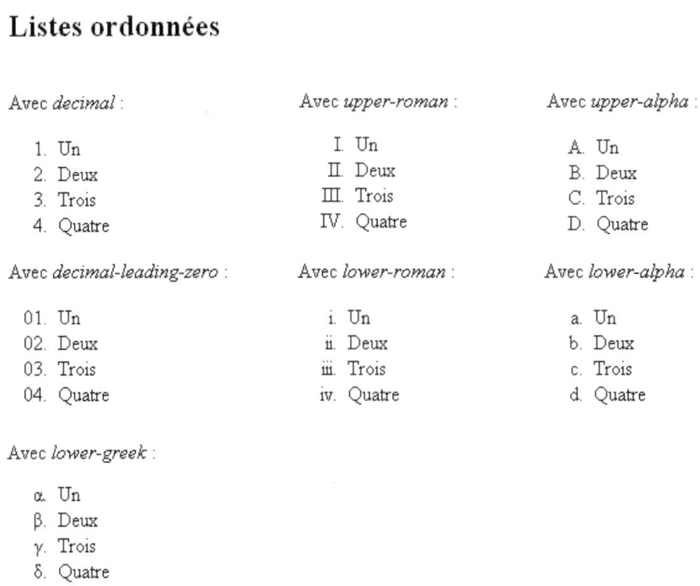

Figure 9–8
Les différents types de listes ordonnées

Changer la puce pour une image

Pour une liste non ordonnée, vous avez donc le choix entre trois ou quatre types de puces différentes. C'est bien, mais on peut faire mieux : utiliser sa propre image en tant que puce !

La spécification d'une image en tant que puce s'effectue via la propriété `list-style-image`. Elle s'utilise comme `background-image` : il faut indiquer où se trouve l'image à l'aide de `url()`.

Par exemple, si on a une image `dossier.png` située dans le même dossier que le fichier CSS, on peut écrire le code suivant :

```
ul
{
   list-style-image: url("dossier.png");
}
```

Cela donne une présentation sympathique comme en atteste la figure 9-9.

> **CONSEIL Taille et format d'image de puce**
>
> Tous les formats d'images fonctionnent pour les puces : PNG, GIF, JPEG. Notez que l'image ne doit pas être trop grosse pour ne pas déséquilibrer le rapport texte/puce. D'après nos tests, il semblerait qu'une taille d'environ 15 x 15 pixels soit adaptée. Au-delà, l'image sera coupée.

Figure 9–9
L'image de la puce a été modifiée grâce au CSS.

QCM

Quelle balise permet d'indiquer la définition d'un mot ?

- `<dt>`
- `<dl>`
- `<dd>`

Quelle balise indique une liste numérotée ?

- `<dl>`
- `<li>`
- `<ol>`
- `<ul>`

Comment fait-on pour supprimer les puces ?

- On met la propriété `list-style-position` à `inside`.
- On met la propriété `list-style-type` à `none`.
- On met la propriété `list-style-type` à `nothing`.

Quelle valeur dois-je donner à la propriété `list-style-type` afin d'avoir ce type de numérotation : i, ii, iii, iv, v, vi... ?

- `lower-roman`
- `lower-greek`
- `upper-roman`

Liste de courses :
- Pain
- Lait
- Jambon
- Café
- Sucre en poudre
- Farine
- Thé
- Saucisses
- Poivre
- Sel
- Céréales
Ta maman..
0621335555
Contacts

chapitre 10

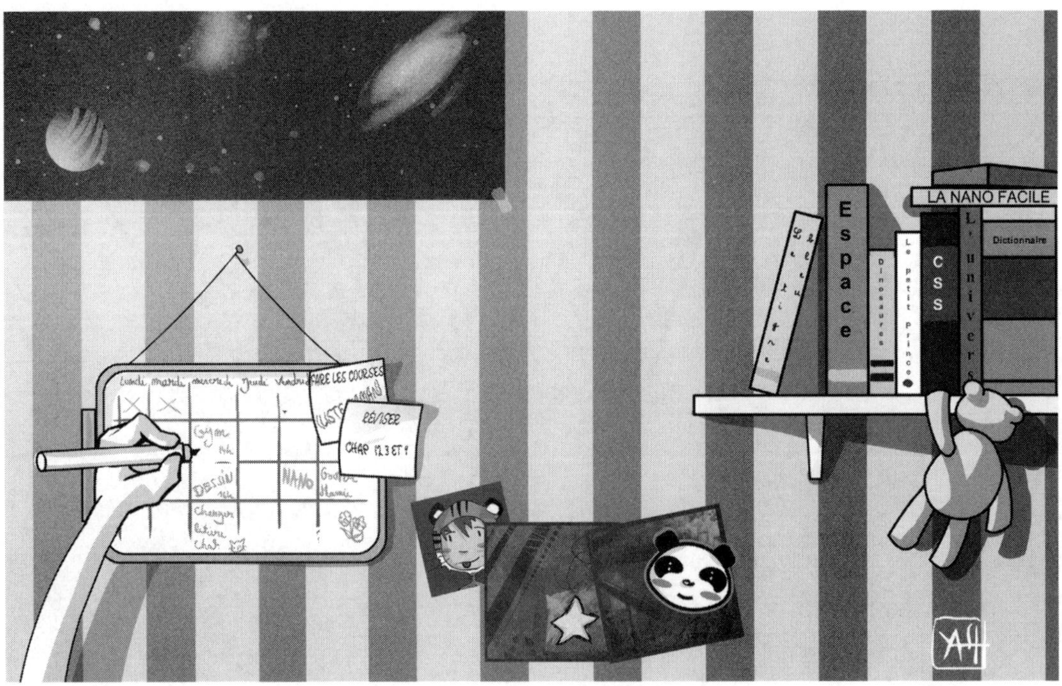

FAIRE LES COURSES
RÉVISER
CHAP 12,3 ET 4
NANO
Espace
Dinosaures
Le petit Prince
CSS
L'univers
LA NANO FACILE
Dictionnaire

Les tableaux : synthétiser ses informations

Tout comme les listes à puces, les tableaux permettent de structurer les données. On y a souvent recours lorsqu'on doit synthétiser des informations redondantes (comparatifs, listes de messages, etc.). Leur lecture est d'ailleurs souvent plus efficace pour les internautes que de longs paragraphes de texte. La création d'un tableau est un peu plus complexe que celle d'une liste à puces, soyez attentifs et tout se passera bien !

SOMMAIRE

MOTS-CLÉS

- Tableaux
- Cellules
- Organisation
- Classement
- En-têtes
- Bordures

Il faut savoir que les internautes ne lisent pas une page web comme ils liraient un livre. En effet, ils ont plutôt tendance à lire en diagonale, à rechercher l'information qui les intéresse dans une page tout en parcourant rapidement le reste. Bref, l'internaute est pressé (d'ailleurs, peut-être vous reconnaissez-vous dans cette description ?).

Les tableaux constituent à ce titre un bon moyen de synthétiser les informations d'une page web. De manière générale, vos visiteurs apprécieront si vous condensez vos informations dans un tableau, plutôt que si vous les obligez à lire votre prose sur plusieurs paragraphes.

Du point de vue du code, la seule petite difficulté avec les tableaux est de retenir toutes les balises nécessaires et de les imbriquer correctement entre elles. On peut créer des tableaux très simples comme des tableaux très élaborés.

Nous commencerons bien entendu par voir le code XHTML minimal d'un tableau. Ensuite, nous approfondirons le sujet en découvrant comment créer des tableaux plus complexes (fusion de cellules et autres...). Nous découvrirons aussi au cours de ce chapitre quelques nouvelles propriétés CSS.

Structure d'un tableau

Les balises d'un tableau doivent être imbriquées dans le bon ordre. Si vous faites une erreur, il est probable que votre tableau n'apparaisse pas du tout comme vous l'aviez imaginé !

Pour éviter au maximum les erreurs et les confusions, nous allons donc voir une par une les balises nécessaires.

Tout d'abord, il faut savoir qu'un tableau se place à l'intérieur des balises `<table></table>`. Tout comme les listes à puces, les tableaux doivent être à l'extérieur des balises de paragraphe `<p></p>` et non à l'intérieur, car un tableau n'est pas un paragraphe :

```
<p>Paragraphe avant le tableau.</p>
<table></table>
<p>Paragraphe après le tableau.</p>
```

Un tableau se crée ligne par ligne. Chaque ligne est représentée par une paire de balises `<tr></tr>`. Si on veut créer un tableau de trois lignes, on doit donc écrire :

```
<table>
   <tr></tr>
```

```
    <tr></tr>
    <tr></tr>
</table>
```

Maintenant, il faut découper chaque ligne en plusieurs cellules. On crée une cellule à l'aide de la balise <td></td>. Cette balise doit obligatoirement se trouver à l'intérieur d'une ligne <tr></tr>. Si on veut créer un tableau à trois lignes et deux colonnes, il faut écrire :

```
<table>
    <tr>
        <td></td>
        <td></td>
    </tr>
    <tr>
        <td> </td>
        <td></td>
    </tr>
    <tr>
        <td></td>
        <td></td>
    </tr>
</table>
```

Il ne tient plus qu'à vous d'écrire le texte que vous voulez dans chaque cellule, c'est-à-dire à l'intérieur des <td></td>. Par exemple :

```
<table>
    <tr>
        <td>Première cellule</td>
        <td>Deuxième cellule</td>
    </tr>
    <tr>
        <td>Troisième cellule</td>
        <td>Quatrième cellule</td>
    </tr>
    <tr>
        <td>Cinquième cellule</td>
        <td>Sixième cellule</td>
    </tr>
</table>
```

Ce code devrait créer un tableau ressemblant au tableau 10-1.

Tableau 10–1 Un tableau simple

Première cellule	Deuxième cellule
Troisième tableau	Quatrième cellule
Cinquième cellule	Sixième cellule

ATTENTION **Nombre de cellules par ligne**

Vous devez faire attention à bien créer le même nombre de cellules sur chaque ligne. Dans le code ci-contre par exemple, il y a 2 cellules sur chacune des lignes, donc 2 paires de balises <td></td>. Si vous ne créez pas le même nombre de cellules sur chacune des lignes, votre tableau sera incorrect et des erreurs d'affichage se produiront.

Plus loin, nous verrons qu'il est possible de fusionner des cellules pour que celles-ci prennent l'espace de plusieurs cellules à la fois, mais ne mélangeons pas tout si tôt !

Testons dans le navigateur pour voir le résultat (voir figure 10-1).

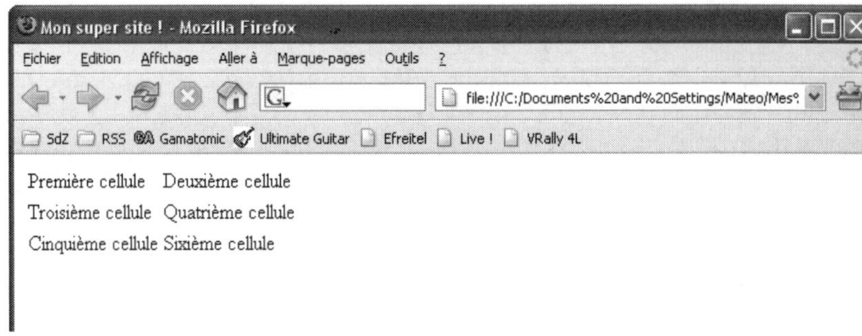

Figure 10–1
Un tableau... sans bordure ?

Le moins que l'on puisse dire, c'est que ce n'est pas le résultat que l'on espérait ! En effet, le tableau n'a aucune bordure par défaut. Il va falloir utiliser le CSS pour en dessiner une.

> ATTENTION **La mise en page par tableaux**
>
> Au début du Web, le langage CSS, qui permet de réaliser le design d'un site facilement, n'existait pas. On n'avait pas de moyen à l'époque pour organiser les éléments sur sa page, et on était donc obligé de tout réaliser à l'aide du langage HTML. On utilisait alors une « bidouille » : on créait des tableaux sans bordures pour placer par exemple le menu à gauche, le corps à droite, etc.
> Malheureusement, c'est une mauvaise habitude car les tableaux ne sont pas faits pour cela : leur mise en œuvre est lourde pour un design, le poids de la page à télécharger est plus conséquent, et le code est difficilement lisible (ce qui rend votre site délicat à maintenir). De trop nombreux sites sont encore mis en page avec des tableaux, alors que le CSS est apparu depuis un moment maintenant et qu'il a de nombreux avantages sur la mise en page par tableaux.
> Vous trouverez plus d'informations à ces adresses :
> - http://openweb.eu.org/articles/problemes_tableaux/
> - http://css.alsacreations.com/Faire-une-mise-en-page-sans-tableaux/Tableaux-ou-Div-petite-comparaison-concrete

Dessiner des bordures en CSS

> BON À SAVOIR **Les bordures ne s'appliquent pas qu'aux tableaux**
>
> Nous allons nous pencher sur la création de bordures pour les tableaux, mais il faut savoir que les bordures peuvent s'appliquer aussi à de nombreux autres éléments : `<p>`, `<strong>`, `<blockquote>`, `<h1>`... Vous pouvez encadrer des paragraphes de texte, des citations... n'hésitez pas à essayer !

On dispose de plusieurs propriétés CSS pour créer des bordures :

- `border-style` : détermine le type de bordure (bordure pleine, en pointillés, en tirets, effet 3D...) ;
- `border-width` : détermine l'épaisseur de la bordure ;
- `border-color` : détermine la couleur de la bordure.

Type de bordure

La propriété `border-style` indique le type de bordure que l'on veut utiliser. Elle peut prendre de nombreuses valeurs, comme en témoigne le tableau 10-2.

Tableau 10–2 Les différents types de bordure disponibles

Aperçu	Valeur	Description
	`solid`	Ligne pleine. C'est probablement la valeur que vous utiliserez le plus souvent.
	`double`	Ligne double.
	`dashed`	Ligne en tirets.
	`dotted`	Ligne en pointillés.
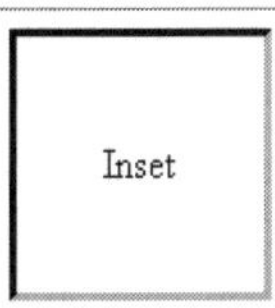	`inset`	Effet 3D « enfoncé ».
	`outset`	Effet 3D « surélevé ».
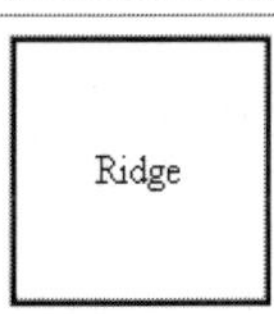	`ridge`	Autre type d'effet 3D.
	`none`	Pas de bordure (valeur par défaut).

BON À SAVOIR Taille minimale des bordures

Certains types de bordures nécessitent une certaine épaisseur pour que l'on puisse voir leur effet. Ainsi, il faut au moins 3 pixels de largeur pour pouvoir voir une bordure double. Il en va de même pour les effets 3D `inset`, `outset` et `ridge` : au moins 2 ou 3 pixels de largeur sont nécessaires pour que l'on puisse apprécier ces effets.

Comment modifier l'épaisseur ? Patience, nous allons voir cela juste après ! Essayons d'appliquer une bordure pleine à notre tableau :

```
table
{
  border-style: solid;
}
```

Mais... comme vous le voyez sur la figure 10-2, seul le contour général du tableau est affecté par la bordure.

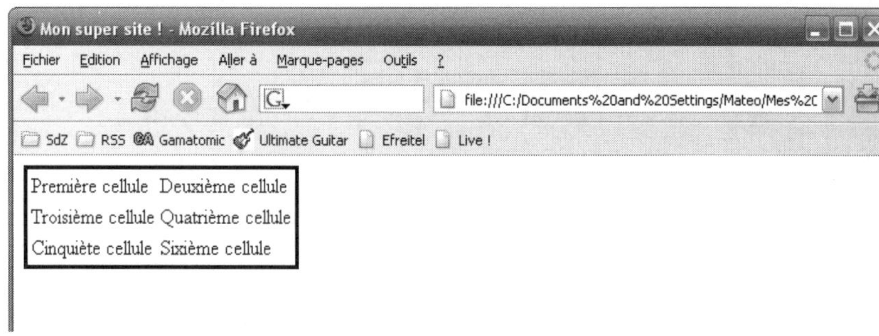

Figure 10–2
Une bordure autour du tableau

Épaisseur de bordure

La propriété `border-width` sert à modifier l'épaisseur de la bordure. L'unité utilisée est généralement le px (pixel).

Si on veut créer une bordure plus fine (1 px) pour notre tableau, on doit écrire le code suivant :

```
table
{
  border-style: solid;
  border-width: 1px;
}
```

On voit bien sur la figure 10-3 que la bordure est bien plus fine qu'auparavant. N'oubliez pas que 1 px est la taille minimale pour une bordure : on ne peut pas faire plus fin !

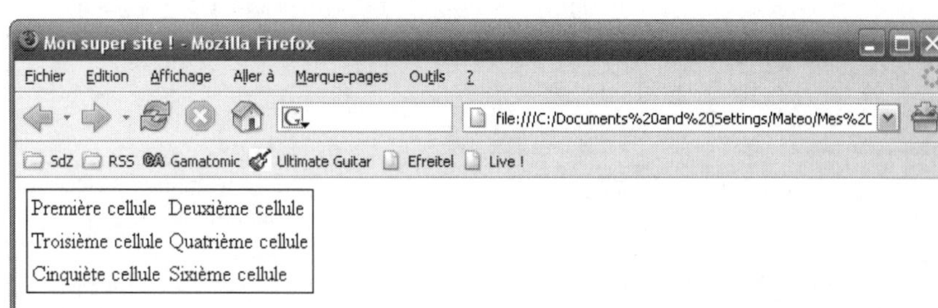

Figure 10–3
L'épaisseur de la bordure a été modifiée.

Couleur de la bordure

Pour modifier la couleur de la bordure, utilisez la propriété `border-color`.

Elle s'utilise de la même manière que `color` et `background-color`. Vous pouvez utiliser des noms de couleur comme valeur, ou encore utiliser une notation hexadécimale ou RGB.

Grâce à cette propriété, on décide de mettre la bordure en bleu :

```
table
{
  border-style: solid;
  border-width: 1px;
  border-color: blue;
}
```

ASTUCE La super-propriété border

La super-propriété `border` peut regrouper les valeurs des trois propriétés que l'on vient d'aborder, à savoir :

- `border-style` ;
- `border-width` ;
- `border-color`.

Si on veut créer une bordure rouge en pointillés d'épaisseur 2 px, on peut écrire tout simplement :

```
table
{
  border: 2px dotted red;
}
```

Souvenez-vous que l'ordre des valeurs d'une super-propriété n'a pas d'importance. Par ailleurs, il n'est pas obligatoire de mettre toutes ces valeurs : on peut en omettre certaines si l'on veut. C'est alors la valeur par défaut des propriétés omises qui sera utilisée.

De plus, sachez qu'il est possible d'affecter une bordure différente à chacun des 4 côtés d'un objet. En effet, `border` s'applique aux 4 côtés, mais si vous voulez changer la bordure en fonction du côté, vous pouvez avoir recours à ces 4 autres super-propriétés :

- `border-left` : bordure de gauche ;
- `border-right` : bordure de droite ;
- `border-top` : bordure du haut ;
- `border-bottom` : bordure du bas.

Ces quatre super-propriétés s'utilisent exactement de la même manière que `border`.

RAPPEL Notation des couleurs

Retournez au chapitre 8 pour retrouver les différents moyens de spécifier une couleur.

Encadrer les cellules d'une bordure

Pour le moment, nous avons appliqué une bordure seulement autour du tableau. Si nous voulons aussi encadrer les cellules, il faut aussi appliquer `border` aux balises `<td>` :

```
table, td
/* Le style doit s'appliquer aux balises <table> ET <td> */
{
  border: 1px solid black;
}
```

Le résultat, présenté sur la figure 10-4, n'est pas vraiment celui que l'on attendait...

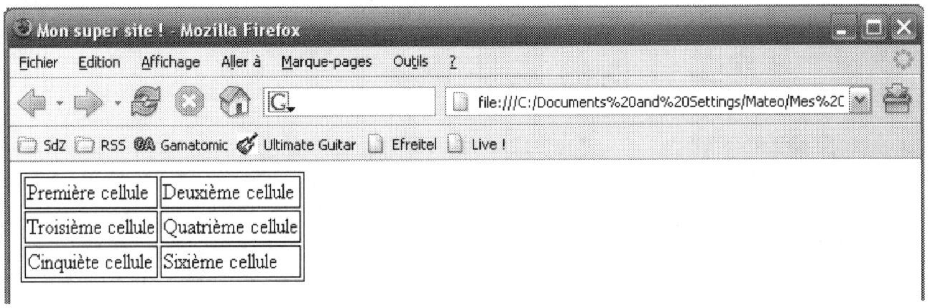

Figure 10–4
Bordure autour des cellules... ce n'est pas encore ça !

Pourtant, si on réfléchit bien, le navigateur a fait ce qu'on lui a demandé : il a encadré le tableau *et* les cellules. Le problème, c'est que ce n'est pas comme cela que l'on présente un tableau d'habitude. Pour corriger, on utilise la propriété CSS `border-collapse` et on lui affecte la valeur `collapse`.

Cela nous donne donc le code CSS suivant au final :

```
table, td
{
  border: 1px solid black;
  border-collapse: collapse;
}
```

> ATTENTION **border-collapse ne s'applique qu'aux tableaux**
>
> La propriété `border-collapse` ne peut être utilisée que sur les tableaux contrairement aux autres propriétés de bordures que nous avons vues (`border`, `border-width`, `border-color`...) qui, elles, peuvent s'appliquer à la plupart des balises comme `<p>`, `<strong>`, `<h1>`...
> En effet, le problème des bordures « en double » n'apparaît que lorsqu'on travaille avec des tableaux.

Grâce à `border-collapse`, la présentation du tableau est enfin correcte ! Jetez un œil à la figure 10-5 pour vous en convaincre.

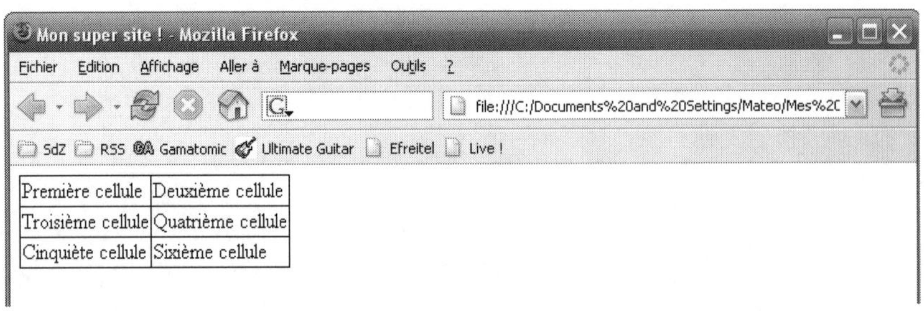

Figure 10–5
Enfin une bordure correcte !

Structure d'un tableau plus élaboré

Retournons maintenant au code XHTML des tableaux. Nous avons vu comment créer un tableau très simple, mais il est possible de faire des tableaux un peu plus complexes.

Les en-têtes de tableaux

En plus de la balise <td>, il existe une balise <th> qui permet de créer des cellules servant d'en-tête au tableau. En général, on place ces balises sur la première ligne.

```
<table>
   <tr>
      <th>Pays</th>
      <th>Capitale</th>
   </tr>
   <tr>
      <td>France</td>
      <td>Paris</td>
   </tr>
   <tr>
      <td>Espagne</td>
      <td>Madrid</td>
   </tr>
   <tr>
      <td>Royaume-Uni</td>
      <td>Londres</td>
   </tr>
</table>
```

Le navigateur met généralement le texte de ces cellules d'en-tête en gras pour qu'on puisse les différencier par rapport aux autres, comme vous pouvez le constater sur la figure 10-6.

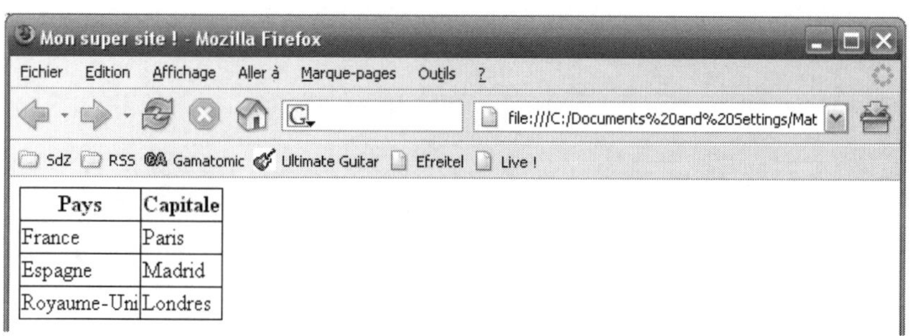

Figure 10–6
Un tableau avec des cellules d'en-tête

Donner un titre au tableau

Il est recommandé de donner un titre à son tableau. Le titre s'écrit à l'intérieur d'une balise <caption></caption> qui doit se trouver juste après la balise <table>. Cela nous donne, en reprenant l'exemple précédent :

```
<table>
   <caption>Capitales des pays</caption>
   <tr>
      <th>Pays</th>
      <th>Capitale</th>
   </tr>
   <tr>
      <td>France</td>
      <td>Paris</td>
   </tr>
   <tr>
      <td>Espagne</td>
      <td>Madrid</td>
   </tr>
   <tr>
      <td>Royaume-Uni</td>
      <td>Londres</td>
   </tr>
</table>
```

ACCESSIBILITÉ Faire un résumé du tableau

On peut ajouter un attribut `summary` à la balise `<table>`. Il permet de donner un résumé du tableau aux personnes handicapés. En effet, celles-ci ne peuvent pas en avoir immédiatement une vision globale comme nous : un navigateur vocal leur lit le tableau au fur et à mesure, ce qui rend la lecture d'un tableau délicate pour ce type de personnes. Un résumé à l'aide de l'attribut `summary` peut leur être très utile :

```
<table summary="Ce tableau présente les capitales de plusieurs pays européens">
```

Le titre sera écrit au-dessus du tableau. Si vous voulez changer la position du titre, faites appel à la propriété CSS `caption-side` :

- `left` : le titre sera placé à gauche du tableau ;
- `right` : le titre sera placé à droite du tableau ;
- `bottom` : le titre sera placé en bas du tableau ;
- `top` : le titre sera placé en haut du tableau (par défaut).

Vous devez appliquer cette propriété à la balise `caption`. Vous obtenez le code CSS suivant si vous décidez de placer le titre sous le tableau :

```
caption
{
   caption-side: bottom;
}
```

À VOUS DE JOUER Améliorations du titre

En voyant la figure 10-7, vous vous dites certainement que le titre du tableau n'est pas bien mis en valeur. Il ne tient qu'à vous d'y remédier : appliquez quelques propriétés CSS supplémentaires à la balise `caption` pour changer la police, la taille, la couleur, etc. Bref, faites en sorte que le titre se voie en utilisant vos connaissances en CSS : les possibilités sont (presque) infinies !

Vous pouvez voir sur la figure 10-7 que le titre s'affiche bien sous le tableau.

Figure 10–7
Un tableau et son titre

Diviser un grand tableau en trois parties

Si votre tableau est particulièrement gros, il est recommandé de le diviser en plusieurs parties. Cela rend la structure du tableau plus claire pour le navigateur, et votre code sera plus lisible par la même occasion. On peut créer jusqu'à trois parties dans un tableau :

- **Un en-tête de tableau** : on le place à l'intérieur d'une balise `<thead>` `</thead>`.
- **Un corps de tableau** : c'est la partie centrale, que l'on place à l'intérieur de `<tbody></tbody>`.
- **Un pied de tableau** : situé tout en bas du tableau, le pied se place à l'intérieur de `<tfoot></tfoot>`.

Vous avez déjà vu les en-têtes et le corps du tableau, mais à quoi sert le pied du tableau ? C'est à vous de voir l'utilité que vous voulez lui donner : généralement, on y met la même chose que dans l'en-tête. Cela se révèle pratique lorsque vous avez un très grand tableau et qu'on ne se souvient plus de la signification des colonnes une fois arrivé tout en bas.

Vous vous demandez certainement l'intérêt de rajouter des balises en plus pour faire quelque chose qui aurait été tout à fait réalisable sans `<thead>`, `<tbody>` et `<tfoot>`. En effet, il aurait suffit de placer une ligne avec des balises `<th>` à la fin du tableau pour obtenir exactement le même résultat.

La réponse à votre question est... qu'il ne faut pas oublier que cette division du tableau en trois parties n'est pas obligatoire. Elle est juste conseillée si vous avez un grand tableau. Cela peut vous permettre de vous repérer plus facilement dans votre code d'une part, et d'autre part votre navigateur « comprend » mieux ainsi la logique de votre tableau.

En pratique, le contenu des balises sera affiché dans l'ordre suivant :

1. `<thead>`
2. `<tbody>`
3. `<tfoot>`

Or, il est demandé de placer la balise `<tfoot>` *avant* `<tbody>` dans le code. De ce fait, il faut écrire les balises dans cet ordre :

1. `<thead>`
2. `<tfoot>`
3. `<tbody>`

C'est un petit piège mais on s'y fait vite. Cela permet au navigateur de pouvoir afficher le pied de page avant d'avoir reçu toutes les données du corps du tableau.

ASTUCE

Alignement vertical dans les cellules

La propriété CSS `vertical-align` permet de modifier l'alignement vertical du texte dans les cellules d'un tableau. Voici les valeurs les plus couramment utilisées :

- `top` : alignement en haut ;
- `middle` : alignement au milieu ;
- `bottom` : alignement en bas.

Voici un exemple de tableau divisé en trois parties pour bien mettre les choses au clair :

```
<table>
  <thead>
    <tr>
      <th>Pays</th>
      <th>Capitale</th>
    </tr>
  </thead>
  <tfoot>
    <tr>
      <th>Pays</th>
      <th>Capitale</th>
    </tr>
  </tfoot>
  <tbody>
    <tr>
      <td>France</td>
      <td>Paris</td>
    </tr>
    <tr>
      <td>Espagne</td>
      <td>Madrid</td>
    </tr>
    <tr>
      <td>Royaume-Uni</td>
      <td>Londres</td>
    </tr>
  </tbody>
</table>
```

Visuellement, les éléments s'afficheront bien dans le bon ordre, comme le prouve la figure 10-8.

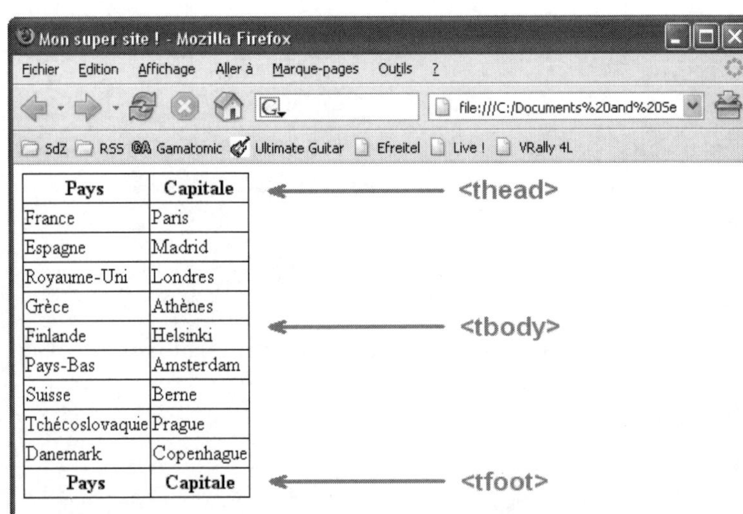

Figure 10–8
Un tableau divisé en trois parties

Fusionner des cellules

Pour certains tableaux un peu complexes, on a parfois besoin de fusionner des cellules, c'est-à-dire de faire en sorte qu'une cellule occupe la place de deux, trois (ou plus) cellules. Cela nous permet donc de créer une cellule plus grande que les autres pour regrouper ainsi plusieurs colonnes ou plusieurs lignes.

Fusion de colonnes

Pour qu'une cellule fusionne avec d'autres colonnes, on utilise l'attribut `colspan` de la balise `<td>`. Quelle valeur doit-on donner à cet attribut ? Le nombre de cellules avec lesquelles elle doit fusionner !

Par exemple, si vous écrivez :

```
<td colspan="2">
```

Cela signifie que cette cellule occupera la place de deux cellules. Elle fusionnera avec la cellule de la colonne d'à côté.

Prenons un exemple concret pour bien voir l'intérêt de la fusion :

```
<table>
  <caption>Jeux vidéos pour les filles et les garçons</caption>
  <tr>
    <th>Nom du jeu</th>
    <th>Pour les filles ?</th>
    <th>Pour les garçons ?</th>
  </tr>
  <tr>
    <td>Resident Evil</td>
    <td>Trop terrifiant</td>
    <td>Oui</td>
  </tr>
  <tr>
    <td>Les Sims</td>
    <td>Oui</td>
    <td>Trop ringard</td>
  </tr>
  <tr>
    <td>Super Mario Kart</td>
    <td colspan="2">Pour tout le monde !</td>
  </tr>
</table>
```

> **ATTENTION Nombre de <td> par ligne en cas de fusion**
>
> Notez bien que la dernière ligne contient une cellule qui fusionne avec la colonne d'à côté. Du coup, il ne doit y avoir que deux `<td>` sur la dernière ligne, alors qu'il y en avait trois par ligne sur les lignes précédentes !
> Lorsqu'on fait des fusions, il faut penser que le nombre de `<td>` par ligne (`<tr>`) peut différer d'une ligne à une autre.

Sur la figure 10-9, vous constatez qu'il y a bien eu une fusion de deux cellules sur la dernière ligne.

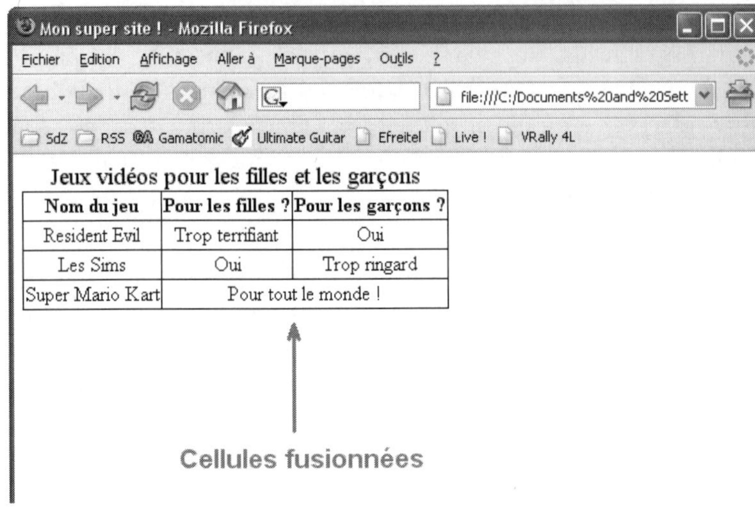

Figure 10–9
Des cellules fusionnées en colonne

Fusion de lignes

La fusion de lignes fonctionne exactement de la même manière que la fusion de colonnes. On utilise cette fois l'attribut rowspan (*row* signifiant « ligne » en anglais).

Par exemple, si on veut renverser le tableau précédent pour faire en sorte que les en-têtes soient situés sur la colonne de gauche, on écrira le code suivant :

```
<table>
  <caption>Jeux vidéos pour les filles et les garçons</caption>
  <tr>
    <th>Nom du jeu</th>
    <td>Resident Evil</td>
    <td>Les Sims</td>
    <td>Super Mario Kart</td>
  </tr>
  <tr>
    <th>Pour les filles ?</th>
    <td>Trop terrifiant</td>
    <td>Oui</td>
    <td rowspan="2">Pour tout le monde !</td>
  </tr>
  <tr>
    <th>Pour les garçons ?</th>
    <td>Oui</td>
    <td>Trop ringard</td>
  </tr>
</table>
```

Cette organisation peut sembler déroutante car il est plus difficile d'écrire le code pour un tableau disposé de cette manière. Toutefois, il se peut que

ALLER PLUS LOIN
Décoration d'un tableau en CSS

Dans ce chapitre, nous avons surtout parlé du CSS pour introduire de nouvelles propriétés comme border. Toutefois, il ne faut pas oublier que toutes les propriétés que vous avez découvertes auparavant sont réutilisables ! Vous pouvez ainsi appliquer background-image sur vos cellules pour leur mettre une image de fond et bien d'autres choses encore !
Si vous voulez un exemple d'habillage de tableau en CSS, lisez l'article « Habillage de tableaux avec des CSS » sur le site OpenWeb :
- http://openweb.eu.org/articles/tableaux_css/

vous ayez besoin de le faire pour des raisons de présentation. Dans ce cas, inspirez-vous du code ci-dessus pour réaliser votre propre tableau.

Le résultat du code est présenté sur la figure 10-10.

Figure 10–10
Le même tableau présenté en lignes avec une fusion

QCM

Laquelle de ces propriétés CSS ne peut s'appliquer qu'à un tableau ?

- border-color
- border-right
- border-collapse

Quelle balise XHTML représente une ligne de tableau ?

- <tr>
- <th>
- <td>

J'ai créé un tableau qui ne contient aucune fusion de cellules. Si ma première ligne contient quatre <td>, combien devra en contenir la seconde ligne ?

- 3
- 4
- 5
- Autant qu'on veut

Dans quel ordre faut-il *écrire* ces balises pour créer un tableau divisé en trois parties ? Attention, nous parlons ici de l'ordre d'écriture du code, pas de l'ordre d'affichage à l'écran !

- <tbody>, <thead>, <tfoot>
- <thead>, <tfoot>, <tbody>
- <thead>, <tbody>, <tfoot>

chapitre 11

Les formulaires : recueillir l'avis de ses visiteurs

Le Web n'est pas qu'une vitrine : les sites web exposent des informations, les visiteurs les lisent… et grâce aux formulaires les webmasters ont la possibilité de recueillir leurs commentaires et de les faire participer. Un chapitre indispensable pour tous ceux qui ont l'intention de créer un site dynamique !

SOMMAIRE

MOTS-CLÉS

- Formulaires
- Form2mail
- PHP
- Options
- Boutons
- Accessibilité
- Raccourcis

B.A.-BA
Wikipédia, l'encyclopédie libre en ligne

Fondée début 2001, Wikipédia est le plus important projet d'encyclopédie libre connu à ce jour. Il s'agit d'une encyclopédie accessible à tous, et tout le monde peut y contribuer. Cette dernière particularité a permis à Wikipédia de voir un accroissement très rapide de son nombre d'articles. Elle se trouve désormais au top 20 des sites web les plus visités au monde !

▸ http://fr.wikipedia.org

BIBLIOGRAPHIE

S. Blondeel, *Wikipédia, Comprendre et participer* (collection Connectez-moi !), Éditions Eyrolles, 2006

ALLER PLUS LOIN **Apprendre le PHP**

Pour ceux d'entre vous qui souhaitent passer à l'étape supérieure, apprenez un langage de script. Le PHP est le plus populaire, il est gratuit et open source. Créer un site web dynamique est réellement passionnant mais cela demande plus de temps. Il faut en particulier être au point en XHTML et CSS (ce sera votre cas lorsque vous aurez fini de lire ce livre !).
Lorsque vous vous sentirez prêts, lisez le cours de PHP pour débutants dont je suis l'auteur à l'adresse suivante, section PHP :

▸ http://www.siteduzero.com

On peut considérer qu'il existe deux types de sites :

- **Les sites statiques** : ce sont des « vitrines » qui ne font que donner des informations. Les visiteurs peuvent lire le site mais pas y participer.
- **Les sites dynamiques** : ce sont des sites plus évolués dont le contenu peut être créé par vos propres visiteurs. On peut citer par exemple les sites comportant des forums, ou encore Wikipédia (http://fr.wikipedia.org), l'encyclopédie en ligne à laquelle tout le monde peut participer.

Réaliser un site dynamique est beaucoup plus complexe que ça en a l'air. Il faut en effet utiliser un langage de script, comme le PHP, capable de *traiter l'information*. Ce langage dépasse toutefois le cadre de cet ouvrage.

Les formulaires sont à la base des sites dynamiques. Si ce que nous allons voir reste du XHTML, le traitement de l'information, lui, nécessite un langage de script comme PHP.

Dans ce chapitre, nous ne verrons donc que l'aspect XHTML des formulaires (et il y a déjà de quoi faire). Nous apprendrons à créer des zones de texte, des boutons, des cases à cocher, etc. Vous découvrirez donc comment créer une page comportant un formulaire de contact afin que vos visiteurs puissent donner leur avis sur votre site.

Le code minimal d'un formulaire

La balise de formulaire

Un formulaire se place à l'intérieur des balises <form></form>. Ces balises doivent être situées à l'extérieur des paragraphes, comme ceci :

```
<p>Paragraphe avant le formulaire.</p>
<form>
</form>
<p>Paragraphe après le formulaire.</p>
```

Si vous voulez écrire du texte à l'intérieur du formulaire, il faudra le placer dans des balises de paragraphes <p></p>. Par exemple :

```
<p>Paragraphe avant le formulaire.</p>
<form>
   <p>Paragraphe à l'intérieur du formulaire.</p>
</form>
<p>Paragraphe après le formulaire.</p>
```

L'envoi des données

Une fois qu'un visiteur aura rempli le formulaire, il cliquera sur le bouton *Envoyer*. Mais où ces informations vont-elles être envoyées et par quel moyen ?

Pour indiquer cela, il faut ajouter impérativement deux attributs à la balise `<form>` :

- `method` : cet attribut permet d'indiquer la méthode d'envoi des données. C'est un concept un peu abstrait quand on ne connaît pas de langage de script comme le PHP. Quoi qu'il en soit, voici les deux méthodes possibles :
  - `method="get"` : les informations seront transmises dans l'adresse de la page. Le visiteur verra ainsi les informations qu'il a rentrées transiter dans sa barre d'adresse comme ceci :

    http://www.site.com/page.php?nom=dupont&prenom=jean

    Cette méthode d'envoi est toutefois limitée à 255 caractères, ce qui fait qu'on l'utilise assez rarement avec les formulaires.
  - `method="post"` : c'est la méthode la plus adaptée aux formulaires. Cette fois, le visiteur ne verra pas transiter les informations qu'il a rentrées dans sa barre d'adresse (ce qui peut paraître plus « propre »). De plus, le principal avantage de cette méthode est qu'elle permet d'envoyer beaucoup plus d'informations à la fois.
- `action` : indique l'adresse de la page vers laquelle doit être redirigé le visiteur une fois qu'il a cliqué sur le bouton *Envoyer*. Cette page doit être une page de script et donc comporter par exemple l'extension `.php`, mais pas l'extension `.html`.

Cela nous donne donc un code qui ressemble à cela :

```
<form method="post" action="traitement.php">
</form>
```

Cela implique qu'il y ait une page `traitement.php` dans le même dossier que le fichier `.html` contenant le formulaire. Cette page recevra les informations du formulaire et les traitera : elle pourra par exemple vous envoyer un e-mail contenant ces informations, ou encore les stocker dans une base de données.

Comme nous ne pouvons pas apprendre le langage PHP ici, il faudra imaginer que cette page existe et fonctionne ou utiliser un script tout prêt (voir l'astuce ci-contre).

ASTUCE Les scripts form2mail

Tout le monde n'a pas forcément envie d'apprendre le PHP pour que le contenu du formulaire leur soit envoyé par e-mail ! Heureusement, des gens y ont pensé et ont créé des scripts form2mail (ce qui signifie « Formulaire vers mail »). Aucune connaissance en PHP n'est requise et les scripts sont généralement gratuits, mais il faudra probablement vous inscrire sur un site spécial et accepter de la publicité.

Les sites suivants mettent à disposition des scripts form2mail :

- http://www.swisstools.net
- http://www.i-services.net
- http://www.comscripts.com
- http://www.phpscripts-fr.net

Ils proposent aussi d'autres outils pour les webmasters qui ne veulent pas écrire eux-mêmes du code PHP : livre d'or, sondage, forum, compteur de visiteurs...

B.A.-BA Les bases de données

Une base de données est un système qui permet d'enregistrer de grandes quantités d'informations. Les données sont classées et, grâce à des commandes appelées « requêtes », on peut y extraire à tout moment les informations qui nous intéressent. On peut par exemple demander à la base de données : « Donne-moi la liste de tous les membres de mon site qui ne s'y sont pas connectés depuis un mois ».

Manipuler une base de données est passionnant mais nécessite une phase d'apprentissage. Vous ne devriez pas être amené à en manipuler tant que vous ne rédigerez pas de code en PHP.

Les zones de saisie

Les premiers éléments des formulaires que nous allons étudier sont les zones de saisie. Ce sont tout simplement des zones où l'on peut taper du texte pour indiquer son nom, son pseudonyme, son mot de passe, etc.

Il existe deux types de zones de saisie :

- **La zone de texte monoligne** : dans cette zone de texte, on ne peut rentrer qu'une seule ligne à la fois. C'est idéal pour les textes courts.
- **La zone de texte multiligne** : plus grande, cette zone de texte permet de rédiger plusieurs lignes. C'est dans une zone de texte multiligne que vous pourrez, par exemple, demander à vos visiteurs de laisser leurs commentaires sur votre site.

Zone de texte monoligne

La création d'une zone de texte à une seule ligne requiert la balise `<input />`. Comme vous pouvez le voir, c'est une balise auto-fermante (voir chapitre 2, « Les deux types de balises »).

Pour donner un rôle précis à cette balise, il faut impérativement lui ajouter des attributs.

Figure 11–1 Une zone de texte monoligne

Attributs obligatoires

Une zone de texte monoligne se construit avec l'attribut `type` auquel il faut donner la valeur `text`. Nous obtenons donc déjà au minimum le code suivant :

```
<form method="post" action="traitement.php">
  <p><input type="text" /></p>
</form>
```

COUP DE PROJECTEUR <input />, la balise incontournable des formulaires

La balise `<input />` est très fréquemment utilisée pour créer des éléments de formulaire. Nous en aurons besoin tout au long de ce chapitre.

Vous pouvez tester ce code, il affichera une zone de texte. Cependant, il manque encore des attributs.

`name` est un attribut particulièrement important (et que vous réutiliserez pour tous les éléments du formulaire). Il permet de donner un nom à la zone de saisie, ce qui vous permettra plus tard de l'identifier. Vous pouvez donner le nom que vous voulez, mais tentez d'éviter les majuscules, les accents et les espaces. Bref, faites dans la simplicité !

ASTUCE Masquer les caractères des mots de passe

Si un champ est destiné à recevoir un mot de passe, il est préférable de masquer les lettres tapées par le visiteur. Pour ce faire, il suffit de donner la valeur `password` à l'attribut `type`, comme ceci :

```
<input type="password" />
```

Si notre champ est destiné à recevoir le pseudonyme du visiteur, on peut écrire :

```
<form method="post" action="traitement.php">
  <p><input type="text" name="pseudo" /></p>
</form>
```

Notez que le nom du champ ne sera pas affiché sur la page. Il vous servira à identifier le champ par la suite. Par exemple, si vous utilisez un script form2mail (voir précédemment), vous recevrez par e-mail : « *Le champ "pseudo" vaut : Toto* ».

La figure 11-2 vous donne une idée de ce que ce code devrait afficher :

QUESTION

Quelle différence entre name et id ?

Nous avons déjà rencontré l'attribut `id` dans les chapitres précédents. On peut légitimement se demander ce qui différencie cet attribut de `name`. `name` n'entre en jeu que dans les formulaires. Il permet de reconnaître les champs lors de leur traitement.
En revanche, `id` permet d'attribuer un identifiant à n'importe quelle balise située dans le corps de la page, c'est-à-dire entre <body> et </body>. Cet identifiant permet entre autres de créer une ancre pour les liens et de reconnaître une balise spécifique dans un code CSS. Ainsi, `#introduction` se réfère à la balise ayant l'id `introduction`.

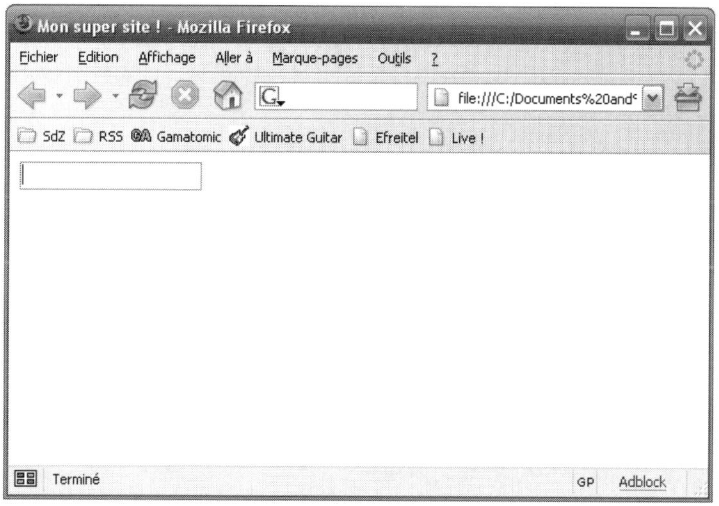

Figure 11–2
La zone de texte monoligne est l'élément le plus basique d'un formulaire.

Attributs facultatifs

En plus des attributs indispensables que nous venons de voir, il y a quelques autres attributs qui vous intéresseront probablement. Voici les plus utiles :

- `value` : indique la valeur par défaut du champ. La zone de texte sera préremplie avec la valeur de votre choix. Par exemple : `value="Votre pseudonyme"`.
- `size` : indique la largeur du champ. Par exemple : `size="12"`.
- `maxlength` : indique le nombre maximal de caractères que peut rentrer l'internaute. Par exemple, `maxlength="14"`.

Le champ suivant aura une taille de 12 et la valeur `"Toto"` par défaut :

```
<form method="post" action="traitement.php">
  <p>
  <input type="text" name="pseudo" size="12" value="Toto" />
  </p>
</form>
```

On peut voir sur la figure 11-3 que la taille du champ a été modifiée et qu'il y a bien la valeur par défaut.

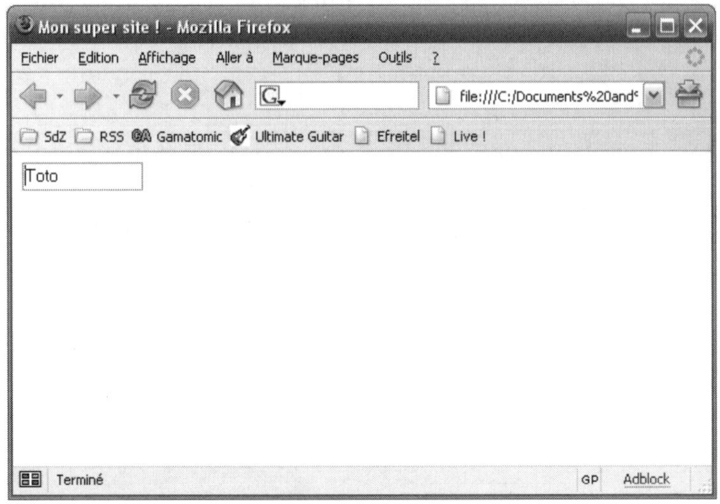

Figure 11–3
Une taille réduite et une valeur par défaut

Créer un libellé

Pour le moment, notre zone de texte est bien jolie mais le visiteur qui arrive sur cette page aura du mal à deviner ce qu'il est censé écrire dedans ! C'est là tout l'intérêt des libellés.

Un libellé est un court texte à placer entre des balises `<label></label>`. Il permet d'indiquer au visiteur ce que doit contenir le champ. Il ne sert pas que pour les zones de texte : on peut l'utiliser aussi sur tous les autres éléments de formulaire que nous verrons par la suite, comme les cases à cocher, les listes déroulantes, etc.

Un libellé doit être lié au champ de formulaire auquel il se rapporte. Pour ce faire, on doit lui ajouter l'attribut `for` qui doit avoir pour valeur l'`id` du champ auquel il doit être lié.

Puisqu'un bon exemple vaudra toujours mieux qu'un long discours :

```
<form method="post" action="traitement.php">
   <p>
   <label for="pseudo">Entrez votre pseudonyme :</label>
   <input type="text" name="pseudo" id="pseudo" value="Toto" />
   </p>
</form>
```

Regardons cette portion de code de plus près : l'attribut `for` du `<label>` doit être le même que l'`id` de l'`<input />`. L'ordinateur saura ainsi que le libellé correspond au champ de texte `pseudo`.

La figure 11-4 montre le libellé en action. Si vous cliquez sur le libellé avec votre souris, le curseur se placera automatiquement dans le champ de texte correspondant.

ACCESSIBILITÉ Les libellés peuvent se révéler très utiles !

On pourrait penser que lier un libellé à un champ permet seulement de faire en sorte que le champ soit activé si on clique sur le libellé. Grossière erreur.
Votre site accueillera certainement tôt ou tard des visiteurs handicapés, en particulier des déficients visuels. Pour eux, avoir des libellés liés aux champs est une aubaine : cela leur permet de comprendre ce qu'ils doivent rentrer dans chaque champ de formulaire. Gardez à l'esprit que ces visiteurs ne perçoivent pas votre site de la même manière que vous. En donnant ainsi une logique à votre formulaire grâce aux libellés, vous le rendez plus accessible aux visiteurs handicapés.

QUESTION Pourquoi les attributs name et id sont-ils identiques ?

Pour identifier le champ, on sait qu'on a besoin de l'attribut `name` et qu'il est obligatoire.
Par ailleurs, lorsqu'on travaille avec des libellés, ce n'est pas l'attribut `name` mais l'attribut `id` qui permet de lier le libellé au champ. C'est un peu redondant j'en conviens, mais c'est ainsi. J'ai pris l'habitude de donner la même valeur à `name` et à `id`. On pourrait très bien mettre un `id` différent de `name`, mais à quoi bon ?

Figure 11–4
Un libellé. Cliquez dessus pour activer le champ correspondant.

Zone de texte multiligne

À la différence d'une zone de texte monoligne, le visiteur peut saisir cette fois plusieurs lignes de texte. Il peut écrire un roman s'il le souhaite, rien ne l'en empêche.

Ici, la balise à utiliser fonctionne par paire. Il s'agit de `<textarea> </textarea>`. Tout comme on l'a vu précédemment, il est nécessaire de donner un nom à ce champ grâce à l'attribut `name`. De même, il est fortement conseillé de créer un libellé, et donc d'ajouter un attribut `id` à la zone de texte.

```
<form method="post" action="traitement.php">
   <p>
   <label for="votre_vie">Veuillez raconter votre vie :</label>
   <br />
   <textarea name="votre_vie" id="votre_vie"></textarea>
   </p>
</form>
```

Le résultat de ce code est donné par la figure 11-6.

La zone de texte par défaut n'est pas très grande comme vous pouvez le voir (surtout si on demande au visiteur sa biographie en trois tomes !). Il faudrait agrandir la taille de cette zone de texte.

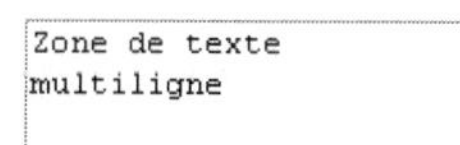

Figure 11–5 Une zone de texte multiligne

QUESTION

Que mettre à l'intérieur de la balise ?

Si vous tapez du texte à l'intérieur de la balise `<textarea></textarea>`, il sera affiché dans la zone de texte par défaut au chargement de la page. Cela correspond à l'attribut `value` que l'on a vu précédemment pour la zone de saisie monoligne. Exemple :

```
<textarea>
Valeur par défaut du champ
</textarea>
```

Cette fonctionnalité est très utilisée par exemple dans des scripts de forums ou de blogs. En effet, lorsque vous éditez un billet, le champ peut être prérempli par le contenu du billet (ce qui vous évite d'avoir à le retaper entièrement à chaque édition).

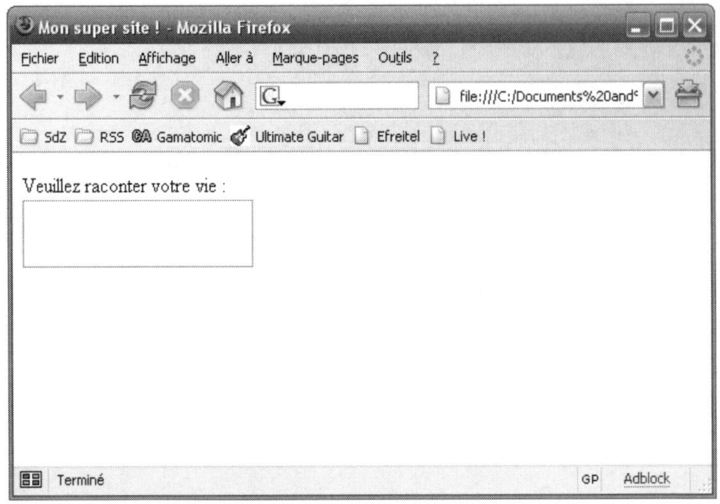

Figure 11–6
Une zone de texte... un peu petite peut-être ?

Pour cela, on peut ajouter les attributs `rows` et `cols` qui indiquent respectivement le nombre de lignes et le nombre de colonnes dont le champ est constitué.

```
<form method="post" action="traitement.php">
   <p>
   <label for="votre_vie">Veuillez raconter votre vie :</label>
   <br />
   <textarea name="votre_vie" id="votre_vie" rows="10" cols="45">
   </textarea>
   </p>
</form>
```

Le visiteur dispose maintenant de plus de place pour rédiger sa biographie (voir figure 11-7).

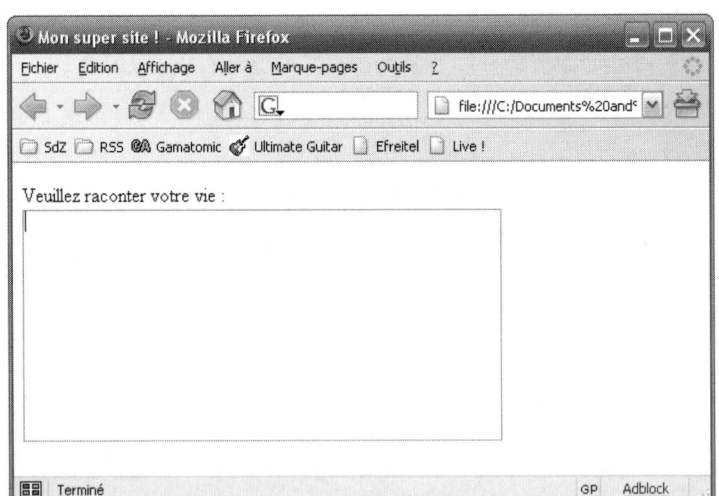

Figure 11–7
C'est quand même plus pratique !

Les options

Les formulaires ne se limitent pas aux zones de saisie : on peut aussi y intégrer des options. Ces éléments permettent aux visiteurs de faire un choix entre plusieurs valeurs possibles.

Il existe trois types d'options, que nous allons bien entendu passer en revue :

- les cases à cocher ;
- les zones d'options ;
- les listes déroulantes.

Les cases à cocher

Bonne nouvelle : ça va aller vite ! En effet, si vous avez bien suivi le début du chapitre les cases à cocher ne devraient vous poser aucun problème.

Figure 11–8 Une case à cocher

On utilise là encore la balise `<input />`. Pour ne pas la confondre avec une zone de texte monoligne, nous devons changer son attribut `type`. Cette fois, on lui donnera la valeur `checkbox`. De nouveau, il faut donner un nom à notre élément. On utilisera donc l'attribut `name`.

Voici un formulaire utilisant des cases à cocher :

```
<form method="post" action="traitement.php">
   <p>
   Quels pays avez-vous déjà visités ?<br />
   <input type="checkbox" name="france" id="france"
checked="checked" />
   <label for="france">La France</label><br />
   <input type="checkbox" name="espagne" id="espagne" />
   <label for="espagne">L'Espagne</label><br />
   <input type="checkbox" name="allemagne" id="allemagne" />
   <label for="allemagne">L'Allemagne</label><br />
   <input type="checkbox" name="italie" id="italie" />
   <label for="italie">L'Italie</label>
   </p>
</form>
```

ASTUCE Case cochée par défaut

Il est possible de faire en sorte qu'une case soit cochée par défaut, c'est-à-dire au chargement de la page.

Il suffit de rajouter l'attribut `checked` et de lui donner la valeur... `checked` ! Par exemple, si on est quasiment certain que le visiteur connaît déjà la France, on peut écrire :

```
<input type="checkbox" checked="checked" name="france" id="france" />
```

Il n'y a rien de bien compliqué comme vous pouvez le constater. Jetez un œil à la figure 11-9 pour voir le résultat produit par ce code.

Figure 11–9
Les cases à cocher

Les zones d'options

Les zones d'options sont un peu plus délicates à gérer car elles fonctionnent par groupe. En effet, contrairement aux cases à cocher, on ne peut choisir qu'une seule valeur par groupe.

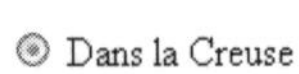

Figure 11–10 Un bouton d'option

Commençons déjà par voir comment créer un bouton d'option simple. On utilise encore et toujours notre bonne vieille balise `<input />` assortie de l'attribut `type` qui va prendre la valeur `radio` :

```
<input type="radio" />
```

Jusque-là rien de sorcier. Mais cela se corse quand il s'agit de nommer les éléments. En effet, les éléments d'un même groupe doivent tous avoir le même nom : l'attribut `name` doit avoir une valeur identique.

Comment faire alors pour différencier les éléments ? Eh bien cette fois, cela se fera grâce à l'attribut `value`. Contrairement à la zone de saisie monoligne, `value` ne sert pas ici à donner une valeur par défaut, mais permet d'identifier le choix du visiteur.

Vous allez comprendre grâce à cet exemple :

```
<form method="post" action="traitement.php">
  <h1>Agence de voyages Tourisk</h1>
  <p>
  Où souhaitez-vous partir en vacances cet été ?<br />
  <input type="radio" name="destination" value="papouasie"
      ➥ id="papouasie" />
```

```
    <label for="papouasie">En Papouasie-Nouvelle-Guinée
    </label><br />
    <input type="radio" name="destination" value="fidji"
        ➥ id="fidji" />
    <label for="fidji">Aux Îles Fidji</label><br />
    <input type="radio" name="destination" value="creuse"
        ➥ id="creuse" />
    <label for="creuse">Dans la Creuse</label>
    </p>
    <p>
    Etes-vous majeur ou mineur ?<br />
    <input type="radio" name="age" value="majeur" id="majeur" />
    <label for="majeur">Majeur (18 ans et plus)</label><br />
    <input type="radio" name="age" value="mineur" id="mineur" />
    <label for="mineur">Mineur (-18 ans)</label>
    </p>
</form>
```

Nous n'avons mis en valeur que les attributs `name` car ce sont les plus intéressants ici. Vous constatez qu'il y a deux noms différents : `destination` et `age`. Cela signifie qu'il y a deux zones d'options différentes, donc que le visiteur devra faire deux choix : sa destination et son âge. La figure 11-11 illustre le résultat :

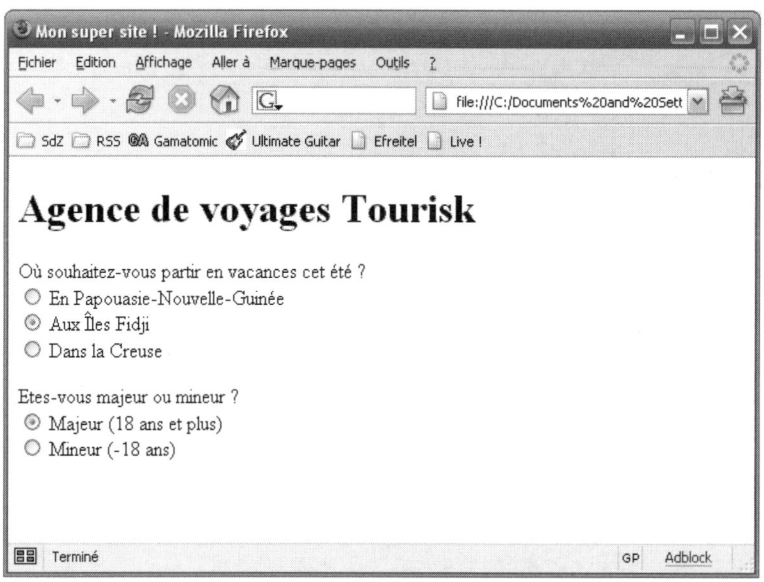

Figure 11–11
Deux zones d'options

La zone d'options concernant la destination propose trois choix, celle sur l'âge en propose deux. Tous ces choix sont identifiés par l'attribut `value`.

Créer des zones d'options différentes permet d'éviter qu'elles interfèrent entre elles. En effet, si on avait donné le même nom (`name`) à tous les éléments de ce formulaire, on n'aurait pas pu effectuer deux choix différents (l'un pour la destination, l'autre pour l'âge).

ASTUCE Bouton d'option coché par défaut

Comme pour les cases à cocher, il est possible de faire en sorte qu'un bouton d'option soit sélectionné par défaut. Cela fonctionne de la même manière qu'avec les cases à cocher : il suffit de rajouter l'attribut `checked="checked"`, et le tour est joué !

QUESTION À quoi sert l'attribut value ?

Étant donné que l'attribut `name` sert ici à créer des groupes, on a recours à l'attribut `value` pour différencier les éléments de chaque groupe.

Si vous utilisez un form2mail pour recevoir les choix du visiteur par e-mail, vous recevrez le message suivant (en supposant que vous faites les mêmes choix, comme sur la figure 11-11) :

« Le champ "destination" vaut : fidji
Le champ "age" vaut : majeur »

Essayez par exemple de nommer tous les éléments `destination` (même ceux concernant l'âge). Si vous cliquez sur *Aux Îles Fidji*, puis sur *Majeur*, vous verrez que votre choix concernant les îles Fidji sera immédiatement déselectionné. En effet, dans une même zone d'options, il ne peut y avoir qu'un seul choix sélectionné à la fois. Vous avez donc tout intérêt à créer plusieurs zones d'options grâce à l'attribut `name` (deux dans le cas de notre exemple).

En résumé, le fait de classer les boutons d'options par groupes permet d'éviter qu'ils interfèrent entre eux.

Les listes déroulantes

Les listes déroulantes fonctionnent sur le même principe que les zones d'options : le visiteur doit faire un choix (et un seul) parmi une liste de possibilités.

Une liste déroulante sans groupes

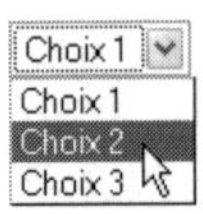

Figure 11–12 Une liste déroulante permet au visiteur d'indiquer un choix unique.

Cette fois, varions un peu les balises. Une liste déroulante se définit à l'intérieur d'une balise `<select></select>`. Vous nommez votre liste déroulante à l'aide de l'attribut `name`.

```
<select name="destination">
</select>
```

À l'intérieur de cette balise, vous devez placer les différentes valeurs possibles. Pour ajouter une valeur possible, utilisez la balise `<option></option>`. Vous donnerez un nom à la valeur à l'aide de l'attribut `value`.

Reprenons l'exemple des zones d'options en utilisant cette fois une liste déroulante :

```
<form method="post" action="traitement.php">
  <h1>Agence de voyages Tourisk</h1>
  <p>
  <label for="destination">Où souhaitez-vous partir en vacances cet été ?</label>
  <br />
  <select name="destination" id="destination">
    <option value="papouasie">En Papouasie-Nouvelle-Guinée</option>
    <option value="fidji">Aux Îles Fidji</option>
    <option value="creuse">Dans la Creuse</option>
  </select>
  </p>
</form>
```

ASTUCE Valeur par défaut de la liste

Si vous ne précisez rien de spécial, c'est par défaut la première valeur de la liste déroulante qui sera sélectionnée. Comment faire pour choisir vous-même une autre valeur par défaut ? Eh non, ce n'est pas `checked="checked"` cette fois (il fallait bien un piège quand même !).

L'attribut à utiliser ressemble beaucoup à `checked`, ce qui explique peut-être pourquoi on confond parfois les deux. Cette fois, il faut utiliser `selected="selected"` sur la balise `<option>` que l'on souhaite voir activée par défaut. En clair, comment booster le tourisme dans la Creuse :

`<option value="creuse"` **`selected="selected"`**`>`

Le résultat vous est présenté en exclusivité par la figure 11-13.

Figure 11–13
Une liste déroulante

Les listes déroulantes sont utiles lorsqu'il y a beaucoup de valeurs possibles et que vous ne voulez pas prendre trop de place. Imaginez un peu si l'agence de voyages Tourisk proposait une centaine de destinations et qu'elle les présentait sous forme d'une zone d'options !

Une liste déroulante avec des groupes

Les listes déroulantes sont plus avantageuses que les zones d'options si l'on a beaucoup de valeurs à proposer. Il est possible de regrouper ces options entre elles à l'aide de la balise `<optgroup></optgroup>`.

L'attribut `label` permet de donner un nom au groupe d'options. Attention, cette fois, le nom du groupe sera visible par le visiteur (c'est d'ailleurs ce qui permet de rendre la liste déroulante plus claire).

Petit exemple :

```
<select name="destination" id="destination">
  <optgroup label="Océanie">
    <option value="papouasie">En Papouasie-Nouvelle-Guinée</
option>
    <option value="fidji">Aux Îles Fidji</option>
  </optgroup>
  <optgroup label="France">
    <option value="creuse">Dans la Creuse</option>
    <option value="sttropez">A St Tropez</option>
    <option value="pyrenees">Dans les Pyrénées</option>
  </optgroup>
</select>
```

Comme le montre la figure 11-14, les options sont maintenant regroupées par catégories ce qui rend la lecture d'une longue liste plus facile ! À vous de jouer : rajoutez d'autres destinations, et créez de nouveaux `<optgroup>` au besoin : Afrique, Asie...

Figure 11–14
Une liste déroulante organisée en groupes

Notez que le visiteur ne peut pas sélectionner un nom de groupe. Sur la figure 11-14, il est donc impossible de cliquer sur « Océanie » ou « France ».

Les boutons

Vous connaissez maintenant les principaux éléments de formulaires. Il nous reste quand même à voir les boutons, éléments que l'on retrouve sur tous les formulaires. En effet, il y a toujours au moins un bouton, ne serait-ce que le plus important de tous : le bouton *Envoyer*.

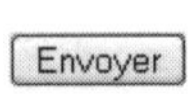

Figure 11–15 Un bouton

Les boutons peuvent avoir des fonctionnalités différentes. On distingue :

- **Le bouton d'envoi** : il commande l'envoi des données. Après avoir cliqué sur ce bouton, le visiteur sera amené sur la page indiquée par l'attribut `action` de la balise `<form>` (que nous avons vu au début du chapitre). Un bouton d'envoi se crée à l'aide de la balise `<input />` (encore elle !) avec l'attribut `type="submit"`. Le code d'un bouton d'envoi est donc :

```
<input type="submit" />
```

- **Le bouton de remise à zéro** : il remet tous les éléments du formulaire à leur valeur par défaut. Voici le code à taper :

```
<input type="reset" />
```

Normalement, les boutons contiennent un texte par défaut. Sachez que vous pouvez le changer grâce à l'attribut `value`. Cette méthode présente l'intérêt de vous assurer que tous vos visiteurs verront bien le même message sur le bouton, quel que soit le navigateur qu'ils utilisent. Par exemple, la valeur par défaut sur Internet Explorer est *Soumettre la requête*, tandis que sur Firefox il s'agit d'*Envoyer*.

Pour mettre tout le monde d'accord, on peut donc imposer le texte affiché sur le bouton :

```
<input type="submit" value="Envoyer" />
```

La figure 11-16 vous donne un exemple de formulaire avec ce bouton *Envoyer*.

Figure 11–16
Un bouton pour envoyer le formulaire

Si vous cliquez sur le bouton *Envoyer* du formulaire, vous serez redirigé vers la page indiquée par l'attribut `action` de `<form>`. Nous avions mis un faux nom (`traitement.php`). Ne soyez donc pas surpris si une page d'erreur s'affiche lorsque vous envoyez le formulaire.

Si vous utilisez un script form2mail, on vous dira de changer l'attribut `action` pour qu'il pointe vers la page du script qui récupérera les données et qui vous les enverra par e-mail. La figure 11-17 vous montre à quoi pourrait ressembler un tel e-mail. On repère bien le couple `nom_du_champ : valeur`. C'est ici que vous voyez tout l'intérêt de donner un nom aux champs avec l'attribut `name` : on sait ainsi que `fidji` se rapporte au champ `destination`, et donc que votre visiteur souhaite partir aux Îles Fidji !

ALLER PLUS LOIN

Le PHP, votre prochaine étape ?

Bien sûr, l'idéal sera toujours d'être capable de créer soi-même la page PHP pour traiter les données du formulaire. Apprendre le PHP demande un peu de temps, mais le jeu en vaut la chandelle : on est ensuite capable de créer un site complètement dynamique avec son propre forum, son livre d'or, sa section membres, sa newsletter, etc. Cela nous évite d'avoir à utiliser des services certes gratuits, mais remplis de publicité. On peut en outre les personnaliser à notre guise, et donner ainsi un aspect plus professionnel à nos pages.

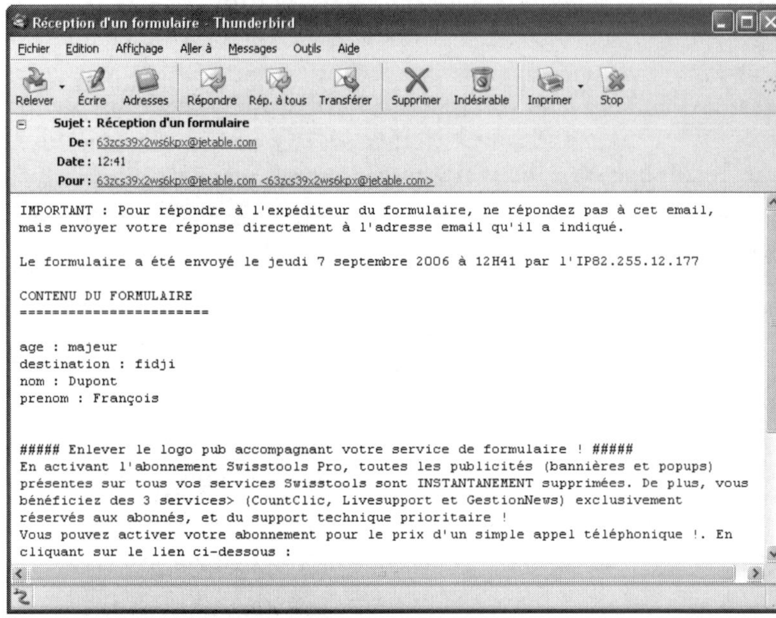

Figure 11–17
Exemple d'e-mail envoyé par un script form2mail gratuit (ici, swisstools.net)

PERSONNALISER Une image à la place du bouton Envoyer

Vous trouvez que le bouton *Envoyer* est un peu triste ? Pas de problème ! Vous pouvez le remplacer par une image.
Pour créer un bouton d'envoi à l'aide d'une image, utilisez la balise `<input type="image" />` et ajoutez-y un attribut `src` pour indiquer le nom du fichier image à utiliser. Exemple :

```
<input type="image" src="envoyer.png" />
```

La figure 11-18 montre qu'il ne faut parfois pas grand-chose pour rendre un formulaire plus attractif !

Figure 11–18 Le même bouton d'envoi... sous forme d'image !

Rendre son formulaire plus accessible

Les formulaires sont parfois un vaste capharnaüm, il faut dire ce qui est. Plus votre formulaire contient d'éléments, plus il faut être vigilant à son organisation pour que vos visiteurs ne s'y perdent pas.

Faire un formulaire accessible, ce n'est pas compliqué. Le XHTML nous donne des outils bien pratiques pour rendre nos formulaires plus clairs, plus faciles à utiliser. Nous avons d'ailleurs déjà vu comment la balise `<label>` permettait de dire par exemple : « Cet élément du formulaire correspond à votre pseudo ».

ACCESSIBILITÉ Cela concerne tout le monde !

N'oubliez pas : réaliser un formulaire accessible et un site web accessible d'une manière générale, c'est faire en sorte que tous vos visiteurs puissent naviguer aisément. Ça ne sert pas seulement à aider les visiteurs handicapés : cela concerne aussi pour tous vos autres visiteurs qui passeront alors moins de temps à essayer de comprendre ce que vous attendez d'eux.

Posez-vous toujours cette question lorsque vous faites votre site : « *Comment puis-je construire ma page pour qu'un visiteur passe le moins de temps possible à chercher l'information qui l'intéresse ?* ». On estime d'une manière générale que toutes les pages d'un site doivent être accessibles après au maximum trois clics de souris depuis la page d'accueil. C'est ce qu'on appelle la « règle des 3 clics ».

Organiser son formulaire en plusieurs zones

Vous avez donc un gros formulaire et vous voulez faire en sorte qu'il soit plus clair, plus accessible. Une des premières choses à faire est de découper ce gros formulaire en plusieurs parties.

Vous allez donc créer ce que l'on appelle des « zones de formulaire ». On a alors recours à la balise `<fieldset></fieldset>`. Elle délimite un groupe de champs : vous pouvez donc y mettre des balises `<input />`, `<textarea>`, etc.

Il faut aussi donner un nom à ce groupe de champs. On place une balise `<legend></legend>` au début du `<fieldset>`. Par exemple :

```
<fieldset>
  <legend>Vos coordonnées</legend>
  <!-- Placez vos champs nom, prénom, adresse ici -->
</fieldset>
```

Cela créera un groupe de champs dont le titre sera *Vos coordonnées*.

Prenons maintenant l'exemple concret d'un formulaire complet. Celui-ci est découpé en deux parties :

```
<form method="post" action="traitement.php">
  <h1>Agence de voyages Tourisk</h1>

  <fieldset>
    <legend>Vos coordonnées</legend>
    <label for="nom">Nom : </label><input type="text"
       ➥ name="nom" id="nom" /><br />
    <label for="prenom">Prénom : </label><input type="text"
       ➥ name="prenom" id="prenom" /><br />
    <label for="adresse">Adresse : </label><input type="text"
       ➥ name="adresse" id="adresse" />
  </fieldset>
```

```
  <fieldset>
    <legend>Vos options</legend>
    <input type="checkbox" name="lettre" id="lettre" /> <label
for="lettre">Envoyez-moi la lettre mensuelle de l'Agence Tourisk
</label><br />
    <input type="checkbox" name="pubs" id="pubs" /> <label
for="pubs">Envoyez-moi des pubs quotidiennes dans ma boîte aux
lettres</label><br />
    <input type="checkbox" name="lettrepubs" id="lettrepubs" />
<label for="lettrepubs">Abonnez-moi aux lettres et pubs de tous vos
partenaires commerciaux</label>
  </fieldset>

  <p><input type="submit" value="Envoyer" /></p>
</form>
```

Vous pouvez voir sur la figure 11-19 ce que donne ce formulaire complet.

Figure 11–19
Un formulaire découpé en plusieurs parties

N'oubliez pas que vous pouvez toujours appliquer du CSS sur toutes ces balises. Par exemple, vous pourriez mettre plus en valeur les titres `<legend>`, changer le fond des `<input />`, etc.

Notre formulaire étant maintenant organisé en plusieurs parties, sa logique de fonctionnement apparaît plus clairement aux yeux de l'internaute. Il sait désormais du premier coup d'œil qu'on attend de lui qu'il rentre ses coordonnées et qu'il fasse plusieurs choix dans des cases à cocher.

Définir un ordre de tabulation

Pour remplir un formulaire, on utilise en général le clavier et la souris. La souris nous permet en particulier de cliquer sur le champ que l'on veut remplir. Mais saviez-vous qu'on peut remplir un formulaire rien qu'avec le clavier ? Il suffit de se déplacer d'élément en élément en appuyant sur la touche *Tabulation* du clavier.

Certains handicaps empêchent d'utiliser la souris. Les personnes touchées sont donc obligées de se déplacer d'élément en élément à l'aide de la touche *Tabulation*. Par ailleurs, certains internautes ont l'habitude de remplir les formulaires uniquement à l'aide du clavier.

Vous, webmaster, avez la possibilité de définir l'ordre de tabulation. En clair, vous pouvez dire par exemple : « Lorsqu'on est sur le champ `nom`, si on appuie sur `Tabulation`, on doit ensuite se retrouver sur le champ `prenom` ».

Votre travail consiste à donner un numéro à chaque élément du formulaire. Le visiteur se déplacera d'élément en élément, par ordre croissant de numéro. Vous pouvez donner un numéro à un champ grâce à l'attribut `tabindex`. Exemple :

```
<label for="nom">Nom : </label><input type="text" name="nom"
id="nom" tabindex="10" /><br />
<label for="prenom">Prénom : </label><input type="text"
name="prenom" id="prenom" tabindex="20" /><br />
<label for="adresse">Adresse : </label><input type="text"
name="adresse" id="adresse" tabindex="30" />
```

Définir des touches de raccourci

Les touches de raccourci sont un autre moyen efficace de rendre un formulaire plus accessible. Il est possible d'accéder à un élément de formulaire grâce à une touche de raccourci que vous aurez définie. Cela concerne là encore principalement les personnes qui naviguent sur votre site à l'aide du clavier.

Pour définir une touche de raccourci, utilisez l'attribut `accesskey` sur la balise qui vous intéresse. Par exemple, si je veux que la touche S (pour l'anglais *send*, envoyer) soit associée au bouton d'envoi du formulaire, je dois faire :

```
<input type="submit" value="Envoyer" accesskey="s" />
```

PRATIQUE L'ordre de tabulation par défaut

Vous n'êtes pas obligé de définir des `tabindex` pour qu'on puisse se déplacer dans le formulaire à l'aide de la touche *Tabulation*. En effet, le navigateur considère par défaut que le premier champ correspond au premier champ écrit dans le code XHTML, que le second se trouve à la suite, etc.

L'ordre de tabulation est donc généralement bon et vous n'avez pas besoin de le retoucher, sauf dans le cas de formulaires un peu complexes où l'ordre par défaut proposé par le navigateur ne vous conviendrait pas.

ATTENTION
Ne modifiez l'ordre de tabulation que si c'est vraiment nécessaire

Bien que vous ayez la possibilité de modifier l'ordre de tabulation comme bon vous chante, en pratique, vous ne devriez faire cela que très rarement. Dans 99 % des cas, l'ordre par défaut convient. Modifier l'ordre de tabulation « naturel » peut parfois compromettre l'accessibilité de votre formulaire au lieu de l'améliorer !

ASTUCE Technique de numérotation

Rien ne vous oblige à numéroter les éléments en ajoutant 1 à chaque fois : 1, 2, 3, 4, 5... Vous pouvez numéroter de 10 en 10 : 10, 20, 30, 40, 50... Cela ne fera aucune différence pour l'ordinateur, car il prend les éléments du plus petit au plus grand.

Qu'est-ce que ça change pour vous ? Eh bien, si plus tard vous avez besoin de rajouter un élément au milieu du formulaire, vous n'aurez pas besoin de décaler tous les numéros. Par exemple, si vous voulez rajouter un champ entre le n°20 et le n°30, il vous suffit de le numéroter 25 !

BON À SAVOIR Les touches de raccourci s'appliquent aussi aux liens !

Oui vous avez bien lu : on peut aussi ajouter des `accesskey` aux balises de liens. Cela permet de faire en sorte qu'une page précise de votre site soit toujours accessible grâce à un raccourci clavier.

Exemple de raccourci sur une balise de lien :

```
<a href="index.html"
accesskey="1">Retour à
l'accueil</a>
```

Côté utilisateur, l'emploi de ce raccourci dépend de son navigateur :

- **Firefox et Internet Explorer (Windows)** : il faut utiliser la combinaison de touches *Alt + Raccourci*.
- **Safari, Firefox et Internet Explorer (Mac)** : il faut utiliser *Ctrl + Raccourci*.

Attention : les navigateurs ne sont pas d'accord entre eux sur les combinaisons à utiliser comme vous pouvez le voir. Il se peut que sur votre navigateur la combinaison de touches soit différente !

Sous Firefox, on peut donc maintenant commander l'envoi du formulaire en appuyant sur *Alt + S*.

DÉBAT **Les accesskeys critiquées ?**

Certaines techniques du XHTML visant à promouvoir l'accessibilité n'ont pas rencontré le succès escompté. Les accesskeys en font partie. Le sujet fait débat, et les webmasters se demandent s'ils peuvent se mettre d'accord sur une liste de raccourcis communs afin de faciliter la navigation des personnes handicapées.

Voici deux articles intéressants sur ce sujet :

- http://blog.alsacreations.com/2005/09/27/191
- http://openweb.eu.org/articles/accesskey_essai_non_transforme/

Vous y trouverez en particulier des conseils pour bien choisir vos accesskeys.

QCM

Quelle est la méthode d'envoi d'un formulaire qui permet de transmettre le plus de données ?

- `method="get"`
- `method="post"`

Que peut-on mettre entre les balises `<textarea></textarea>` définissant une zone de saisie multiligne ?

- La valeur par défaut du champ ;
- le numéro indiquant l'ordre de tabulation ;
- le libellé du champ.

Quel type de bouton est créé avec ce code : `<input type="reset" />` ?

- Un bouton d'envoi ;
- un bouton d'envoi sous forme d'image ;
- un bouton de remise à zéro.

Quelle balise permet de créer plusieurs zones dans son formulaire ?

- `<optgroup>`
- `<legend>`
- `<fieldset>`

chapitre 12

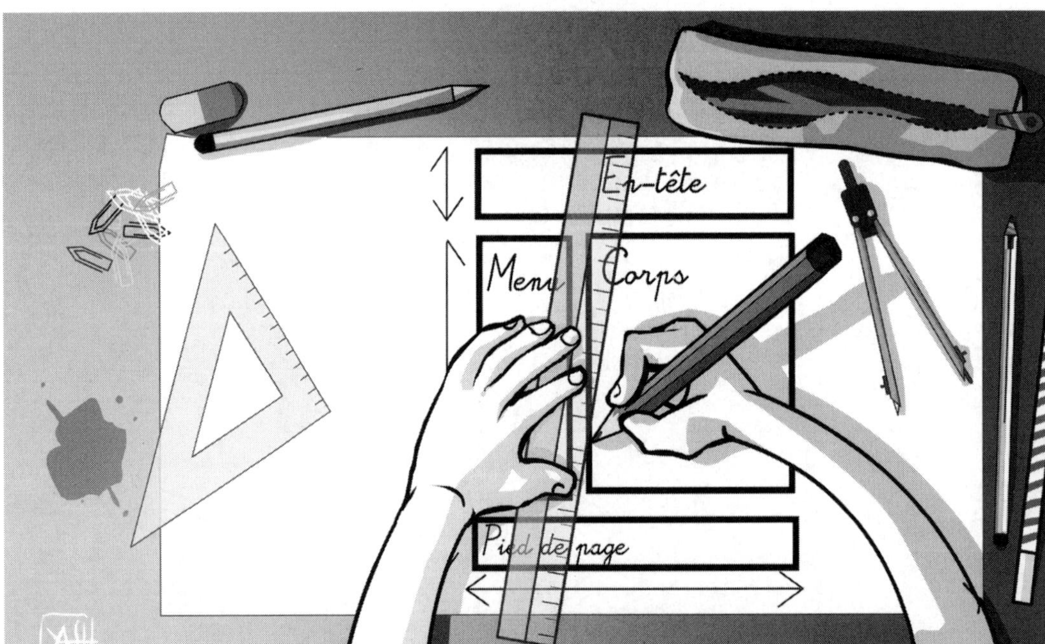

Positionner les éléments dans la page

Jusqu'ici, nous n'avons pas modifié la position des éléments sur la page : les paragraphes, titres, citations, tableaux, formulaires, etc., s'affichaient les uns à la suite des autres. Mais comment font les webmasters pour dire « Je veux que mon menu soit placé à gauche et que le corps de la page soit à droite et prenne 80 % de l'espace » ? Ils utilisent précisément les techniques de positionnement CSS que nous allons découvrir dans ce chapitre.

SOMMAIRE

- Balises de type bloc et de type en ligne
- Taille et marges des éléments
- Quatre types de positionnement

MOTS-CLÉS

- Positionnement
- Bloc et en ligne
- Balises génériques
- Marges
- Dimensions
- Flottants
- Position absolue
- Position fixe
- Position relative

Depuis le début de ce livre, vous avez acquis de nombreuses connaissances sur XHTML et CSS. Vous êtes presque capable de créer votre propre site web mais... il vous manque encore une notion importante : vous n'avez pas encore vu comment positionner des éléments sur votre page web.

Les éléments codés en XHTML s'affichent à l'écran d'une manière particulière, qu'on appelle le « comportement par défaut ». Or, si ce comportement par défaut ne nous convient pas, et ce sera presque toujours le cas, il faut modifier la mise en page à l'aide du langage CSS.

Grâce aux techniques de positionnement CSS que nous allons détailler dans ce chapitre, nous serons ensuite en mesure de placer comme bon nous semble les éléments sur la page. Cela nous permettra, dans le chapitre suivant, de réaliser le design complet d'un site web en se conformant à une maquette.

Balises de type bloc et de type en ligne

À peu près toutes les balises XHTML que nous avons vues depuis le premier chapitre peuvent être classées en deux catégories :

- **Les balises de type bloc** : ces balises créent des blocs de texte qui s'affichent les uns en dessous des autres. C'est le cas par exemple des balises `<p>`, `<table>`, `<form>`, `<h1>`, `<h2>`...
- **Les balises de type en ligne** : ces balises se trouvent toujours à l'intérieur de balises de type bloc. Comme leur nom l'indique, ces balises se placent au fil du texte, sur la même ligne. Quelques exemples de balises en ligne : `<em>`, `<strong>`, `<a>`, `<q>`...

> ATTENTION
> **D'autres types de balises existent**
>
> Il existe toutefois quelques rares exceptions. Certaines balises ne sont ni bloc, ni en ligne. Elles se comportent alors différemment.
> Par exemple, `<td>` est de type « Table-cell ». Cette balise n'est donc ni de type bloc, ni de type en ligne. En effet, elle ne crée pas de retour à la ligne mais le texte ne s'écrit pas pour autant sur la même ligne ! C'est pour cela que cette balise nécessite un type particulier.
> Notez que la plupart de ces types de balises exotiques concernent les tableaux et que l'on a rarement besoin de les modifier. Nous ne nous attarderons donc pas dessus.

Comportement des balises de type bloc

Testons le comportement de quelques balises de type bloc :

```
<h1>Voici un titre</h1>
<p>Et voici un paragraphe. Bla bla bla bla bla bla bla bla bla
bla bla bla bla bla bla...</p>
<p>Un autre paragraphe ! Bla bla bla bla bla bla bla bla bla bla
bla bla bla bla bla bla...</p>
```

Le résultat donné par la figure 12-1 illustre le comportement des balises de type bloc.

Figure 12–1
Les balises de type bloc se placent les unes en dessous des autres.

Ajoutons-leur une bordure en CSS pour bien voir leurs dimensions :

```
h1, p
{
  border: 2px solid black;
}
```

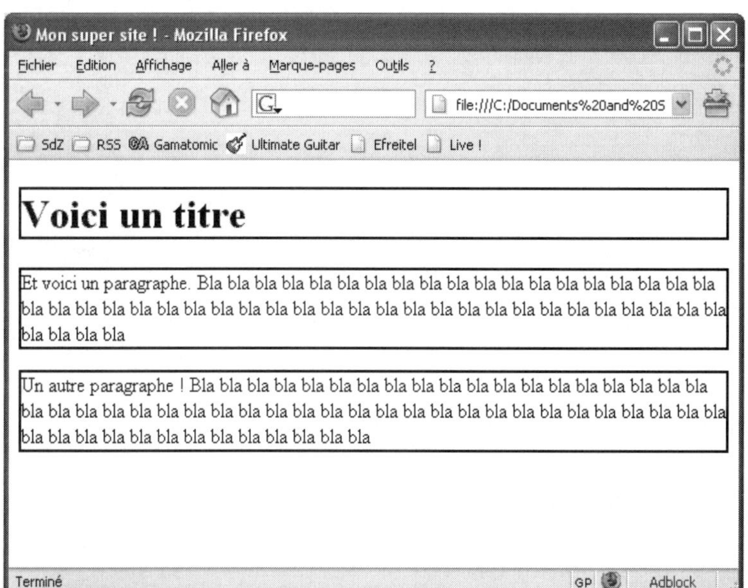

Figure 12–2
Les balises de type bloc prennent toute la largeur.

La figure 12-2 nous montre un phénomène intéressant : toutes ces balises de type bloc prennent toute la largeur de la fenêtre. C'est le cas des paragraphes bien sûr comme on s'en doutait, mais c'est aussi le cas du titre. Bien que le titre ne se compose que de quelques mots, il prend quand même toute la largeur. C'est une propriété des balises de type bloc : à moins qu'on ne leur ordonne le contraire, tout bloc s'étire sur toute la largeur disponible.

Comportement des balises de type en ligne

Reprenons le code XHTML précédent et ajoutons lui quelques balises en ligne comme `<strong>` et `<a>` :

```
<h1>Voici un titre</h1>
<p>Et voici un paragraphe. Bla bla bla bla bla bla bla
<strong>un mot important</strong> bla bla bla bla bla bla bla
bla bla bla bla bla...</p>
<p>Un autre paragraphe ! Bla bla bla bla bla
<a href="autre_page.html">un lien</a> bla bla bla bla bla bla
bla bla bla bla bla bla...</p>
```

Pour bien repérer ces balises en ligne et les différencier des balises de type bloc, appliquons-leur une bordure en pointillés :

```
h1, p
{
  border: 2px solid black;
}

strong, a
{
  border: 2px dotted black;
}
```

THÉORIE Qui contient qui ?

Les balises de type bloc peuvent contenir d'autres balises de type bloc (à l'exception de la balise de paragraphe <p> qui ne peut pas contenir de blocs). Elles peuvent par ailleurs contenir des balises de type en ligne.
En revanche, les balises en ligne ne peuvent contenir que d'autres balises en ligne. Il est donc impossible de placer un bloc à l'intérieur d'un élément en ligne.

On peut maintenant « voir » ces balises en ligne sur la figure 12-3.

Ici, c'est radicalement différent. Les balises en ligne ne créent pas de retour à la ligne : elles se placent au fil du texte.

Ce comportement (les blocs créent des retours à la ligne, les éléments en ligne suivent le fil du texte...) est le comportement par défaut. On l'appelle le « positionnement dans le flux » : le navigateur place tout seul les éléments sur la page. Durant ce chapitre, nous allons apprendre à changer de type de positionnement. Cela nous permettra de demander à ce que le menu soit placé à gauche, que le lien pour vous contacter soit en bas à droite de la page, etc.

Figure 12–3
Les balises en ligne se placent au fil du texte à l'intérieur des blocs.

ENCORE PLUS FORT **Transformer un bloc en élément en ligne (et réciproquement)**

Le CSS permet un contrôle étonnant sur la façon dont votre page s'affichera. Pour preuve, la propriété `display` permet de transformer une balise de type bloc en balise de type en ligne et inversement. Il suffit d'utiliser une de ces valeurs :

- `block` : transforme un élément en un élément bloc ;
- `inline` : transforme un élément en un élément en ligne.

Si on veut que nos titres <h1> soient considérés comme des balises en ligne et qu'ils ne créent pas de retour à la ligne, il nous suffira d'écrire :

```
h1
{
 display: inline;
}
```

Cette propriété est toutefois assez délicate à manipuler. On ne l'utilise que dans des cas très précis. Par exemple, il est relativement courant de transformer les liens d'un menu (<a>) en balises de type bloc pour pouvoir leur donner à chacun des dimensions précises. En effet, on ne peut pas modifier la taille d'un élément en ligne, comme nous le verrons plus loin.

Notez au passage que la troisième valeur possible pour `display` est `none`. Elle signifie que l'élément ne doit pas être affiché à l'écran (mais il continuera à être présent dans le code XHTML). Cela peut permettre de masquer certaines informations à vos visiteurs. Ces informations seront toutefois quand même visibles pour les robots d'indexation (comme celui de Google) et pour les internautes utilisant des navigateurs non graphiques (personnes handicapées, navigateurs console, etc.). En outre, n'oubliez pas que le code XHTML reste toujours lisible par n'importe quel internaute (*Affichage/Code source de la page*), n'utilisez donc surtout pas cette technique pour masquer des informations sensibles !

Les balises génériques <div> et <span>

Toutes les balises que nous avons rencontrées jusqu'à maintenant ont un sens précis. Ainsi, `<p>` sert à délimiter des paragraphes, `<strong>` identifie les termes importants, etc.

Mais que signifient alors `<div>` et `<span>` ? Rien du tout, et c'est pour cela qu'on les appelle « balises génériques » : elles n'ont aucun sens. Elles ne signifient rien pour le navigateur. On les a créé parce que parfois aucune autre balise ne convient. On a par exemple besoin d'une balise pour englober le corps et ses paragraphes, le menu et ses liens, etc. C'est généralement lors de l'étape de la création du design du site qu'on utilise ces balises génériques.

On en a créé deux pour disposer d'une balise générique de chaque type :

- `<div>` est de type bloc ;
- `<span>` est de type en ligne.

Ces balises nous seront utiles dans le chapitre suivant lorsque nous créerons le design de notre site web. Avec des `<div>` en particulier, nous pourrons créer plusieurs blocs que nous placerons comme bon nous semble sur la page.

> ATTENTION **L'excès de <div> nuit gravement à la sémantique**
>
> Les balises génériques sont très pratiques, vous allez vite y prendre goût. Mais attention à ne pas en abuser. En effet, tant qu'on en a la possibilité, il est recommandé d'utiliser au maximum des balises qui ont un sens comme <p>, <h1>, etc.
> Dans l'exemple de code précédent, <h1> et <p> étant de type bloc, on pourrait très bien les remplacer par des `<div>` :
>
> ```
> Voici un titre
> Et voici un paragraphe. Bla bla bla bla bla bla bla bla bla bla
> bla bla bla bla bla...
> Un autre paragraphe ! Bla bla bla bla bla bla bla bla bla bla
> bla bla bla bla bla bla...
> ```
>
> Ce serait pourtant une grossière erreur ! En effet, ici le navigateur ne sait plus ce qui correspond au titre et aux paragraphes. Il ne fait plus la différence. Il n'y a plus de sémantique, votre page XHTML vient de perdre tout son sens, alors que c'est justement l'intérêt de ce langage.
> Cela aura un impact notamment sur les moteurs de recherche. Le robot d'indexation de Google considère par exemple que les titres sont plus importants que les paragraphes (ce qui est logique). Plus le code d'un site est sémantique, meilleur est son référencement auprès des moteurs de recherche. Nous en parlerons plus en détail au chapitre 15.

Taille et marges des éléments

Que la balise soit de type bloc ou en ligne, l'élément ainsi créé a des dimensions et des marges qu'on peut modifier. Nous avons vu par exemple que les blocs prenaient tout l'espace disponible en largeur. Comment modifier cela ? C'est ce que nous allons découvrir maintenant.

Le principe des boîtes

En XHTML, chaque élément, que ce soit un en ligne ou un bloc, est considéré comme une boîte. Chaque boîte possède :

- un contenu (le texte d'un paragraphe par exemple) ;
- une marge interne, appelée `padding` ;
- une marge externe, appelée `margin` ;
- une bordure, appelée `border`.

Reprenons notre exemple. Les paragraphes de texte possèdent une bordure ainsi que des marges internes et externes, comme le montre la figure 12-4 :

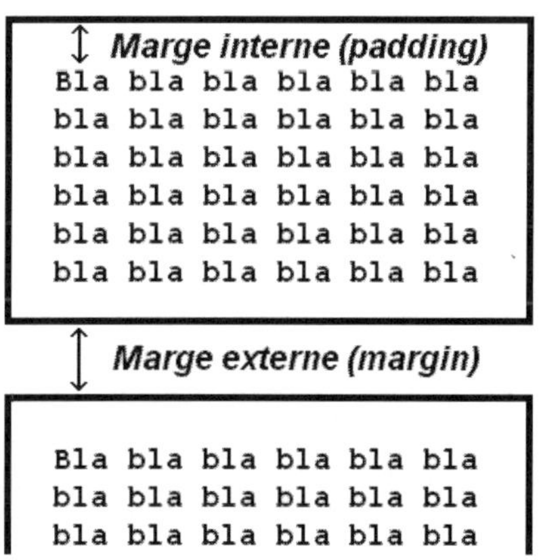

Figure 12–4
Schéma des marges internes et externes

- La marge interne représente l'espace entre le texte et la bordure qui l'entoure.
- La marge externe représente l'espace entre deux éléments (ici, c'est l'espace entre les deux paragraphes).

C'est aussi simple que cela ! Chaque élément a des marges, et on va pouvoir les modifier à souhait grâce au CSS.

PRÉCISION **Rien n'est obligatoire**

N'allez pas croire que chaque élément doit forcément posséder une marge interne, une marge externe et une bordure. Il faudrait plutôt comprendre que chaque élément *peut* en posséder, mais c'est vous, le webmaster-tout-puissant, qui décidez.

Par exemple, nous avons vu au chapitre 10 que par défaut aucun élément ne possédait de bordure. C'est à vous de l'activer si vous le désirez.

COMPORTEMENT **Marges par défaut**

Les éléments de type en ligne ne possèdent pas de marge par défaut mais on peut tout à fait leur en ajouter une. En revanche, tous les éléments bloc à l'exception de la balise générique `<div>` possèdent une marge par défaut.

COMPORTEMENT **Les marges externes**

Une marge externe indique donc l'espace qui doit rester libre autour d'un élément (un paragraphe par exemple). Mais il est important de savoir que les marges externes ne s'additionnent pas.

Imaginons sur la figure 12-4 que le paragraphe du haut possède une marge externe de 10 px et celui du bas une marge externe de 20 px. Il n'y aura pas 30 px d'espace entre ces deux paragraphes comme on pourrait le penser. C'est la plus grande marge qui l'emporte : il y aura donc 20 px d'espace entre les deux paragraphes.

Modifier les dimensions d'un bloc

Avant toute chose, il est nécessaire de savoir qu'on ne peut modifier que la taille des éléments de type bloc. Cela nous permettra par exemple de limiter la largeur du corps de la page, afin qu'il n'occupe que 50 % de l'espace. La taille des éléments de type en ligne quant à elle est calculée par le navigateur ; on ne peut donc pas y toucher.

Comment s'y prendre pour modifier la largeur et la hauteur d'un bloc ? Simplement grâce à ces deux propriétés CSS :

- `width` : détermine la largeur ;
- `height` : détermine la hauteur.

Pour la valeur, vous pouvez utiliser les unités que l'on a déjà vues auparavant : les pixels (px), les pourcentages (%), les em, les ex, etc.

CHOIX Quelle unité utiliser ?

Si vous avez des besoins précis pour votre design, vous pouvez utiliser l'unité px qui est la plus précise. De préférence, utilisez, si vous le pouvez, des pourcentages car votre design s'adaptera alors à toutes les résolutions. Nous en parlerons plus longuement dans le chapitre suivant.

Testons la propriété `width` sur le code XHTML précédent, et profitons-en pour préciser dans le code CSS que les paragraphes ne doivent pas prendre toute la largeur de la page :

```
h1, p
{
  border: 2px solid black;
}

p
{
  width: 50%;
}

strong, a
{
  border: 2px dotted black;
}
```

On le voit sur la figure 12-5 : les paragraphes ne prennent maintenant plus que 50 % de largeur ! Cela peut nous laisser la place pour, par exemple, placer un menu à droite. Nous verrons comment faire ceci plus en détail dans le chapitre suivant.

UNITÉ Les pourcentages et la hauteur

Les pourcentages ne fonctionnent que pour modifier la largeur (`width`) d'un bloc. Ils ne marcheront pas sur la hauteur (`height`). Si vous voulez modifier la hauteur, vous devrez la fixer à l'aide d'une unité comme les pixels (px).

À vous de jouer : essayez de modifier la largeur et la hauteur du titre par exemple. Entraînez-vous en particulier à utiliser les différentes unités que nous avons vues : px, em, ex, %...

Modifier les marges des éléments

Cette fois, nous allons voir comment cela fonctionne sur les éléments de type bloc et de type en ligne (contrairement à la largeur et la hauteur qui ne peuvent être spécifiées que sur des blocs).

Figure 12–5
La largeur des paragraphes
est fixée à 50% de la largeur maximale.

Les marges (internes et externes) peuvent être modifiées grâce à des propriétés CSS dont les noms ne devraient pas vous être étrangers :

- `padding` : détermine la marge interne ;
- `margin` : détermine la marge externe.

Toujours sur le même code XHTML, continuons nos expérimentations avec les CSS. En plus de modifier la largeur des paragraphes, nous spécifions une marge interne et une marge externe :

```
p
{
   width: 50%;
   padding: 20px;
   margin: 50px;
}
```

Cette fois, nos paragraphes ont une marge interne de 20 pixels et une marge externe de 50 pixels. Regardez ce que cela donne sur la figure 12-6.

En comparant la figure 12-5 et la figure 12-6, on voit que la marge interne correspond à la marge entre le texte et la bordure. Cela augmente ici la lisibilité du texte des paragraphes qui n'est plus « collé » aux bordures.

Aller plus loin

Modifier la marge en fonction des côtés

Si vous utilisez `margin` ou `padding`, vous modifierez la marge de chacun des côtés : haut, bas, gauche et droite. Si vous le désirez, sachez qu'il est possible de modifier seulement la marge d'un des côtés en rajoutant un suffixe au nom de la propriété. Par exemple pour la marge externe :

- `margin-top` : marge externe du haut ;
- `margin-bottom` : marge externe du bas ;
- `margin-left` : marge externe de gauche ;
- `margin-right` : marge externe de droite.

Il en va de même pour la marge interne : il existe des propriétés `padding-top`, `padding-right`...

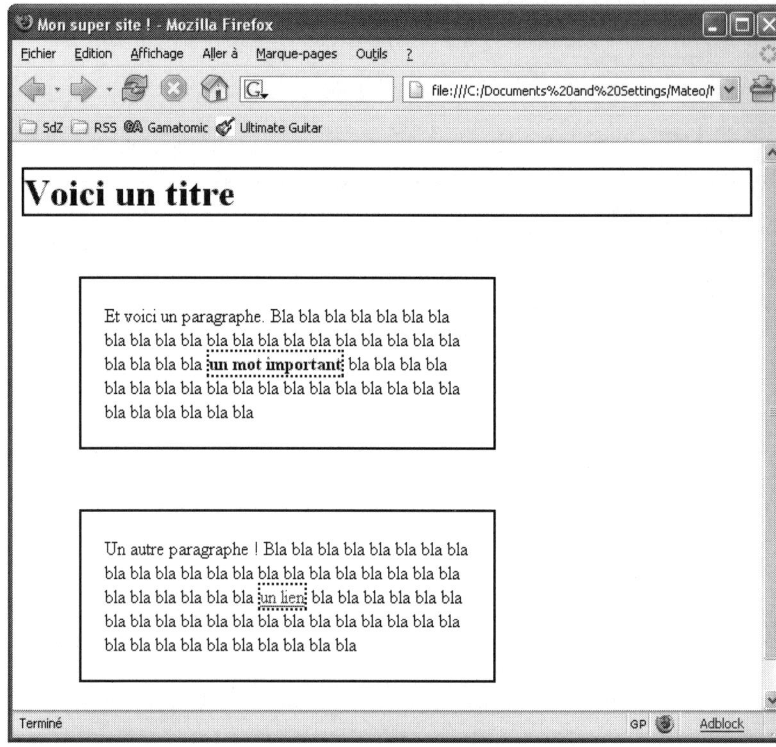

Figure 12–6
Et voilà ce qui arrive quand on touche aux marges !

Voyons maintenant la marge externe. Chaque paragraphe possède une marge externe de 50 pixels, ce qui signifie qu'il ne peut rien y avoir autour de lui dans un espace de 50 pixels. Cela donne quelque chose d'intéressant : les paragraphes sont décalés sur la droite. En effet, pour respecter la marge externe, ils ont dû se décaler de 50 pixels par rapport au bord gauche de la page.

Centrer un bloc

Nous avons vu au chapitre 7 comment centrer du texte à l'intérieur d'un paragraphe à l'aide de cette propriété CSS :

```
p
{
   text-align: center;
}
```

Mais comment centrer un bloc ? Sur la figure 12-6, nous avons réussi à décaler les paragraphes en jouant sur leurs marges, mais nous n'avons pas vu comment faire pour centrer ces paragraphes. Attention : nous parlons ici de centrer le bloc, et non pas de centrer le texte qu'il contient (parce que ça, vous savez déjà le faire).

Pour centrer un bloc, il y a deux étapes à respecter. Il faut :

1 Lui donner une largeur avec la propriété `width`.
2 Lui appliquer des marges externes gauche et droite automatiques en ajoutant les propriétés `margin-left: auto;` et `margin-right: auto;`.

Reprenons l'exemple précédent et centrons nos blocs de paragraphe :

```
p
{
   width: 50%;
   margin-left: auto;
   margin-right: auto;
}
```

Grâce à ce code, les blocs de paragraphe sont centrés sur la page (voir figure 12-7).

ATTENTION N'oubliez pas de donner une largeur au bloc à centrer

Attention à ne pas oublier de spécifier une largeur au bloc. Bien souvent, on oublie cette étape et on se demande pourquoi le bloc n'est pas centré ! C'est d'ailleurs une évidence quand on y pense : l'ordinateur ne peut pas centrer un bloc s'il ne connaît pas sa largeur.

Figure 12–7
Les marges automatiques permettent de centrer les blocs.

Quatre types de positionnement

En jouant sur les marges externes, nous venons de réussir à déplacer des blocs. Nous commençons à contrôler un peu mieux la façon dont ils s'affichent, mais allons plus loin. Nous allons découvrir comment disposer les éléments sur la page grâce aux quatre techniques de positionnement suivantes :

- le positionnement flottant ;
- le positionnement absolu ;
- le positionnement fixé ;
- le positionnement relatif.

Ces quatre types de positionnements fonctionnent aussi bien sur des éléments de type bloc que sur les éléments en ligne.

Le positionnement flottant

Ce type de positionnement que nous offre le langage CSS est très pratique. En effet, il permet de faire en sorte qu'un élément « flotte » et que le texte l'entoure.

Vous ne voyez pas ce que cela peut donner ? Le mieux est encore d'essayer. Pour faire flotter un élément, on utilise la propriété CSS `float`. Elle peut prendre 3 valeurs différentes :

- `left` : flottement à gauche ;
- `right` : flottement à droite ;
- `none` : pas de flottement (par défaut).

Voici le code XHTML que nous allons utiliser. Il s'agit d'un paragraphe comprenant une image. On veut que cette image flotte pour que le texte du paragraphe l'habille :

```
<p><img src="mateo21.gif" alt="Un avatar" class="avatar" />Bla
bla bla bla bla bla bla bla bla bla bla bla bla bla bla bla bla
bla bla bla bla bla bla bla bla bla bla bla bla bla bla bla bla
bla bla bla bla bla bla bla bla bla bla bla bla bla bla bla
bla</p>
```

RAPPEL Les classes en CSS

Vous avez oublié comment on utilisait les classes (et les id) en CSS ? Retournez au chapire 6 !

Notez que j'ai créé une classe sur cette image pour pouvoir agir directement sur elle dans le code CSS. J'aurais pu aussi appliquer le CSS à la balise `<img />` directement, mais dans ce cas toutes les images du site auraient été flottantes, ce qui est rarement ce que l'on souhaite...

Appliquons maintenant la propriété CSS `float` sur la classe `avatar` :

```
.avatar
{
   float: left;
}
```

Vous pouvez voir à quoi ressemble notre image flottante sur la figure 12-8.

Figure 12–8
Une image flottante.
Observez comment le texte l'entoure.

Voici quelques petites idées pour vous entraîner : essayez de faire flotter l'image à droite (hum, pas bien dur) et essayez de modifier la marge externe de l'image pour augmenter l'espace entre l'image et le texte. C'est un exemple concret de l'utilité des marges : bien souvent, l'image flottante est collée au texte, et on résout ce problème en augmentant la marge. Rappelons au passage que la marge par défaut d'un élément en ligne comme `<img />` est nulle (0 px), ce qui explique pourquoi il pourrait être un peu trop collé au texte.

> ALLER PLUS LOIN **Arrêter un flottement**
>
> Il existe une propriété CSS qui permet de stopper un flottement : c'est `clear`. Elle peut prendre les valeurs `left`, `right`, `both` et `none`. Comme vous devez vous en douter, `none` ne fait rien. Mais qu'en est-il des autres valeurs ?
> Si vous appliquez un `clear` à un élément, celui-ci ne se placera plus à gauche ou à droite de l'élément flottant mais en dessous. Cela permet justement d'éliminer l'effet de flottement. Un `clear: left;` stoppera un flottement à gauche, `right` un flottement à droite et `both`... stoppera n'importe quel type de flottement, qu'il soit gauche ou droite.
> Pour plus d'informations sur la gestion des flottants :
> - http://www.siteduzero.com/tuto-3-44-1.html#ss_part_2

Le positionnement absolu

Les trois types de positionnements qu'il nous reste à voir se ressemblent un peu en apparence mais ils ne servent pas à faire les mêmes choses. Nous allons commencer par étudier le positionnement absolu.

Le positionnement absolu vous permet de placer un élément où vous voulez sur la page, au pixel près. C'est un type de positionnement puissant mais il ne faut pas en abuser. Il serait tentant en effet de positionner tous les éléments de sa page en absolu, mais celle-ci perdrait alors beaucoup en flexibilité : les éléments ainsi positionnés risquent de rapidement se chevaucher, et le navigateur Internet Explorer comporte un bogue qui nous empêche de sélectionner correctement un texte positionné en absolu.

Pour positionner un élément en absolu, appliquez-lui la propriété `position` et donnez-lui la valeur `absolute`. Nous allons réutiliser le code XHTML précédent et modifier uniquement le code CSS correspondant :

```
.avatar
{
  position: absolute;
}
```

De cette manière, notre personnage sera cette fois positionné en absolu. C'est bien, mais il manque encore quelques petits réglages. Il faut en effet dire à quel endroit on veut placer l'élément sur la page, grâce aux quatre propriétés CSS suivantes :

- `top` : indique la distance par rapport au haut de la page ;
- `bottom` : indique la distance par rapport au bas de la page ;
- `left` : indique la distance par rapport au bord gauche de la page ;
- `right` : indique la distance par rapport au bord droit de la page.

Vous n'êtes pas obligé d'utiliser toutes ces propriétés pour placer votre élément. Deux propriétés suffisent en théorie.

Nous décidons de positionner l'avatar 100 pixels vers le bas et 260 pixels vers la droite :

```
.avatar
{
  position: absolute;
  top: 100px;
  left: 260px;
}
```

VOCABULAIRE Sortir du flux

Lorsqu'on utilise un positionnement absolu, on dit qu'on fait « sortir l'élément du flux ». Reportez-vous au début de ce chapitre au besoin : nous y avons vu que par défaut les éléments étaient positionnés dans le flux, c'est-à-dire dans l'ordre dans lequel ils étaient placés dans le code XHTML. Un élément hors du flux, lui, peut être positionné n'importe où sur la page.

Comme vous pouvez le voir sur la figure 12-9, l'avatar s'est positionné à l'endroit précis que nous avons demandé sur la page. Il s'est placé au-dessus des autres éléments (ici sur le texte).

Histoire d'être sûr que nous nous comprenons bien, reprenons la figure 12-9 et voyons pourquoi l'image a été positionnée exactement à cet endroit. Regardez la figure 12-10, elle illustre comment le navigateur a calculé la position du personnage en se basant sur notre code CSS.

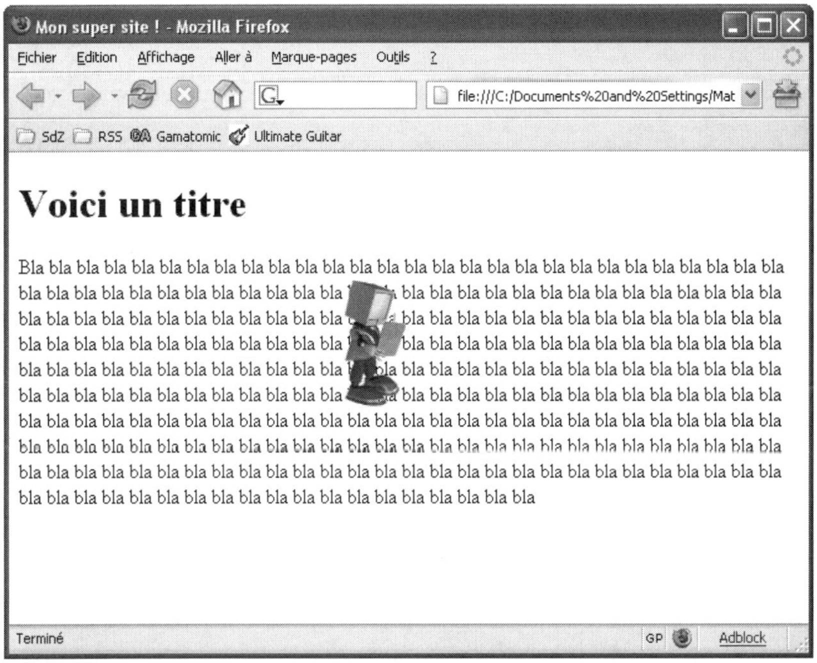

Figure 12–9
L'élément a été positionné au pixel près à l'endroit demandé !

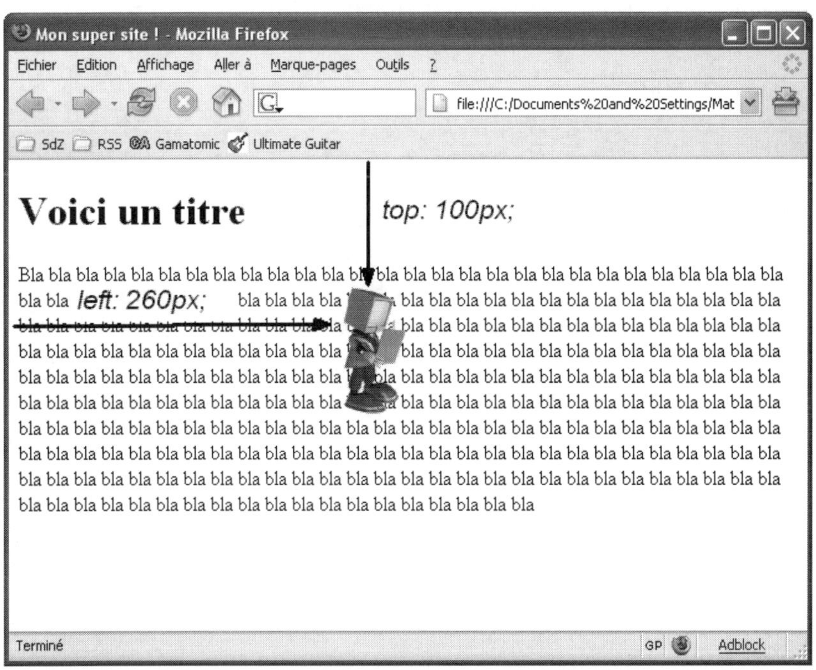

Figure 12–10
Quelques flèches et tout s'éclaire !

ALLER PLUS LOIN **L'origine du repère**

En temps normal, un élément positionné en absolu est placé par rapport aux bords de la page comme on vient de le voir. Il existe toutefois une exception. Si une balise A est positionnée en absolu (ou en relatif) et qu'elle contient une balise B qu'on positionne en absolu, alors la balise B est placée par rapport à la balise A. Ainsi, la propriété `top` sur la balise B n'indiquera plus la distance par rapport au haut de la page mais la distance par rapport au haut de l'élément A. La figure 12-11 illustre ce comportement délicat, mais à connaître.

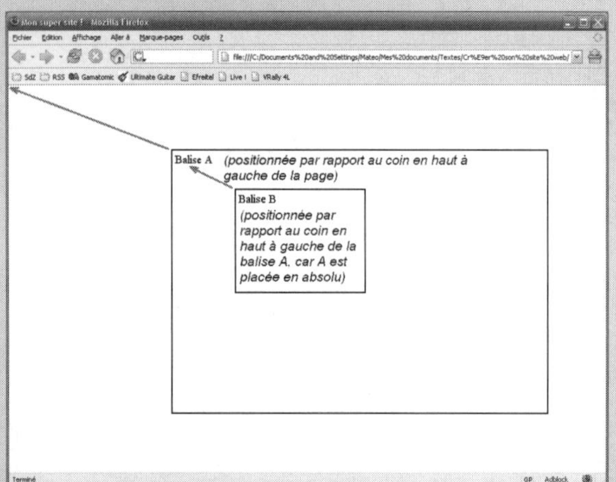

Figure 12–11 L'origine du repère est le bloc parent si celui-ci est lui-même positionné en absolu ou en relatif.

ALLER PLUS LOIN **Superposition de blocs avec z-index**

On a pu constater sur la figure 12-9 qu'un élément positionné en absolu était placé par-dessus les autres éléments qui étaient restés dans le flux : l'image était venue se placer par-dessus le paragraphe. Un problème se pose toutefois si vous avez plusieurs éléments positionnés en absolu qui se chevauchent : comment définir l'ordre dans lequel ils doivent se superposer ?

Il y a une propriété CSS qui permet de faire cela : `z-index`. L'élément ayant le `z-index` le plus élevé sera affiché par-dessus les autres.

Prenons un exemple avec deux images qui se chevauchent :

```
.avatar
{
  position: absolute;
  top: 100px;
  left: 260px;
  z-index: 10;
}
.autre_image
{
  position: absolute;
  top: 115px;
  left: 270px;
  z-index: 20;
}
```

Ici, c'est l'image ayant la classe `autre_image` qui sera positionnée par-dessus l'avatar, car son `z-index` est plus élevé.

Par ailleurs, on a vu dans le chapitre 11 qu'on n'était pas obligé de numéroter les éléments d'un `tabindex` de cette façon : 1, 2, 3, 4... Il en est de même ici, on peut très bien numéroter de 10 en 10 comme on l'a fait. Cela permet d'intercaler un élément entre les deux si, à l'avenir, on est amené à en ajouter un.

Le point de coordonnées (0, 0) se trouve donc en haut à gauche de la page. Si vous voulez positionner l'élément par rapport au bas ou au bord droit de la page, pensez aux propriétés `right` et `bottom`. Par exemple, si nous voulons positionner notre personnage tout en bas à droite de la page, il nous suffit d'écrire :

```
.avatar
{
  position: absolute;
  bottom: 0px;
  right: 0px;
}
```

Le positionnement fixe

Le positionnement fixe est très proche du positionnement absolu. La différence réside dans le fait que l'élément reste à sa position même si on descend plus bas dans la page (d'où le nom « positionnement fixe »). C'est un peu le même principe que la propriété `background-attachment: fixed;` que nous avons vue dans le chapitre 8.

Pour placer un élément en position fixe, il suffit d'utiliser la valeur `fixed` et de se servir là encore des propriétés de positionnement `top`, `bottom`, `left` et `right`.

```
.avatar
{
  position: fixed;
  top: 100px;
  left: 260px;
}
```

Le résultat est difficile à montrer... en effet, il n'est visible que lorsque l'on manipule l'ascenseur pour descendre plus bas dans la page : l'image reste à sa position. Le mieux est de tester vous-même, en attendant que les livres deviennent interactifs !

ATTENTION Internet Explorer ne comprend pas le positionnement fixe

Hélas, trois fois hélas, le navigateur Internet Explorer ne reconnaît pas le positionnement fixe avant sa version 7. Sur ce navigateur, l'élément ne sera tout simplement pas positionné, il restera dans le flux.

C'est fort dommage car le positionnement fixe permet de réaliser des effets intéressants comme un menu qui reste toujours visible. En attendant que les internautes mettent à jour leur navigateur (ce qui peut prendre du temps), évitez d'utiliser le positionnement fixe sur un site susceptible d'être visité par des utilisateurs d'Internet Explorer.

Le positionnement relatif

Légèrement plus complexe, le positionnement relatif permet de placer un élément par rapport à sa position théorique dans le flux. Autrement dit en français : cela permet de le décaler de sa position normale (dans le flux).

On utilise cette fois la valeur `relative` de l'attribut `position`. Là encore, on doit se servir des propriétés `top`, `bottom`, `left` et `right`, mais elles ont ici une signification un peu différente. Au lieu de se rapporter aux bords de la page, elles se rapportent à la position normale de l'élément.

Cela signifie que, contrairement à tout à l'heure où l'origine du repère (le point de coordonnées 0, 0) était en haut à gauche de la page, cette fois il se trouve à la position de base de l'élément.

Reprenons le code XHTML de l'exemple qui nous avait servi à créer la figure 12-3 (au début du chapitre) :

```
<h1>Voici un titre</h1>
<p>Et voici un paragraphe. Bla bla bla bla bla bla bla
<strong>un mot important</strong> bla bla bla bla bla bla bla
bla bla bla bla bla...</p>
<p>Un autre paragraphe ! Bla bla bla bla bla <a
href="autre_page.html">un lien</a> bla bla bla bla bla bla bla
bla bla bla bla bla...</p>
```

Imaginons que nous voulons décaler le lien en bas à droite de sa position initiale. Cela nous donne le code CSS suivant :

```
a
{
  position: relative;
  top: 50px;
  left: 80px;
}
```

Nous voyons sur la figure 12-12 que le lien a été placé 50 pixels plus bas et 80 pixels plus à droite. Nous constatons aussi qu'il y a maintenant un blanc dans le paragraphe : en effet, un élément positionné en relatif occupe toujours de l'espace à sa position initiale.

Figure 12–12
Le lien a été positionné
de manière relative : il a été décalé.

La figure 12-13 vous permet de mieux comprendre pourquoi le lien a été positionné à cet endroit.

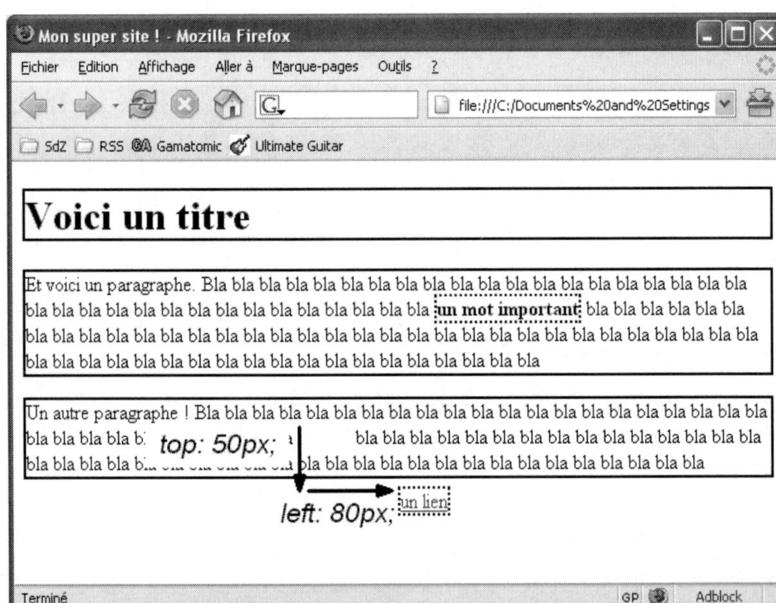

Figure 12–13
Le positionnement relatif
décale l'élément de sa position initiale

Toutes les techniques de positionnement que nous venons de voir se révèlent utiles lorsqu'on crée la maquette de notre site web. Le prochain chapitre sera justement une application pratique de ce que nous venons de voir ici et dans les chapitres précédents. Nous découvrirons comment disposer les éléments : bannière, corps, menu, pied de page, etc., pour aboutir à la création d'une page web complète !

QCM

Quelle est la seule balise de cette liste à être de type bloc ?

- `<q>`
- `<span>`
- `<div>`

Quelle est la seule balise de cette liste à être de type en ligne ?

- `<blockquote>`
- `<sup>`
- `<ol>`

Quelle propriété CSS permet de modifier la marge interne d'un élément ?

- `margin`
- `padding`
- `pudding`

Comment sera placé l'élément ayant l'id `contact` avec ce code CSS ?

```
#contact
{
   position: fixed;
   bottom: 0px;
   left: 0px;
}
```

- Il sera placé en bas à gauche de la page et restera toujours visible à sa position même si on descend plus bas dans la page.
- Il sera placé en haut à droite de la page et restera toujours visible à sa position même si on descend plus bas dans la page.
- Il sera placé en bas à gauche de la page mais défilera en même temps que la page. Il disparaîtra donc si on descend plus bas dans la page.

chapitre 13

Travaux pratiques : création d'un site de A à Z

Nous y voici enfin ! Le moment tant attendu est arrivé : passons à la pratique et réalisons ensemble un site web de A à Z.

SOMMAIRE

MOTS-CLÉS

- Design
- Mise en page
- Travaux pratiques
- Sémantique
- Accessibilité
- Validité

Ce chapitre est un peu différent des précédents : il est conçu comme une séance de travaux pratiques. Cela signifie tout d'abord que nous allons travailler sur du concret (la création d'un site web) mais aussi que nous vous invitons à réaliser le site en même temps de votre côté. Ainsi, vous découvrirez toutes les subtilités méthodologiques de la construction d'un site et ne brûlerez aucune étape, pas même intermédiaire !

Nous allons dans un premier temps voir quelles sont ces étapes (cahier des charges, maquette, etc.) puis nous attaquerons le « codage du site » comme disent les webmasters.

EN PRATIQUE Accéder au site en ligne

Le site que nous allons créer est disponible en ligne à l'adresse suivante :

- http://www.siteduzero.com/livre/siteweb/

Quelques préparatifs avant de se lancer

Alors comme nous allons enfin créer notre site, vous avez déjà ouvert Notepad++ et votre navigateur favori ? Terrible erreur. En effet, avant de se lancer, il faut se préparer un minimum. Si vous attaquez l'écriture de votre code XHTML et CSS de but en blanc, vous courez droit dans un mur. Vous n'aurez en effet pas assez de recul pour imaginer à quoi votre site ressemblera.

Les différentes étapes de la réalisation d'un site

Pour créer un site, il y a une méthodologie précise à suivre. Dans l'ordre :

1. Construire la maquette du site. Cela signifie qu'il faut le penser, le dessiner. Cette maquette sera l'objectif que l'on désire atteindre.
2. Réaliser le code XHTML sans une seule goutte de CSS. Le design sera donc dans un premier temps nu, il n'y aura aucune mise en page de faite. Cela nous permettra de vérifier si le site est bien construit, notamment au niveau sémantique. On se posera des questions comme : « Ai-je bien utilisé des balises de titres, de paragraphes et de mise en valeur quand il le fallait ? ». Cette étape est généralement rapide mais elle ne doit pas pour autant être bâclée.
3. Passer ensuite à la réalisation du design proprement dit à l'aide du langage CSS. On testera régulièrement le résultat de son site dans un navigateur récent comme Mozilla Firefox ou Opera.
4. Tester ensuite son site sous Internet Explorer, notamment dans ses anciennes versions 6 et 7 qui interprètent difficilement le CSS. Vérifiez que tout s'affiche correctement sur ce navigateur et, si ce n'est pas le cas, faites les réajustements nécessaires dans le code CSS. C'est parfois un casse-tête, mais si nous procédons méthodiquement et que nous restons simples, nous ne risquons pas trop d'être ennuyés.

CONSEIL Perfectionnistes s'abstenir

Les navigateurs web interprètent parfois différemment le CSS. Il est généralement impossible d'avoir le même résultat au pixel près sur chaque navigateur. Ne passez donc pas un temps fou sur un décalage de quelques pixels entre Firefox et Internet Explorer. Si le site s'affiche correctement et est visitable sur tous les navigateurs, c'est que vous avez réussi.

5 Enfin, vérifier la validité du code XHTML et CSS qu'on a écrit. Il existe des outils gratuits en ligne qui analysent le code source et qui nous disent si notre code comporte des erreurs. Nous verrons cela tout à la fin.

Les bonnes questions à se poser pour la maquette

La meilleure chose à faire pour commencer est de sortir une feuille de papier et un crayon et de dessiner un croquis de votre site tel que vous l'imaginez. Essayez de répondre à ces questions :

- Est-ce que je veux que le design de mon site soit fixe ou extensible ? Autrement dit : doit-il s'adapter à la résolution d'écran du visiteur ou avoir une largeur fixée (par exemple 700 pixels de large) ?
- Quel sera le sujet de mon site ? Quels thèmes seront abordés ? Quels thèmes ne seront pas abordés ?
- De quelles couleurs mon site sera-t-il composé ? Il faut choisir un thème de couleurs qui s'adapte au sujet de son site. Essayez de limiter le nombre de couleurs différentes présentes sur votre site (un thème de 3 ou 4 couleurs est suffisant).
- Y aura-t-il un en-tête, contenant par exemple une bannière ?
- Y aura-t-il un pied de page pour les mentions légales, le nom de l'auteur et un lien pour le contacter ?
- Où sera placé le menu ? En haut, à gauche, à droite ?
- De quoi sera composé le menu ? Essayez d'établir une liste précise des rubriques et des liens qu'il contiendra. Le menu correspond au plan de votre site, il faut qu'il soit clair pour qu'on puisse naviguer aisément sur votre site. Son succès en dépendra en grande partie.

Si vous avez répondu à toutes ces questions, vous avez déjà fait une grande partie du travail. Vous pouvez donc dessiner un premier croquis de votre site pour bien « visualiser » ce que vous voulez obtenir. Gardez ce croquis sous les yeux lorsque vous rédigez le code, cela vous permet de ne pas perdre de vue votre objectif.

Étape 1 : concevoir la maquette du site

Nous allons devoir choisir un thème pour le site que nous allons créer. Pour être cohérent avec l'univers du livre, nous allons nous immerger dans l'univers du garçon que vous voyez dans les illustrations au début des chapitres.

ALLER PLUS LOIN Le langage des couleurs

Aussi fou que cela puisse paraître, les couleurs ont leur propre langage. Elles expriment et véhiculent des idées, des émotions. Lorsque vous réalisez le design de votre site, il convient donc de choisir un thème de couleur approprié au sujet de votre site. Pour plus d'informations, consultez cet excellent site, français de surcroît, consacré à la couleur :

- http://www.pourpre.com/

Vous y trouverez un dictionnaire imaginaire des couleurs et en particulier un outil pour vous aider à établir une gamme de couleurs adaptée au thème de votre site, disponible à cette adresse :

- http://pourpre.com/outils/chromafiltre.php

B.A.-BA La bannière

Une bannière est une image représentant votre site. Elle est rectangulaire et généralement placée tout en haut. Il faut la soigner car elle contribue à son identification (il peut s'agir tout simplement de votre logo).

MÉTHODOLOGIE
Organisez le contenu de votre site

N'oubliez pas de bien réfléchir au contenu de votre site avant de vous lancer dans la mise en page. En effet, l'étape de la répartition en rubriques est essentielle, car c'est à ce moment que vous définissez le nombre de pages que contiendra votre site. Idéalement le contenu de chaque rubrique sera indépendant de celui des autres et aura donc une page spécifique. En découlera la présentation de votre page d'accueil qui pourra soit fonctionner comme un sommaire, ou conserver le maximum d'informations sur la première page (ce type de présentation à la façon des portails est, vous vous en doutez, peu pratique pour les utilisateurs handicapés).

CONSEIL Attribuez une signification à chacune des couleurs

Trouver les couleurs de son site, c'est bien. Arriver à leur donner un sens, c'est mieux (pour ne pas dire indispensable). Ainsi, dans notre exemple, le texte sera orange, les liens seront tous jaunes et les titres seront écrits en bleu. Cela aide beaucoup les visiteurs à se repérer.

STATISTIQUES Les résolutions des internautes

Au fur et à mesure des années, les ordinateurs deviennent plus performants et les écrans sont capables d'afficher de plus grandes résolutions. Si aujourd'hui le nombre d'internautes naviguant en 640 × 480 peut être considéré comme nul, il y a encore une part d'internautes assez importante en 800 × 600 (14 %). Les autres sont au minimum en 1024 × 768 (environ 54 %) ou plus (26 %). La tendance est à l'utilisation de plus grandes résolutions que 1024 × 768.

Le site w3schools.com propose de nombreuses autres statistiques intéressantes :

- http://www.w3schools.com/browsers/browsers_display.asp

ASTUCE Trouver du texte de remplissage

Lorsqu'on crée la maquette de son site, on a besoin de taper du texte pour la remplir. Cela a été le cas par exemple pour réaliser la maquette que l'on voit sur la figure 13-1.

Comment remplir le vide par du texte ? On pourrait certes taper « Blah blah » et le copier de nombreuses fois, mais il y a une autre solution plus élégante : Lorem Ipsum. Il s'agit d'un texte en latin issu d'un livre paru il y a 2 000 ans. Ce texte est utilisé depuis le XVIe siècle dans l'imprimerie comme faux texte bidon pour remplir les vides en attendant le contenu définitif.

Le site lipsum.com vous générera autant de texte que vous lui demanderez :

- http://www.lipsum.com/

Si vous avez regardé attentivement les détails de ces illustrations, vous avez dû vous rendre compte que ce garçon est un passionné d'astronomie. Son nom est... voyons voir... appelons-le Célestin. Célestin veut donc créer un site pour partager sa passion de l'astronomie.

Les couleurs du site vont donc rappeler l'espace : il y aura du noir (pour rappeler le vide intersidéral), du bleu foncé (pour rappeler le ciel) et du jaune/jaune orangé (pour rappeler les étoiles). Ces couleurs ont été choisies de manière à être cohérentes.

Nous avons donc les couleurs et le thème du site. Essayons de répondre aux questions restantes :

- **Design fixe ou extensible ?** C'est un choix à faire. Les designs fixes semblent a priori plus simples à réaliser, mais les designs extensibles ne sont guère plus compliqués (il suffit d'utiliser des pourcentages au lieu de pixels pour les unités). Nous allons donc opter pour un design extensible qui s'adaptera ainsi à la résolution de chacun des visiteurs. Nous ferons en sorte que le design fonctionne au moins en résolution 800 × 600.
- **Présence d'un en-tête ?** Oui. Cela permettra de marquer le titre du site et de créer une bannière pour lui donner une identité.
- **Présence d'un pied de page ?** Allez, soyons fous. Nous y insérerons le nom de l'auteur ainsi qu'un lien de contact.
- **Place du menu ?** On va faire dans le classique : le menu sera positionné à gauche. Il ne sera guère plus compliqué de le placer à droite si on le désire, mais on préférera le plus souvent un menu à gauche car cela est plus courant.
- **Composition du menu ?** On va le diviser en deux sous-menus :
  - Les planètes : ce sous-menu contiendra des liens vers des pages présentant chacune des planètes du système solaire.
  - Les étoiles : ce sous-menu contiendra des liens vers des pages présentant les étapes de la vie des étoiles (supernovas, naines blanches, etc.).

Après avoir réfléchi à tous ces aspects, vous pouvez vous pencher sur la maquette du site. Dans un premier temps, dessinez-la sur une simple feuille de papier. Ensuite, surtout si vous souhaitez la présenter à une autre personne, il est conseillé de dessiner cette maquette à l'aide d'un logiciel de dessin comme Gimp (gratuit et libre) ou Photoshop (payant et propriétaire).

Personnellement, j'ai demandé à Romain, notre graphiste, de réaliser cette maquette avec ces informations car il manipule mieux les logiciels de dessin que moi (et c'est un euphémisme). Le résultat du travail de Romain est présenté par la figure 13-1.

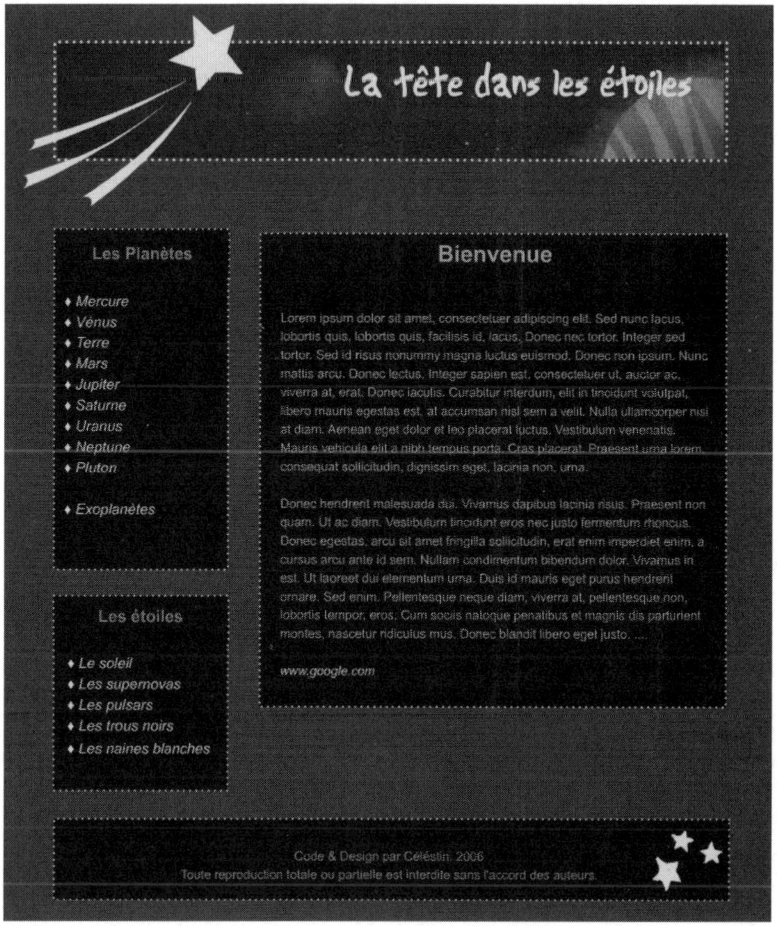

Figure 13–1
La maquette du site que l'on désire créer

Nous allons donc essayer dans la mesure du possible de créer un site fidèle à cette maquette. Notez au passage l'étoile filante en haut à gauche : ce sera une image PNG transparente que l'on positionnera de manière absolue sur la page. C'est un simple décor qui nous permettra d'illustrer ce que nous avons appris dans le chapitre précédent sur le positionnement CSS.

Étape 2 : rédiger le contenu du site en XHTML

Passons maintenant au code XHTML. Pour chaque site que vous réalisez, créez un nouveau dossier (par exemple dans *Mes documents* si vous êtes sous Windows).

Le code source minimal et les en-têtes

Ouvrez votre éditeur de texte favori. Commencez par taper le code source minimal que nous avons vu au chapitre 2. Profitez-en pour bien renseigner la balise <title> qui correspond au titre de la page.

```
<!DOCTYPE html PUBLIC "-//W3C//DTD XHTML 1.0 Strict//EN"
"http://www.w3.org/TR/xhtml1/DTD/xhtml1-strict.dtd">
<html xmlns="http://www.w3.org/1999/xhtml" xml:lang="fr" >
  <head>
    <title>La tête dans les étoiles</title>
    <meta http-equiv="Content-Type" content="text/html;
       ➥ charset=iso-8859-1" />
    <link rel="stylesheet" media="screen" type="text/css"
       ➥ title="Design espace" href="style.css" />
  </head>

  <body>

  </body>
</html>
```

Choisissez judicieusement le titre de la page. Ici, comme il s'agira de la page d'accueil du site, nous inscrivons le titre du site : La tête dans les étoiles. Quant aux autres éléments, vous les connaissez car vous les avez vus dans le chapitre 2. Vous savez donc que la feuille de style du site s'appellera style.css.

Enregistrez votre page XHTML sous le nom index.html. En effet, le nom de la page d'accueil d'un site doit toujours être index.html (ou index.htm).

Le corps de la page

Nous avons le code source minimal et nous avons rempli les balises d'en-tête. Il est temps maintenant de rédiger le contenu de la page. Tout le contenu, vous le savez, doit être placé entre les balises <body> et </body>. Nous allons créer des blocs dans la page que nous placerons correctement lorsque nous réaliserons le CSS. Ces blocs seront créés à l'aide de la balise générique (vide de sens) : <div>.

Il faut créer autant de blocs qu'il y a d'éléments dans la page. Comme nous avons créé la maquette du site, nous savons que nous aurons besoin des blocs suivants :

- Un bloc pour l'image de l'étoile filante. Nous le positionnerons plus tard en absolu grâce au CSS.
- Un bloc pour l'en-tête.

- Un bloc pour le menu. Ce bloc contiendra d'autres blocs : ce seront les rubriques.
- Un bloc pour le corps, c'est-à-dire la partie principale de la page où il y a la majeure partie du texte.
- Un bloc pour le pied de page qui sera affiché tout en bas.

Pour que l'on puisse différencier ces balises `<div>` dans le CSS, il faut leur donner un nom. On a vu au chapitre 6 que l'on pouvait utiliser au choix deux attributs pour cela : `id` et `class`. Il y a peu de différences entre les deux, si ce n'est que `class` peut être réutilisé plusieurs fois tandis qu'un `id` doit être unique sur la page. On pourrait donc utiliser `class`, mais ici `id` semble plus adapté pour les blocs principaux car il n'y en aura qu'un exemplaire à chaque fois (un seul en-tête, un seul corps...).

Nous commençons donc par créer ces balises génériques vides. Nous leur donnons un `id` pour pouvoir les identifier.

```
<body>
  <div id="etoile_filante"> </div>

  <div id="en_tete"> </div>

  <div id="menu"> </div>

  <div id="corps"> </div>

  <div id="pied_de_page"> </div>

</body>
```

L'ordre de ces éléments a une importance. Ils sont placés suivant l'ordre logique de la page. En effet, tous les éléments resteront dans le flux, à l'exception de l'étoile filante qu'on pourrait d'ailleurs placer n'importe où dans le code.

BONNE PRATIQUE Utilisez des caractères simples pour les noms

Comme vous pouvez le voir, nous avons choisi de ne mettre que des minuscules pour les noms de nos `id`. Nous avons évité les accents et les espaces, que nous avons remplacés par des caractères underscore « _ ». Cela permet d'éviter d'éventuelles mauvaises surprises.

Le bloc de l'étoile filante

Contrairement à ce qu'on pourrait penser, nous ne mettons rien dans ce `<div>`. Nous le laissons vide car il s'agit juste d'un élément de décor. Si un visiteur utilisant un navigateur non graphique passe par là, il ne sera pas gêné par l'absence de texte pour l'étoile filante.

Pensez aussi aux visiteurs handicapés, notamment aux non-voyants. Ces visiteurs ne sont pas sensibles à la présentation de votre site (donc au CSS). Ce qui compte pour eux, c'est que toutes les informations se trouvent dans le code XHTML. Ici, il n'y a aucune information à donner, donc nous n'en donnons pas et nous laissons le contenu du bloc vide.

RAPPEL Pensez à vos visiteurs, tous vos visiteurs

Lorsqu'on réalise son site, il faut avoir en permanence conscience que certains internautes voient les choses différemment du fait de leur handicap. En pensant au mieux notre code XHTML, on peut faire en sorte que notre site soit accessible à tous. De plus en plus, les webmasters prennent conscience de l'importance de produire des sites web accessibles et font des efforts dans ce sens.
Nous ferons donc de même et nous verrons comment faire pour que votre site soit accessible au plus grand nombre lorsque l'occasion se présentera comme ici. Cela ne demande pas plus de travail contrairement à ce qu'on pourrait croire et vos visiteurs vous en seront reconnaissants.

Le bloc d'en-tête

L'en-tête de la page affichera une bannière contenant le titre du site. Cette bannière est un graphique, comme vous l'avez vu sur la maquette (figure 13-1). Or, un graphique n'est pas un élément qu'un non-voyant peut comprendre. Il est donc important de taper le titre du site dans une balise <h1> (en plus de la balise <title>). C'est d'ailleurs tout ce que nous allons mettre dans le bloc d'en-tête :

```
<div id="en_tete"><h1>La tête dans les étoiles</h1></div>
```

Voilà, cela suffit. L'image de la bannière, elle, sera ajoutée tout à l'heure grâce au CSS, car il s'agit d'un élément de décoration. Nous appliquerons une image de fond sur le bloc en_tete et nous masquerons le titre <h1> du site pour éviter que le titre n'apparaisse deux fois (une fois sous forme d'image et une fois sous forme de texte). Nous verrons cela plus en détail lors de l'étape 3 (réalisation du CSS).

CHOIX Image en XHTML ou en CSS ?

Vous savez maintenant qu'il y a deux façons d'insérer une image dans une page web : via la balise XHTML <img /> ou via la propriété CSS background-image. Laquelle choisir ?

Tout dépend du cas. Si votre image présente un réel intérêt pour le contenu de votre site, insérez la balise XHTML (et n'oubliez surtout pas de renseigner l'attribut alt). En revanche, s'il s'agit d'un simple élément décoratif dont on peut très bien se passer, utilisez la propriété CSS.

Le bloc des menus

Nous avons créé plus haut un bloc nommé menu :

```
<div id="menu"> </div>
```

Nous allons diviser ce bloc en plusieurs parties pour créer des sous-menus. Pour ce faire, nous allons créer à l'intérieur de menu des sous-blocs à l'aide d'autres balises <div>. Cette fois, nous ne donnerons pas un nom unique (id) à ces blocs mais plutôt un nom réutilisable (class) car il y aura plusieurs sous-menus.

```
<div id="menu">
  <div class="sous_menu">

  </div>

  <div class="sous_menu">

  </div>
</div>
```

Chaque bloc de sous-menu va contenir :

- **Un titre :** on utilisera pour cela la balise <h3> pour indiquer que c'est un titre, mais d'une importance assez faible.
- **Une liste à puces** : elle contiendra les liens vers les pages du site.

SÉMANTIQUE Pourquoi une liste à puces pour un menu ?

Pourquoi avoir choisi d'utiliser une liste à puces pour les liens du menu ? On aurait certes très bien pu faire un paragraphe <p> et aller à la ligne avec des <br />. Toutefois, une liste à puces de type <ul> est plus adaptée parce qu'elle exprime justement une « liste ». Or, qu'est-ce qu'un menu ? Une liste de liens !

Notez que certains webmasters créent des menus avec la balise <dl> (liste de définitions) plutôt que <ul>. Ce n'est pas la solution qu'on retiendra ici, mais si vous pensez qu'elle est plus adaptée pour votre site n'hésitez pas à vous servir de cette balise.

En sachant cela, vous pouvez donc écrire le code XHTML complet des menus :

```
<div id="menu">
   <div class="sous_menu">
      <h3>Les planètes</h3>
      <ul>
         <li><a href="#">Mercure</a></li>
         <li><a href="#">Vénus</a></li>
         <li><a href="#">Terre</a></li>
         <li><a href="#">Mars</a></li>
         <li><a href="#">Jupiter</a></li>
         <li><a href="#">Saturne</a></li>
         <li><a href="#">Uranus</a></li>
         <li><a href="#">Neptune</a></li>
         <li><a href="#">Pluton</a></li>
      </ul>
   </div>

   <div class="sous_menu">
      <h3>Les étoiles</h3>
      <ul>
         <li><a href="#">Le soleil</a></li>
         <li><a href="#">Les supernovas</a></li>
         <li><a href="#">Les pulsars</a></li>
         <li><a href="#">Les trous noirs</a></li>
         <li><a href="#">Les naines blanches</a></li>
      </ul>
   </div>
</div>
```

Pour des raisons de simplicité, les liens pointent volontairement sur la même page (#), mais si vous voulez compléter le site et créer les autres pages, vous pourrez par la suite indiquer le nom des pages vers lesquelles pointent ces liens !

Le bloc du corps

Nous voici dans la partie principale, qui, paradoxalement, est la plus simple. C'est dans ce bloc que vous rédigerez le texte de la page. Comme il s'agit ici de la page d'accueil, nous allons écrire un petit texte de présentation et de bienvenue.

```
<div id="corps">
   <h2>Bienvenue sur mon site !</h2>
   <p>Bonjour ! Mon nom est Célestin et je suis passionné
d'astronomie depuis que je suis tout petit.</p>
   <p>Si vous vous intéressez à l'astronomie, vous trouverez sur
mon site une foule d'informations utiles. Le site est organisé
en 2 catégories :</p>
   <p>etc, etc, etc.</p>
</div>
```

EN PRATIQUE

<title>, <h1>, <h2>... Je suis perdu !

Tous ces titres et sous-titres peuvent facilement faire tourner la tête. Il faut savoir que les informations dans une page XHTML sont très hierarchisés : il y a un titre très important (`<title>`), un titre important (`<h1>`), des sous-titres...

Chaque webmaster choisit ce qu'il veut mettre dans chacun de ces titres. Rien n'est réellement imposé, mais ces choix sont néanmoins importants et auront une répercussion sur le référencement de votre site dans les moteurs de recherche comme nous le verrons dans le chapitre 15.

Personnellement, j'ai l'habitude de mettre le titre du site *et* le titre de la page dans la balise `<title>`, le titre du site dans `<h1>`, le titre de la page dans `<h2>` et le titre des menus dans `<h3>`. Ce choix est personnel, mais si vous estimez avoir une meilleure idée d'organisation, n'hésitez pas !

On met en particulier un titre <h2> qui correspondra au titre de la page en cours (« Bienvenue sur mon site » en l'occurrence, puisque c'est la page d'accueil). Le reste... ce ne sont que des paragraphes, éventuellement des images, des listes à puces, des tableaux. Bref, c'est le contenu de votre site, à vous de le rédiger.

Le bloc du pied de page

Nous arrivons enfin au dernier élément : le pied de page. C'est un bloc tout ce qu'il y a de plus standard : il contient juste un paragraphe avec les mentions légales, le nom de l'auteur, une petite phrase. À vous de voir ce que vous voulez mettre dedans, sachant que le pied de page n'est pas forcément obligatoire.

EN PRATIQUE Utilité du pied de page

De nombreux sites ont un pied de page, mais ce n'est pas forcément la partie la plus lue. Les informations sont généralement d'ordre légal : nom de la société, de l'auteur, capital de l'entreprise, lien de contact, copyright, date de la dernière mise à jour, etc. On y rencontre aussi souvent des liens vers des sites partenaires. Il s'agit dans la plupart des cas d'un échange de liens entre de gros sites, afin d'augmenter leur valeur respective aux yeux des moteurs de recherche, et donc d'améliorer leur positionnement dans les résultats des recherches. Vous trouverez plus d'informations à ce sujet dans le chapitre 15 dédié au référencement.

```
<div id="pied_de_page">
   <p>Code et Design par Célestin. 2006.<br />
   N'hésitez pas à <a href="mailto:celestin@email_bidon.fr">me
contacter</a> si vous voulez discuter astronomie !</p>
</div>
```

Résumé complet du code XHTML

Assemblons tout ce code XHTML, et voyons ce que ça donne :

- Le titre est considéré comme l'élément le plus important d'une page web. Choisissez-le avec soin !
- Veillez à bien indiquer le nom de la feuille de style que vous allez utiliser.
- L'étoile filante n'est qu'un élément de décor, ce qui explique pourquoi il n'y a pas de texte ici. Le décor sera ajouté en CSS.
- La bannière (en-tête) reprend le titre du site.
- Le menu est composé de plusieurs sous-menus listant les différentes rubriques du site.
- Les liens du menu sont pour l'instant « fictifs », ils pointent sur la même page. Vous pourrez plus tard indiquer des liens corrects lorsque vous aurez créé les rubriques correspondantes.

```
<!DOCTYPE html PUBLIC "-//W3C//DTD XHTML 1.0 Strict//EN"
"http://www.w3.org/TR/xhtml1/DTD/xhtml1-strict.dtd">
<html xmlns="http://www.w3.org/1999/xhtml" xml:lang="fr" >
   <head>
      <title>La tête dans les étoiles</title>
      <meta http-equiv="Content-Type" content="text/html;
charset=iso-8859-1" />
      <link rel="stylesheet" media="screen" type="text/css"
title="Design espace" href="style.css" />
   </head>

   <body>
      <div id="etoile_filante"> </div>


      <div id="en_tete"><h1>La tête dans les étoiles</h1></div>

      <div id="menu">
         <div class="sous_menu">
            <h3>Les planètes</h3>
            <ul>
               <li><a href="#">Mercure</a></li>
               <li><a href="#">Vénus</a></li>
               <li><a href="#">Terre</a></li>
               <li><a href="#">Mars</a></li>
```

```
          <li><a href="#">Jupiter</a></li>
          <li><a href="#">Saturne</a></li>
          <li><a href="#">Uranus</a></li>
          <li><a href="#">Neptune</a></li>
          <li><a href="#">Pluton</a></li>
        </ul>
      </div>

      <div class="sous_menu">
        <h3>Les étoiles</h3>
        <ul>
          <li><a href="#">Le soleil</a></li>
          <li><a href="#">Les supernovas</a></li>
          <li><a href="#">Les pulsars</a></li>
          <li><a href="#">Les trous noirs</a></li>
          <li><a href="#">Les naines blanches</a></li>
        </ul>
      </div>
    </div>

    <div id="corps">
      <h2>Bienvenue sur mon site !</h2>
      <p>Bonjour ! Mon nom est Célestin et je suis passionné
d'astronomie depuis que je suis tout petit.</p>
      <p>Si vous vous intéressez à l'astronomie, vous
trouverez sur mon site une foule d'informations utiles. Le site
est organisé en 2 catégories :</p>
      <p>Etc, etc, etc.</p>
    </div>

    <div id="pied_de_page">
      <p>Code et Design par Célestin. 2006.<br />
      N'hésitez pas à <a
href="mailto:celestin@email_bidon.fr">me contacter</a> si vous
voulez discuter astronomie !</p>
    </div>
  </body>
</html>
```

Le corps est la partie centrale de la page. C'est celle qui contient le plus de texte (sous forme de paragraphes), mais on peut aussi y ajouter des tableaux, des images, des formulaires, etc.

Le pied de page affiche des informations légales et un lien pour contacter l'auteur.

Notez que nous avons volontairement coupé le contenu du corps ici pour ne pas surcharger le code source.

Vous avez déjà l'architecture du site sous les yeux. Que voyez-vous ?

Vous voyez tout d'abord que, mine de rien, ce code n'est pas bien gros. On aurait pu s'attendre à pire, mais non : le code XHTML d'un site est en général court (mis à part pour le corps) et simple. Il n'y avait pas de difficulté particulière, pas de piège. Bref, la réalisation du code XHTML est vraiment la partie la plus facile du travail.

Il n'empêche qu'il faut bien soigner ce code. Vérifiez que vous avez respecté la sémantique : si vos titres sont bien organisés, si vous avez utilisé des paragraphes lorsqu'il le fallait, des listes à puces lorsque c'était adapté, etc.

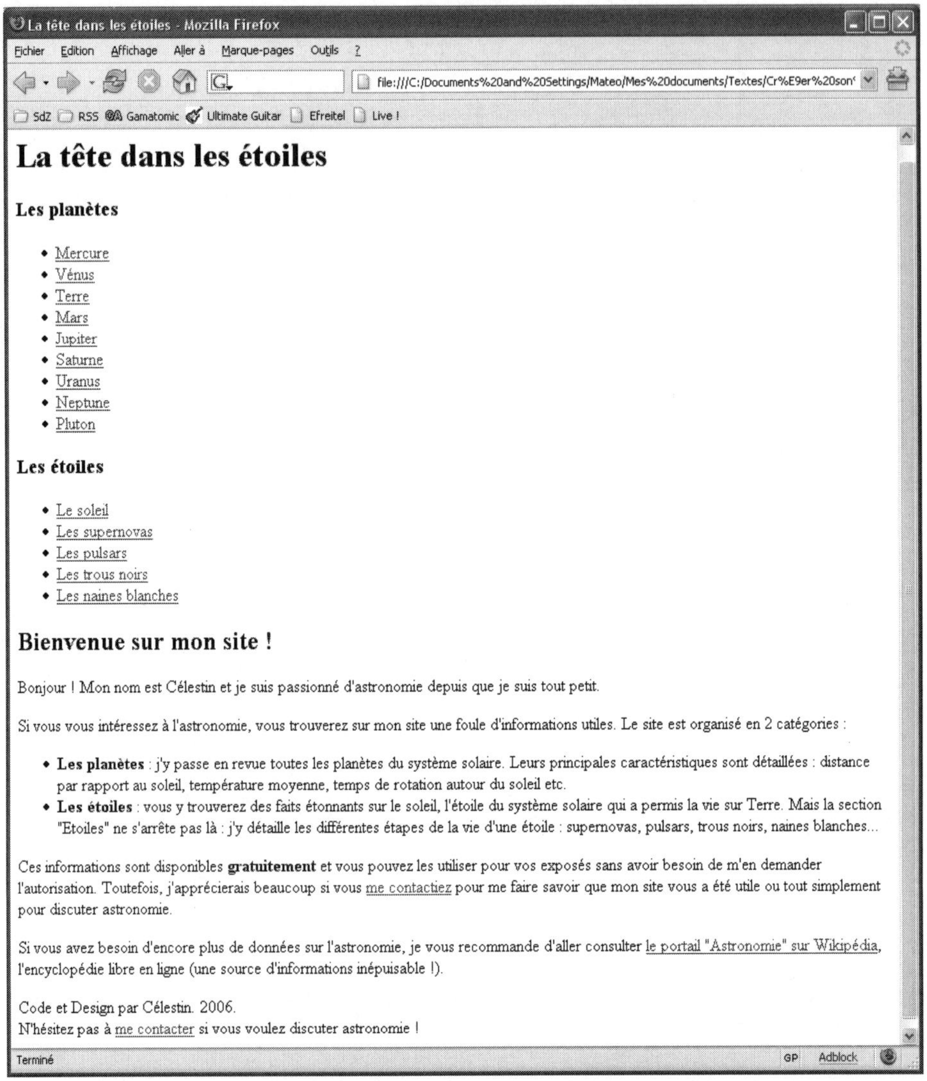

Figure 13–2
Seul le code XHTML de notre site a été écrit pour le moment.

Un autre excellent moyen de vérifier si son site est bien structuré consiste à visualiser le site à ce moment de sa création, c'est-à-dire sans CSS (figure 13-2).

Certes, les éléments ne sont pas joliment disposés, mais ce sera là le rôle de la feuille de style CSS. Regardez pour le moment si tous les titres sont présents et si toutes les informations de votre site sont lisibles.

La figure 13-2 vous donne une idée de ce que « voit » un visiteur handicapé. Pour lui, il n'y a que du texte. Ce texte doit être présent (par exemple la bannière ne sera pour lui qu'un titre, et non une image). Vérifiez donc si votre site est clair et qu'il ne manque rien, c'est fondamental !

> ACCESSIBILITÉ **Les sites en Flash**
>
> De nombreux sites « professionnels » sont aujourd'hui entièrement réalisés en Flash : sites de groupes de musique, de films... Si Flash permet la création d'animations élégantes généralement impossibles à réaliser en XHTML/CSS, cela n'en reste pas moins une technologie qui met en péril l'accessibilité d'un site. En effet, un visiteur handicapé verra juste « Animation flash » et ne pourra pas accéder au contenu du site comme c'est le cas sur la figure 13-2.
> Faire un site uniquement en Flash compromet donc gravement l'accessibilité de votre site. Pour le rendre à nouveau accessible, il faudrait créer deux versions : une en XHTML/CSS et une autre en Flash... ce qui implique deux fois plus de travail, on ne peut rien vous cacher.

Étape 3 : réaliser la présentation en CSS

Passons maintenant au CSS. C'est généralement l'étape la plus longue à cause des ajustements à faire pour arriver à un résultat correct sur tous les navigateurs.

Heureusement, les choses s'arrangent avec Internet Explorer 7 qui respecte un peu mieux les standards CSS et qui gère la transparence des PNG 24 bits, et c'est encore mieux avec Internet Explorer 8, mais ce navigateur n'est pas encore reconnu. Avec un peu de méthode et d'expérience, on peut très bien n'avoir aucun problème. Bien entendu, plus le design que vous voulez réaliser est complexe, plus vous rencontrez de difficultés. Avec un design simple et efficace comme celui que nous cherchons à faire dans ce chapitre, nous ne rencontrerons pas de problème particulier.

Ouvrez votre éditeur de texte et créez un nouveau fichier CSS. Vous devrez l'enregistrer dans le même dossier que le `.html` sous le nom `style.css` pour qu'il soit pris en compte.

Nous allons écrire progressivement les styles de chacune des parties du site, comme nous l'avons fait quand nous avons travaillé sur le XHTML.

Styles généraux de la page

Le corps

Commençons par quelques styles généraux qui seront appliqués sur toute la page. Pour travailler sur toute la page, il faut se servir de l'élément <body> :

```
body
{
   width: 90%;
   margin-left: auto;
   margin-right: auto;
```

```
    background-color: #303D58;
    font-family: Arial, "Times New Roman", Times, sans-serif;
}
```

Nous indiquons tout d'abord que la page aura une largeur de 90 % de la largeur totale. Cela permet de laisser 5 % de marge sur chaque côté (5 % à gauche + 5 % à droite = les 10 % restants). Nous centrons la page grâce aux marges automatiques vues dans le chapitre précédent.

Par ailleurs, nous appliquons à la page une couleur de fond bleu foncée et nous définissons ici la police : Arial de préférence, sinon Times New Roman, sinon Times, sinon une police par défaut sans empattement. Grâce au mécanisme d'héritage découvert dans le chapitre 8, toutes les balises contenues dans `<body>` (c'est-à-dire... tout votre site) verront leur texte écrit en Arial. Tout notre site sera donc intégralement écrit en Arial, sauf si nous décidons de changer la police plus tard sur une balise précise.

Les liens

Profitons-en pour définir l'apparence des liens sur tout le site :

```
a
{
    color: #F7E444;
    text-decoration: none;
}

a:hover
{
    text-decoration: underline;
}
```

Les liens seront écrits en jaune non souligné et ils seront soulignés si on pointe dessus (grâce au pseudo-format `:hover`).

Testons le résultat

Comme vous le savez, il est conseillé de tester régulièrement son design afin de ne pas avoir de mauvaises surprises à la fin. Ouvrez donc votre navigateur (Firefox, par exemple) et regardez ce qui s'est passé (figure 13-3).

Nous voyons déjà que le design est centré et qu'il ne prend que 90 % de l'espace comme demandé. Le texte est écrit en Arial et les liens sont en jaune. Ils seront soulignés si on pointe dessus.

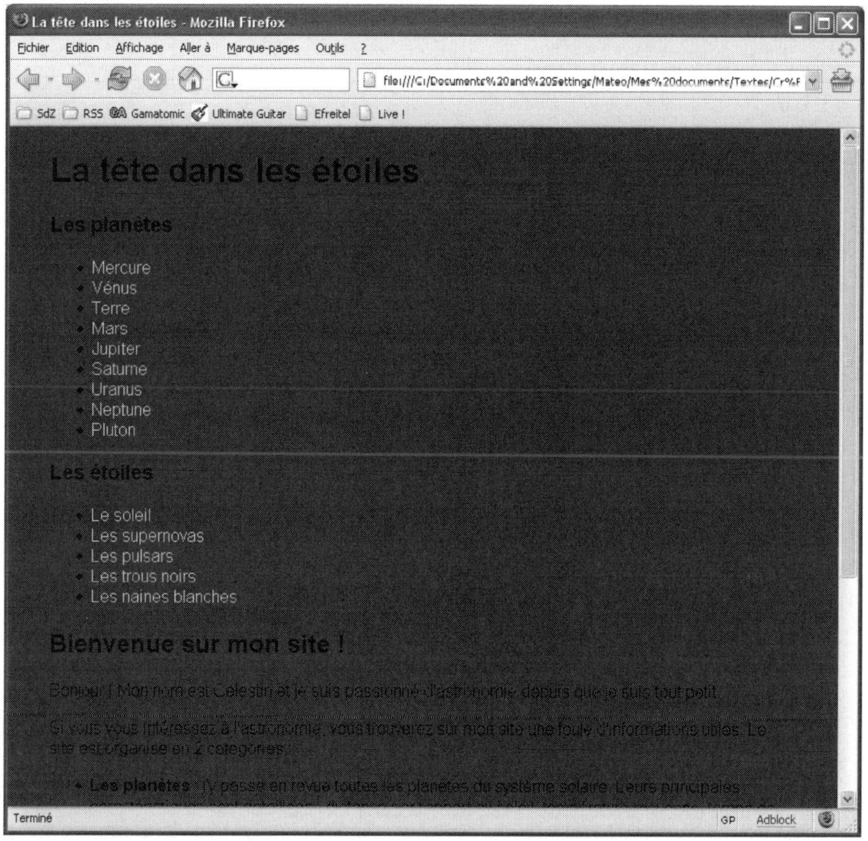

Figure 13–3
Le design après une première couche de CSS

Styles de l'en-tête

Nous allons maintenant travailler les styles de l'en-tête. Cela concerne deux blocs :

- Le bloc `#en_tete` bien sûr.
- Mais aussi le bloc de décor `#etoile_filante` que l'on veut positionner en absolu sur la page.

ASTUCE Télécharger les images du design

Vous pouvez télécharger le pack d'images à l'adresse suivante :

- http://www.siteduzero.com/livre/siteweb/images.zip

L'étoile filante

Commençons par l'étoile filante. C'est un bloc de décor qui ne contient aucune information, nous l'avons vu lorsque nous avons réalisé le code XHTML. Ce bloc possède l'id `#etoile_filante`, ce qui va nous permettre de l'identifier dans le CSS.

Nous dessinons donc cette étoile filante à l'aide d'un logiciel de dessin.

Figure 13–4 L'étoile filante du design (pictoilefilante.png)

RAPPEL Le fond et les super-propriétés CSS

Par la suite, nous allons souvent réutiliser la super-propriété `background`. Vous ne vous souvenez plus de son fonctionnement ni de toutes les valeurs possibles ? Pas de panique : allez faire un petit tour au chapitre 8 pour vous rafraîchir la mémoire.

Pour afficher cette image, il suffit d'en faire l'image de fond de la balise `<div>` d'en-tête. Nous utilisons la super-propriété `background` :

```
background: url("images/pictoilefilante.png") no-repeat;
```

Avec ce code, nous indiquons que nous voulons placer en fond l'image `pictoilefilante.png` située dans le sous-dossier `images`. Cette image ne sera *pas* répétée en mosaïque grâce à la valeur `no-repeat`.

L'image de fond est en place, mais nous n'avons toujours pas fini. En effet, notre bloc n'a pas de dimensions. Si nous testions le site maintenant, l'étoile filante ne s'afficherait pas !

Que faut-il faire ? Il faut donner des dimensions au bloc `#etoile_filante`. Il nous suffit de lui donner une largeur et une hauteur égales aux dimensions de l'image (200 × 168) :

```
width: 200px;
height: 168px;
```

Voilà qui est bien. Plus qu'une dernière petite formalité : le placement de cette image. Nous avions dit que nous voulions la positionner en absolu sur la page pour qu'elle apparaisse par-dessus les autres éléments. Cet étoile filante doit apparaître tout en haut à gauche. Le code CSS est donc vraiment simple à deviner, si vous vous souvenez bien du chapitre précédent :

```
position: absolute;
top: 0px;
left: 0px;
```

Voilà, on a toutes les propriétés et les valeurs nécessaires ! Combinons tout ça :

```
#etoile_filante
{
  width: 200px;
  height: 168px;
  position: absolute;
  top: 0px;
  left: 0px;

  background: url("images/pictoilefilante.png") no-repeat;
}
```

Comme il y a beaucoup de propriétés, nous séparons celles en rapport avec le positionnement de celles chargées de la décoration.

Il est temps de tester le design pour voir si notre code fonctionne (voir figure 13-5) !

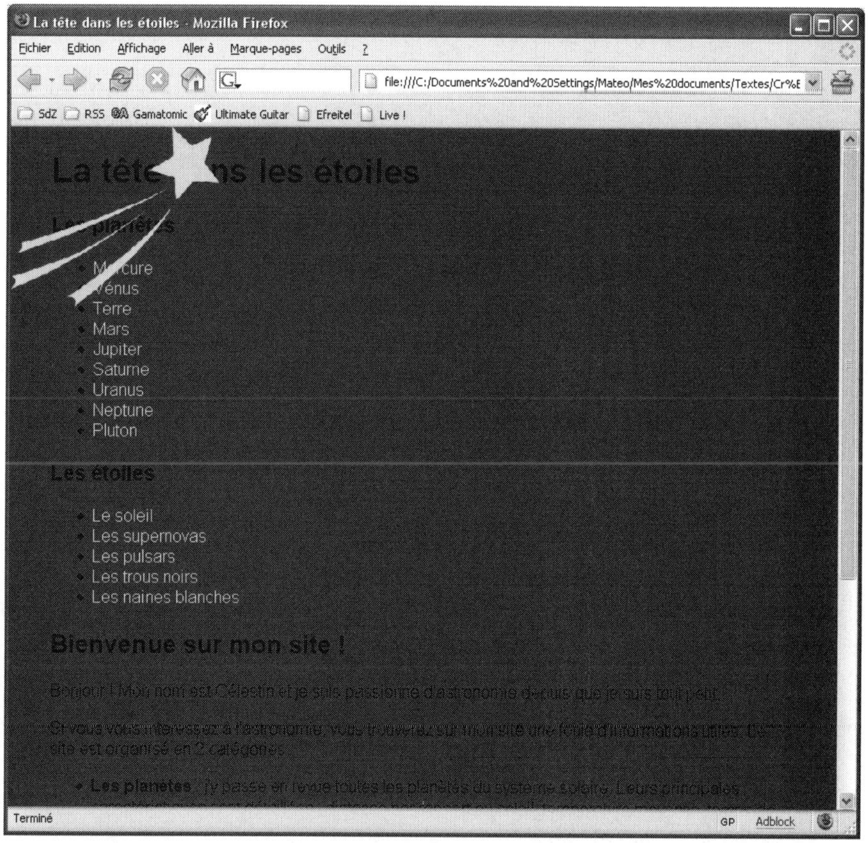

Figure 13–5
L'ajout d'une étoile filante de décor

Parfait, l'étoile filante est en place et s'affiche bien au-dessus des autres éléments. Pour le moment elle masque un peu le texte, mais en déplaçant les autres blocs tout à l'heure, ce problème disparaîtra.

La bannière

Passons maintenant à la bannière, c'est-à-dire le bloc `#en_tete` proprement dit. Ce bloc, vous vous en souvenez, contient le titre du site dans une balise `<h1>`. Ce texte doit disparaître pour laisser la place à une image (la bannière) sur les navigateurs graphiques. Il restera toutefois présent dans le code XHTML, et c'est ce qui compte car les visiteurs ne pouvant pas voir les images (personnes handicapées, robots des moteurs de recherche) pourront comprendre ce qu'il y a à cet endroit.

Il faut donc commencer par faire disparaître le titre `<h1>`. Mais... comment ? On pourrait certes utiliser le `display: none` que nous avons découvert dans le chapitre précédent, mais il y a une autre technique courante que nous allons utiliser ici : l'alinéa négatif. Cela permet de décaler un texte pour le faire disparaître de la surface de l'écran.

CHOIX Alinéa négatif ou display: none ?

La technique de l'alinéa négatif peut sembler relever de la « bidouille ». Pourtant, elle est préférable au `display: none` que nous avons évoqué au chapitre précédent. En effet, le `display: none` fait complètement disparaître l'élément de l'affichage, tandis que l'alinéa négatif le décale de sorte à ce qu'il ne soit plus visible à l'écran.

La différence est subtile : les logiciels de lecture vocale ne lisent généralement pas les éléments en `display: none`, par contre ils sont incapables de détecter que le titre est hors de la surface d'affichage avec l'alinéa négatif. Le titre sera donc bien lu par les logiciels de lecture vocale si on utilise un alinéa négatif, et c'est ce que nous recherchons ici.

RAPPEL Comportement d'un bloc

Vous vous demandez pourquoi on ne modifie pas la largeur ? Souvenez-vous du chapitre 12 : un bloc, à moins qu'on ne lui dise le contraire, prend toute la largeur disponible. Comme cela nous convient, nous ne touchons à rien.

```
h1
{
  text-indent: -50000px;
}
```

Voilà, le texte sera poussé hors de la zone de vision mais restera quand même présent dans le code.

Voyons maintenant l'en-tête. Cet en-tête doit faire toute la largeur de l'écran pour s'adapter à la résolution du visiteur. Nous n'allons donc pas lui donner de largeur (`width`) : nous souhaitons conserver la largeur par défaut.

En revanche, on va fixer la hauteur pour que l'on puisse voir toute la bannière de notre site. Notre bannière a 109 pixels de hauteur (voir figure 13-6).

```
height: 109px;
```

Figure 13–6 La bannière du site (header.png)

Détail très important : cette bannière est constituée d'un dégradé qui devient complètement noir sur la gauche. Cela nous permet de faire en sorte que la bannière soit adaptée à tous les designs. Par quelle magie ? On ne peut pas étirer une image malheureusement.

En fait, nous allons donner deux fonds au bloc d'en-tête : l'image de la bannière tout d'abord, mais aussi la couleur noire. Puis, nous placerons l'image de fond en bas à droite du bloc d'en-tête. Ainsi, si la largeur de l'écran du visiteur est importante, l'image restera à droite et il y aura du noir sur la gauche. On ne verra pas la coupure entre l'image et la couleur de fond car l'image est complètement noire sur la gauche.

La figure 13-7 vous explique le principe.

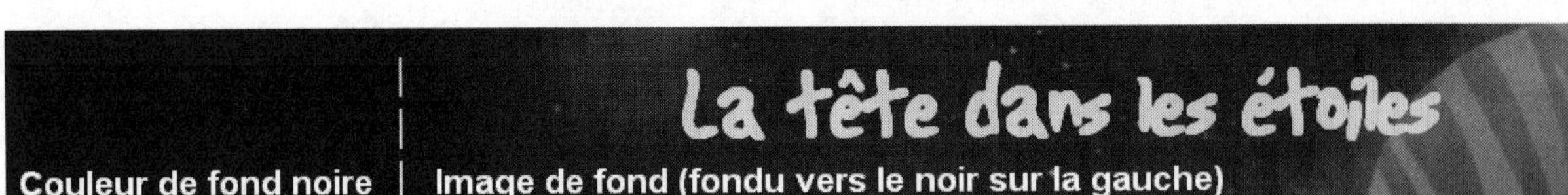

Figure 13–7 Schéma du fond de l'en-tête

Cela nous donne une super-propriété `background` assez costaude :

```
background: url("images/header.png") no-repeat bottom right
black;
```

Dans cet amas de valeurs, on distingue :

- Le nom de l'image de fond (`url("images/header.png")`).
- Le fait qu'on ne veuille pas que ce fond soit répété en mosaïque (`no-repeat`).
- La position du fond dans le bloc d'en-tête (`bottom right`, donc en bas à droite).
- La couleur de fond à utiliser lorsqu'il n'y a pas l'image de fond par-dessus (`black`, le noir).

C'est une façon de faire comme une autre. À chacun son astuce. Ici, on s'assure que le design fonctionnera sur toutes les résolutions. Le fond sera toujours placé à droite de l'en-tête et le navigateur rajoutera du noir en fond pour compléter sur la gauche si besoin est.

Résumons les propriétés de l'en-tête :

```
#en_tete
{
   height: 109px;
   border: 2px dotted #F7E444;


   background: url("images/header.png") no-repeat bottom right
black;
}
```

Le bloc d'en-tête possède une hauteur exactement égale à celle de l'image faisant office de bannière.

Le fond est constitué d'une image (la bannière) non répétée, placée en bas à droite de l'en-tête. Cette image est placée par-dessus un fond uni de couleur noire.

Nous en avons profité au passage pour rajouter une bordure jaune en pointillés. Elle permet d'obtenir le même résultat que sur la maquette (voir figure 13-1). On retrouvera cette bordure ailleurs dans le design : c'est elle qui, en plus des couleurs, donnera de la cohérence à notre design.

PRÉCISION Largeur des blocs contenus

Le bloc `#menu` est contenu dans `<body>`. Or, on a défini tout à l'heure que `<body>` devait prendre 90 % de la largeur du navigateur. Comme le menu est contenu dans `<body>`, si on lui affecte une largeur de 20 % comme ici, il s'agira de 20 % *parmi* les 90 % restants. En effet, un bloc contenu dans un autre ne peut pas déborder par-dessus, à moins d'être positionné en absolu (mais dans ce cas il sort du flux et les règles ne sont plus les mêmes).
Imaginez que les blocs sont des boîtes que l'on imbrique les unes dans les autres. C'est exactement ce qui se passe ici.

Les menus

Tous les menus sont englobés dans un bloc ayant l'id `#menu`. Nous voulons que nos menus soient placés à gauche et notre corps à droite. Comment faire ?

Tout d'abord, nous ne voulons pas que le menu prenne toute la largeur (ce qui est le comportement par défaut des blocs). Nous limitons donc sa largeur à, disons, 20 % de l'espace restant.

```
width: 20%;
```

Il ne nous reste plus qu'à placer le menu à gauche et le corps à droite. Diantre, par quelle technique CSS obscure allons-nous réaliser cela ? Il y a plusieurs façons de faire, mais la technique la plus courante est celle des flottants (chapitre 12, section « Flottants »). Eh oui, si on place le menu en flottant sur la gauche, le corps viendra se caler sur la droite automatiquement !

Testons sans plus tarder :

```
#menu
{
  width: 20%;
  float: left;
}
```

Le résultat vous attend sur la figure 13-8.

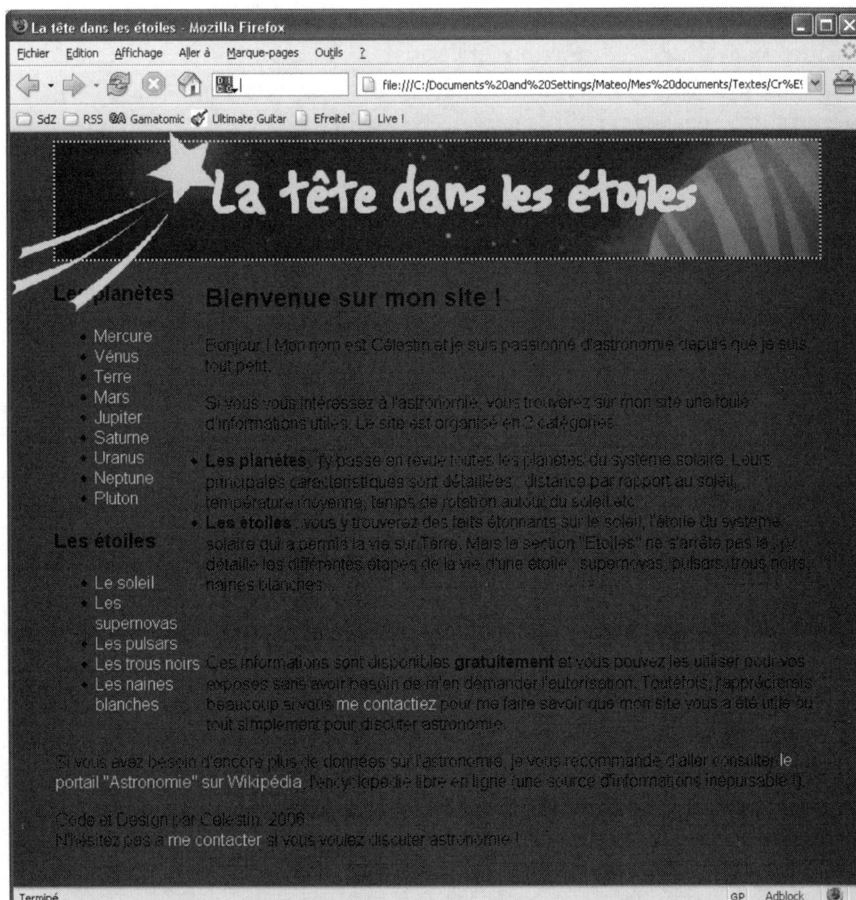

Figure 13–8
Mission accomplie ! Enfin... presque

On aurait pu y croire. C'est presque bon, mis à part un détail qui a son importance : quand le corps arrive en bas du menu, il repasse dessous, comme on peut l'observer en bas de la figure 13-8 (le paragraphe sur Wikipédia fait normalement partie du corps). Et c'est tout à fait normal car c'est le principe même des flottants. Pourtant, régler ce problème est plutôt facile : il suffit de mettre une marge extérieure gauche (`margin-left`) au bloc du corps. Nous ferons cela tout à l'heure lorsque nous parlerons plus en détail du corps.

Mais nous n'en avons pas fini avec les menus. Il nous reste à appliquer quelques styles bien placés sur les rubriques pour qu'elles soient plus présentables : marges, couleurs, bordures.

```
.sous_menu
{
   margin-top: 20px;

   background-color: black;
   color: #F7E444;
   border: 2px dotted #F7E444;
}
```

Chaque sous-menu possède une marge extérieure supérieure de 20 pixels. Cela permet de faire en sorte que les sous-menus ne soient pas trop collés entre eux. De plus, chaque sous-menu a une couleur de fond noire, un texte jaune et une bordure jaune en pointillées (la même que pour l'en-tête).

Pourquoi avoir mis une couleur jaune sur le texte des sous-menus s'il n'y a que des liens ? Pour colorer les puces de la liste. En effet, les puces de la liste sont noires par défaut, et noir sur fond noir... enfin il y a plus visible vous vous en doutez ! Étant donné que les puces prennent la couleur du texte, ici jaune, on pourra les voir correctement.

```
.sous_menu h3
{
   color: #0099FF;
   text-align: center;
}
```

Là, nous nous occupons des titres des sous-menus. La règle CSS `.sous_menu h3` indique que nous appliquons les styles aux balises `<h3>` contenues dans un élément ayant pour classe `sous_menu` comme nous l'avons vu dans le chapitre 6. Ces titres seront écrits en bleu et centrés.

Les menus sont maintenant bien plus présentables (voir figure 13-9).

RAPPEL Ne confondez pas id et class !

Dans le code CSS, on identifie un `id` avec le préfixe dièse (#). En revanche, on identifie une classe avec le préfixe point (`.`)

CHOIX

Masquer ou pas les puces des menus

Pour des raisons de présentation, nous avons choisi sur ce design d'afficher les puces dans le menu. On se conformera ainsi à notre maquette.
Il faut savoir toutefois que les menus n'en possèdent généralement pas. Si vous voulez masquer les puces de vos menus, utilisez la propriété `list-style-type` et donnez-lui la valeur `none`. Dans notre cas, cela aurait donné le code CSS suivant :

```
.sous-menu ul
{
 list-style-type: none;
}
```

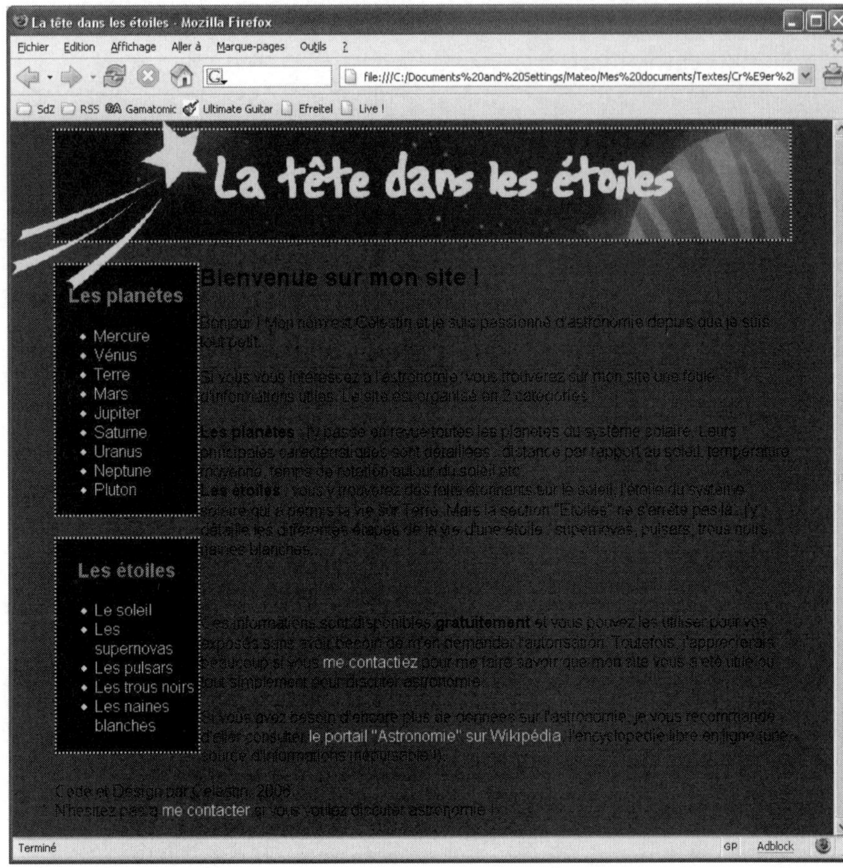

Figure 13–9
Le design une fois le code CSS des menus écrit

Le corps

Comme nous l'avons vu précédemment, pour éviter que le corps ne repasse sous les menus, il faut appliquer une marge extérieure gauche au corps. Il est temps de s'en occuper :

```
margin-left: 22%;
```

Les menus prennent 20 % de l'espace. Si nous indiquons une marge de 22 % à gauche du corps, nous laissons 2 % d'espace entre les menus et le corps. Cela permet d'éviter qu'ils ne soient trop collés entre eux. L'utilisation de pourcentages (au lieu de pixels) permet de rendre notre design automatiquement adaptable à toutes les résolutions.

En parlant de marges, ajoutons-en deux autres :

```
margin-top: 20px;
padding: 10px;
```

La propriété `margin-top` nous permet d'éviter que le corps ne soit placé trop près de l'en-tête. De plus, la propriété `padding` ajoute une marge interne de 10 pixels au corps : cela éloigne un peu le texte du corps de la bordure.

Nous avons vu les propriétés les plus intéressantes. Voici la liste complète des propriétés appliquées au corps :

```
#corps
{
   margin-left: 22%;
   margin-top: 20px;
   padding: 10px;

   border: 2px dotted #F7E444;
   color: #E3AB57;
   background-color: black;
   text-align: justify;
}
```

Notez l'application là encore de la même bordure que pour les menus et l'en-tête. Le texte s'affiche en orange sur un fond noir et il est justifié. C'est là encore une simple question de présentation, un alignement par défaut (à gauche) aurait très bien suffi.

Appliquons aussi quelques styles au titre `<h2>` du corps :

```
#corps h2
{
   text-align: center;
   color: #0099FF;
}
```

Le titre sera centré et écrit en bleu, tout comme les titres des sous-menus.

OPTIMISATION Regrouper les styles identiques

Souvenez-vous, au chapitre 6, nous avons vu qu'il est possible d'appliquer un style à plusieurs éléments différents. Nous aurions pu utiliser ici cette technique puisque le titre du corps et les titres des sous-menus ont exactement la même présentation :

```
.sous_menu h3, #corps h2
{
   text-align: center;
   color: #0099FF;
}
```

Ceci permet de regrouper les styles identiques et donc d'alléger le poids du fichier CSS que le navigateur de l'internaute devra télécharger. En outre, centraliser les styles de cette façon permet au webmaster de se repérer plus facilement dans son code source.

La figure 13-10 nous montre un résultat très encourageant.

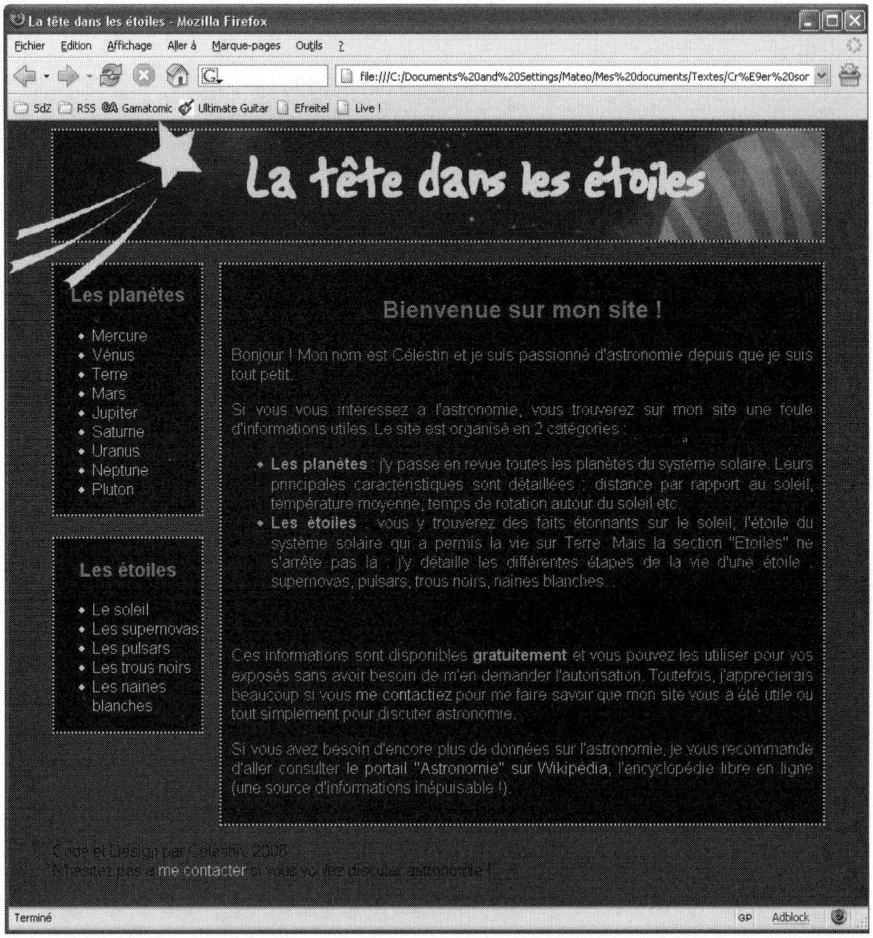

Figure 13–10
Le corps de la page est maintenant stylisé en CSS.

Il ne nous reste plus qu'à nous occuper du pied de page et nous aurons fini !

Le pied de page

La première chose à faire est ici de stopper l'effet du menu flottant pour que le pied de page se place obligatoirement en dessous :

```
clear: left;
```

Sans cette propriété et avec un corps court, le pied de page aurait subi l'effet du flottant et se serait trouvé à droite des menus. Grâce à la propriété `clear`, nous nous assurons que le pied de page sera bien mis en bas de la page (c'est le but quand même !).

Nous appliquons par ailleurs une marge extérieure supérieure au pied de page pour qu'il ne soit pas trop proche du corps et des menus, ainsi qu'un padding pour que le texte ne touche pas la bordure. Voici le code complet du pied de page :

```
#pied_de_page
{
  clear: left;
  margin-top: 30px;
  padding: 5px;

  background: url("images/pictoiles.png") no-repeat bottom
right black;
  color: #E3AB57;
  text-align: center;
  border: 2px dotted #F7E444;
}
```

Vous noterez qu'on a ajouté un fond au pied de page. Ce sont les petites étoiles que vous avez dû apercevoir sur la maquette.

Résumé complet du code CSS

```
/* Styles généraux de la page */

body
{
  width: 90%;
  margin-left: auto;
  margin-right: auto;

  background-color: #303D58;
  font-family: Arial, "Times New Roman", Times, sans-serif;
}

a
{
  color: #F7E444;
  text-decoration: none;
}

a:hover
{
  text-decoration: underline;
}

/* Styles de l'en-tête */

#etoile_filante
{
  width: 200px;
```

La page web occupera 90 % de la largeur du navigateur et sera centrée grâce aux marges automatiques.

Apparence des liens par défaut.

Apparence des liens lorsque la souris pointe dessus.

```
  height: 168px;
```

L'étoile filante est positionnée de manière absolue en haut à gauche de la page. Elle sera affichée par-dessus tous les autres éléments de la page restés dans le flux.

```
  position: absolute;
  top: 0px;
  left: 0px;

  background: url("images/pictoilefilante.png") no-repeat;
}

#en_tete
{
  height: 109px;

  border: 2px dotted #F7E444;
```

Le fond est constitué d'une image (la bannière) non répétée, placée en bas à droite de l'en-tête. Cette image est placée par-dessus un fond uni de couleur noire.

```
  background: url("images/header.png") no-repeat bottom right
black;
}

h1
{
```

Le texte du titre est décalé à gauche hors de la surface visible de l'écran, à l'aide d'un alinéa négatif. C'est un compromis pour que le titre soit lu par les logiciels de lecture vocale tout en restant « invisible » aux yeux des utilisateurs non handicapés, qui verront une bannière à la place.

```
  text-indent: -50000px;
}


/* Styles des menus */

#menu
{
```

Le menu occupera 20 % de l'espace disponible et sera placé en flottant à gauche. Cela nous permet de disposer le corps et le menu au même niveau.

```
  width: 20%;
  float: left;
}

.sous_menu
{
```

Les sous-menus sont espacés les uns des autres par une marge de 20 pixels.

```
  margin-top: 20px;
  background-color: black;
  color: #F7E444;
  border: 2px dotted #F7E444;
}

.sous_menu h3
{
  color: #0099FF;
  text-align: center;
}


/* Styles du corps */

#corps
{
```

```
   margin-left: 22%;
   margin-top: 20px;
   padding: 10px;

   border: 2px dotted #F7E444;
   color: #E3AB57;
   background-color: black;
   text-align: justify;
}

#corps h2
{
   text-align: center;
   color: #0099FF;
}


/* Styles du pied de page */

#pied_de_page
{
   clear: left;
   margin-top: 30px;
   padding: 5px;

   background: url("images/pictoiles.png") no-repeat bottom
right black;
   color: #E3AB57;
   text-align: center;
   border: 2px dotted #F7E444;
}
```

Pour éviter que le corps ne passe sous le menu, on lui applique une marge à gauche suffisante (supérieure à la largeur du menu). Ainsi, le corps sera toujours disposé sur la droite, quoiqu'il arrive, et ne passera plus sous le menu.

Le pied de page utilise la propriété `clear` pour stopper l'effet de flottement du menu. Cela nous permet de faire en sorte que le pied de page soit bien sous le menu en toutes circonstances.

Le résultat final

Il est temps de tester le résultat final (du moins on l'espère). Admirez la figure 13-12 !

Ne bondissez pas de joie trop vite. Si vous vous souvenez de la liste des étapes à suivre lors de la création d'un site web, vous savez qu'il est temps de tester le design sur Internet Explorer. La figure 13-13 présente le site tel qu'il s'affiche sous Internet Explorer.

Heureusement pour nous, aucun dégât majeur n'est à signaler. Avons-nous de la chance ? Disons que nous avons évité plusieurs difficultés en nous concentrant sur une mise en page relativement simple. Les problèmes surviennent plus facilement lorsqu'on essaie des effets plus avancés, comme une mise en page sur trois colonnes (un menu à gauche et un autre à droite).

ASTUCE Tester son site sous plusieurs versions d'Internet Explorer

Pendant longtemps, Internet Explorer a été le mauvais élève du Web. Même si la version 8 est enfin à jour, vous pouvez avoir besoin de tester le rendu de votre site sur de plus vieilles versions telles que IE 6 et 7.

Pour effectuer ces tests, nous vous recommandons l'application IETester que vous pouvez télécharger gratuitement :

- http://my-debugbar.com/wiki/IETester/HomePage

Ce programme est capable d'ouvrir un site dans différents onglets qui simulent le fonctionnement d'une version différente d'Internet Explorer (figure 13-11).

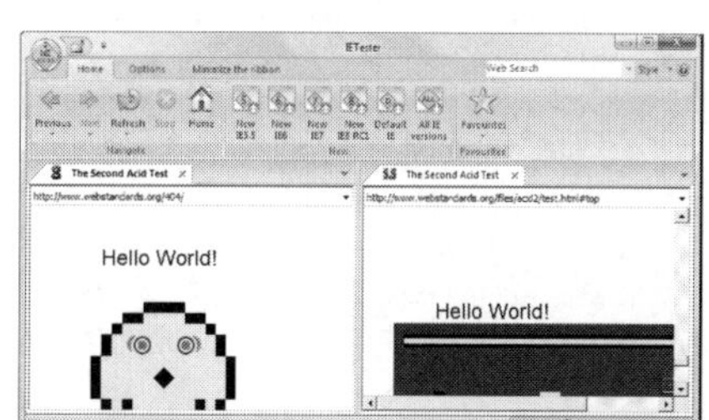

Figure 13–11

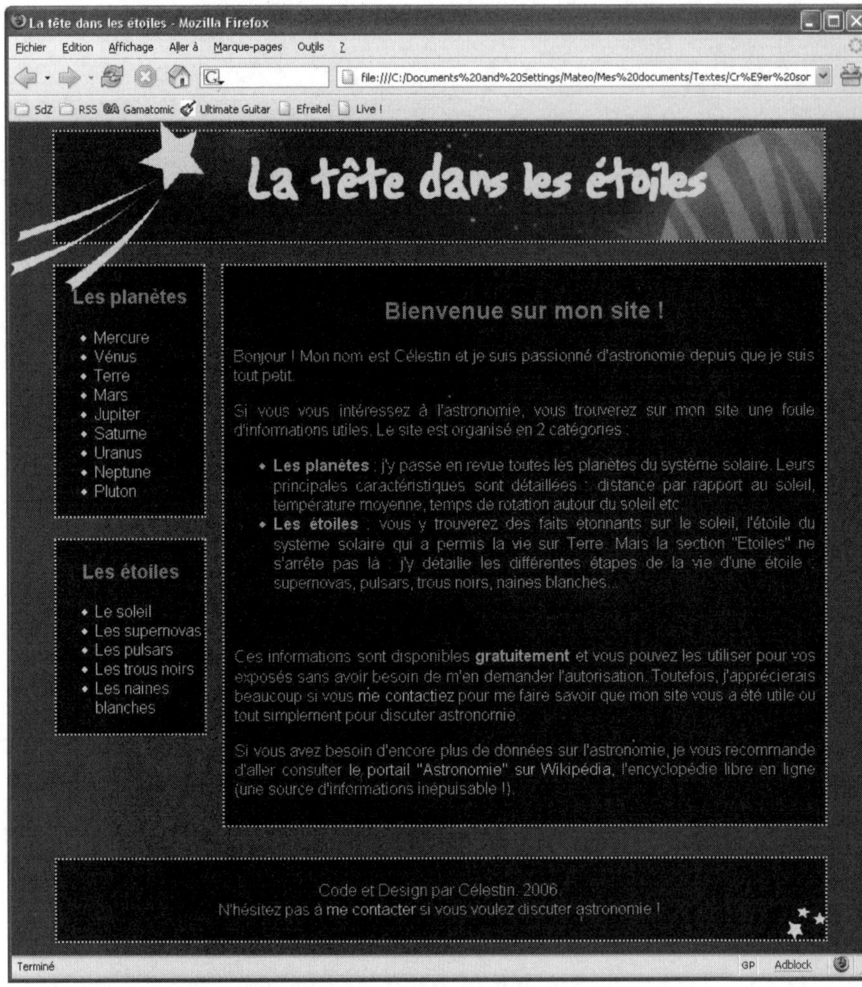

Figure 13–12
Tout fonctionne !

ACCESSIBILITÉ Stop aux « Site optimisé pour... »

N'avez-vous jamais vu sur des sites des messages du type « Site optimisé pour Internet Explorer en 800 × 600 » ? Quand on utilise un autre navigateur comme Firefox, il n'y a rien de plus frustrant que de se sentir écarté, refoulé et dédaigné de cette manière. Si le site ne fonctionne pas sur tous les navigateurs, c'est le problème du webmaster, pas du visiteur.

Imposer un navigateur de la sorte, c'est tuer l'accessibilité de son site. Car on ne le dira jamais assez : l'accessibilité ne concerne pas que les internautes handicapés. Penser en termes d'accessibilité, c'est permettre au plus grand nombre de voir votre site web dans des conditions décentes.

Mais il y a plus drôle encore. Depuis le succès de Mozilla Firefox, on commence à voir des messages très légèrement différents : « Site optimisé pour Mozilla Firefox en 1024 × 768 ». On aurait pu penser que l'arrivée de Firefox avait fait comprendre aux webmasters qu'il existait plusieurs navigateurs différents sur le Web. Que nenni. Après les utilisateurs d'Internet Explorer qui dédaignent tous les autres navigateurs, voici les utilisateurs de Mozilla Firefox qui dédaignent tous les autres navigateurs. Où est le progrès ?

Par conséquent, si vous vous apprêtiez à placer un message du genre sur votre site, réfléchissez-y à deux fois. Vous avez le droit de préférer Firefox, le droit d'inciter vos amis et visiteurs à l'utiliser. Mais vous n'avez pas le droit de l'imposer. Votre site doit fonctionner correctement sur *tous* les navigateurs.

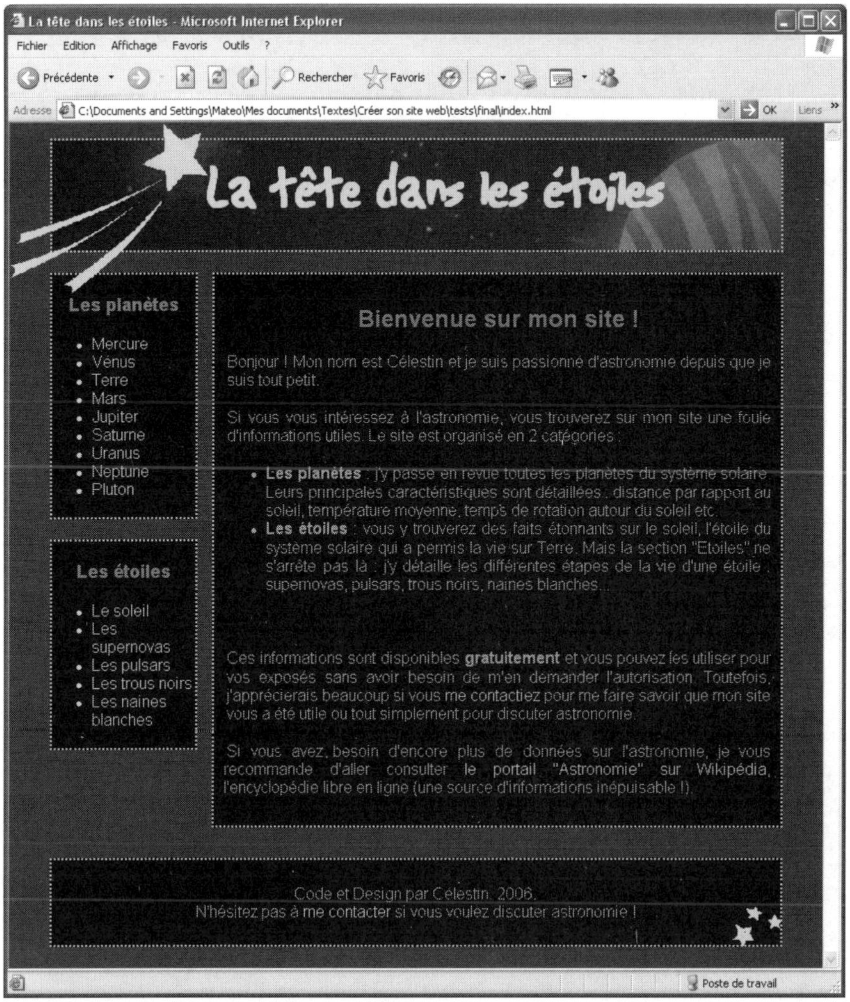

Figure 13–13
Internet Explorer ne nous causera pas d'ennuis aujourd'hui.

> ALLER PLUS LOIN **Quand IE boude**
>
> Que faire si vous avez des différences entre Internet Explorer et Firefox ? Il faut procéder à des ajustements. Impossible de les détailler ici, car chaque cas est particulier. Sachez que le mieux est de faire des recherches sur le Web et en dernier recours, d'exposer votre problème à des experts. Vous trouverez rapidement de l'aide sur ces forums francophones :
> - http://www.siteduzero.com/forum.html
> - http://forum.alsacreations.com

Puisqu'on y est, testons aussi notre site sous Opera (figure 13-14). Comme vous le voyez, Opera ne pose aucun problème particulier. Ce navigateur respectant très bien les standards XHTML et CSS, vous ne constaterez que très rarement des différences entre Firefox et Opera.

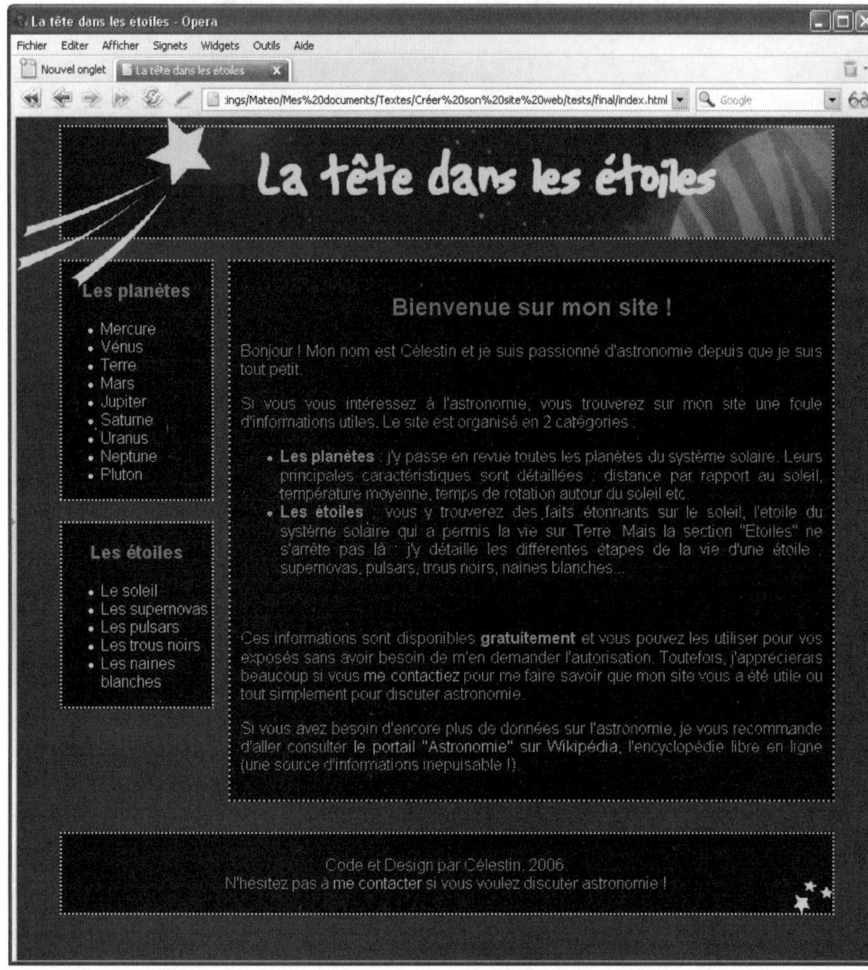

Figure 13–14
Notre site sous Opera passe là encore sans problème.

ALLER PLUS LOIN **La qualité d'un site web**

Vous vous souciez de la qualité de votre site web ? C'est très bien ! Rendez-vous donc sur le site opquast.com pour trouver une liste de bonnes pratiques à suivre :

- http://www.opquast.com

On notera entre autres des conseils qui peuvent maintenant vous paraître évidents, comme la présence obligatoire d'un texte alternatif pour les images, mais aussi de bonnes idées qui ne vont pas forcément de soit : réserver le soulignement aux liens pour éviter toute confusion, limiter à trois le nombre de polices différentes utilisées, indiquer la taille des fichiers proposés en téléchargement, etc.

Étape 4 : tester la validité de son site

Beaucoup trop de webmasters fonctionnent suivant le principe : « Ça marche, donc c'est bon ». C'est une erreur, et vous le savez déjà pour les points suivants :

- **La sémantique** : ce n'est pas parce qu'un site web s'affiche correctement dans un navigateur que son code est bien écrit. La sémantique, c'est-à-dire le choix de la meilleure balise en fonction du contexte, n'apparaît pas lorsqu'on teste son site sur un navigateur graphique. En revanche, elle a une conséquence importante sur l'accessibilité de votre site et sur son référencement auprès des moteurs de recherche.

- **L'accessibilité** : un site web qui fonctionne chez vous ne fonctionnera pas nécessairement bien ailleurs. Pensez aux visiteurs handicapés, les non-voyants notamment. C'est à vous de faire en sorte que tout le contenu, toute l'information du site web puisse être lisible par tous. Si votre site est seulement constitué d'images, ou s'il s'agit d'une animation Flash importante, il y a peu de chances pour que les visiteurs handicapés puissent y comprendre quoi que ce soit.

Seul un humain peut vérifier si votre site est accessible et respecte la sémantique. En effet, il y a toujours matière à discuter ces sujets et on peut continuellement améliorer la qualité de son site web. C'est pour cela que les webmasters soucieux de la qualité de leur site web sont invités à poser leurs questions sur des forums fréquentés par des webmasters plus expérimentés.

Mais au-delà de ces éléments, il existe un outil automatique de vérification des sites web : le validateur du W3C. Cet outil ne fait pas de miracles : il ne peut pas tenir une discussion argumentée avec vous sur les enjeux de l'accessibilité des sites web ! En revanche, il peut vous dire si vos codes XHTML et CSS sont valides, c'est-à-dire s'ils sont correctement écrits.

Il existe un validateur pour le code XHTML et un autre pour le code CSS. Reportez-vous au tableau 13-1 pour connaître les adresses de ces différents validateurs.

Tableau 13–1 Adresses web des validateurs W3C

Langage	Adresse web du validateur
XHTML	http://validator.w3.org
CSS	http://jigsaw.w3.org/css-validator/

Chacun de ces validateurs vous propose soit d'entrer l'adresse de votre site web s'il se trouve déjà sur le Web, soit d'envoyer le fichier s'il se trouve encore sur votre disque dur (ce qui devrait être votre cas). Notez qu'il est nécessaire de valider dans un premier temps le fichier XHTML avant de valider le fichier CSS.

La figure 13-15 vous présente le résultat de la validation du fichier XHTML, tandis que la figure 13-16 vous présente celle du fichier CSS.

Nous constatons avec joie que notre document XHTML et notre feuille de style CSS sont valides. Cela signifie entre autres que nous n'avons utilisé que des balises et propriétés existantes.

Si vous avez des erreurs sur votre page, pas de panique : lisez les instructions et effectuez les corrections proposées. Le validateur vous indique systématiquement la ligne de votre erreur.

EN PRATIQUE Les navigateurs non graphiques

Il existe des navigateurs non graphiques, capables d'afficher uniquement du texte. Ils constituent un bon moyen de voir son site web sur un navigateur qui ignore le langage CSS, et donc de juger en partie son accessibilité.
Un des plus célèbres navigateurs non graphiques s'appelle Lynx, et on y navigue uniquement au clavier. Pour plus d'informations, consultez :

- http://fr.wikipedia.org/wiki/Lynx_(navigateur)

CULTURE Le W3C

Le W3C, World Wide Web Consortium, a pour rôle de développer de nouvelles versions des langages du Web que sont, entre autres, le XHTML et le CSS. Mais il ne se limite pas à cela : le W3C a aussi pour mission de promouvoir la sémantique et l'accessibilité, des enjeux hélas encore trop méconnus de la plupart des webmasters. Tim Berners-Lee, le fondateur du Web, en est le président.
Vous trouverez de nombreuses informations sur le site web officiel du W3C :

- http://www.w3.org

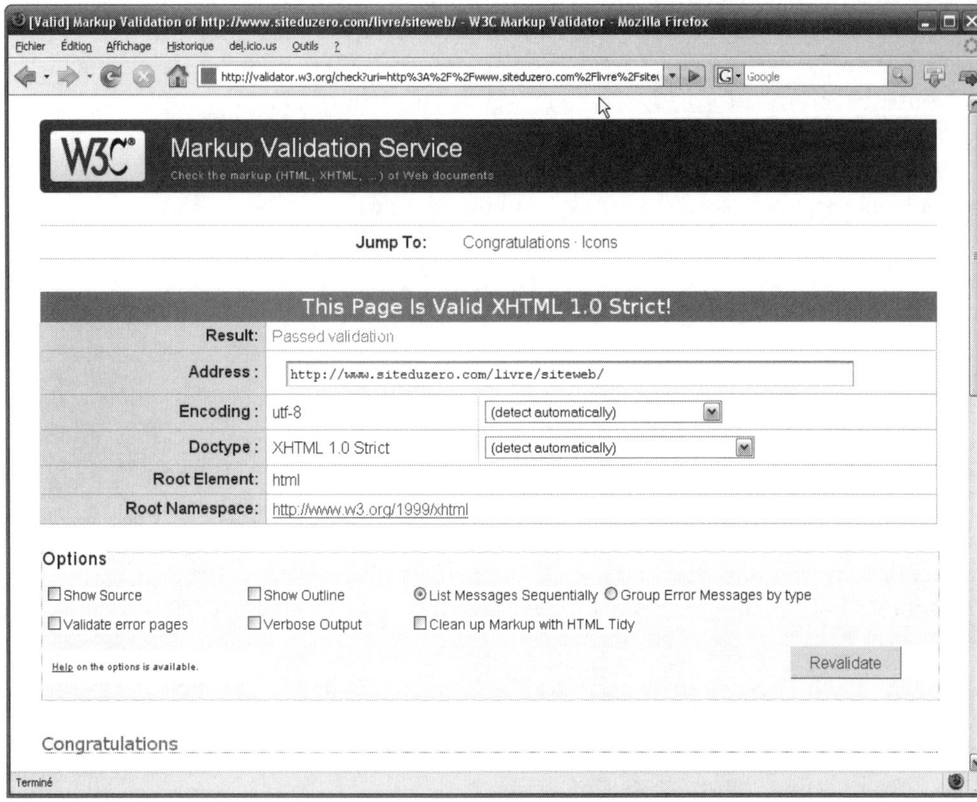

Figure 13–15
Le résultat
de la validation XHTML

Notre site web est donc maintenant fin prêt à conquérir le monde ! Dans le chapitre suivant, nous allons découvrir la procédure à suivre pour « l'envoyer sur le Web », c'est-à-dire faire en sorte que tous les internautes puissent y accéder.

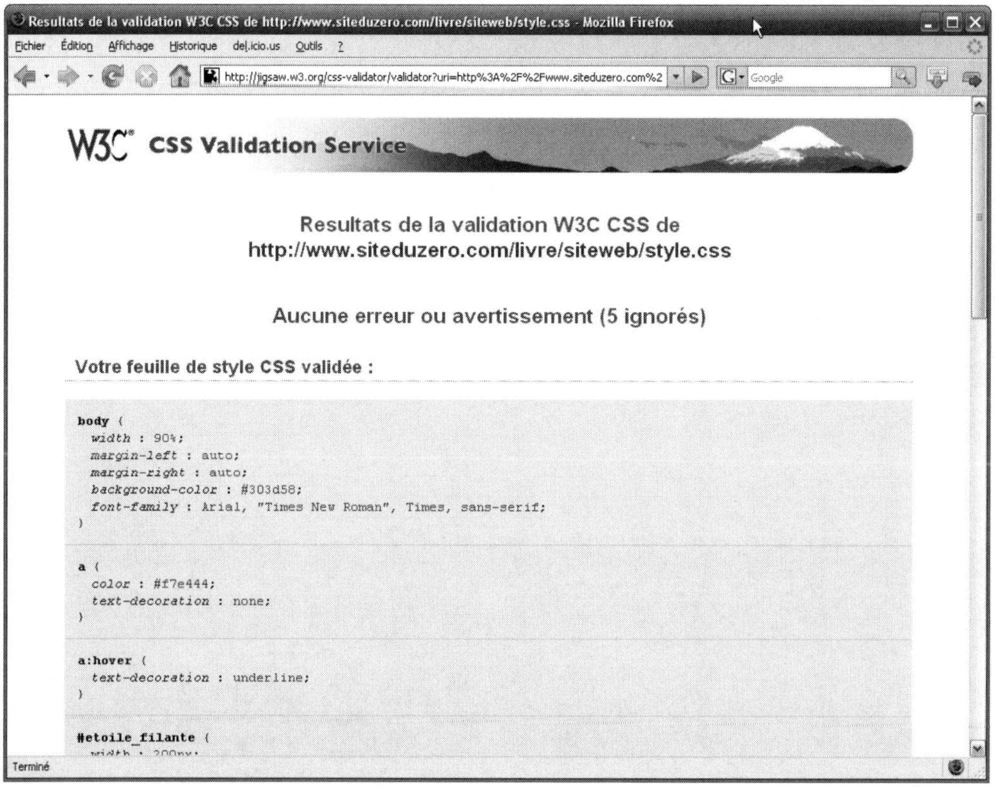

Figure 13–16
Le résultat
de la validation CSS

chapitre 14

Publier son site sur le Web

Votre site web est maintenant terminé ! Cependant, il est toujours stocké sur le disque dur de votre ordinateur, ce qui signifie que vous êtes le seul à pouvoir y accéder. Quelles étapes faut-il suivre pour rendre votre site accessible à tous les internautes ? Ce chapitre vous indique la marche à suivre.

SOMMAIRE

- Héberger son site
- Utiliser un client FTP pour transférer son site

MOTS-CLÉS

- Hébergement
- Nom de domaine
- Registrar
- FTP
- Serveur
- Envoi
- FileZilla

Créer un site, c'est bien. Faire en sorte que tous les internautes puissent y accéder, c'est quand même mieux. Nous allons découvrir dans ce chapitre toutes les étapes nécessaires à la publication d'un site sur le World Wide Web.

Pour le rendre visible à tous les internautes, il est nécessaire d'envoyer les fichiers du site à un prestataire de services appelé « hébergeur ». Nous commencerons donc par partir à la recherche d'un hébergeur, puis nous verrons quelle est la procédure à suivre pour transférer votre site sur le Web.

Héberger son site

Pour héberger votre site, vous allez devoir vous procurer deux éléments indispensables :

- **Une adresse** : pour que l'on puisse accéder à votre site (par exemple : www.eyrolles.com).
- **Un espace d'hébergement** : pour y déposer les fichiers de votre site.

On peut faire le rapprochement avec la vie réelle : vous habitez à une adresse et vous possédez une maison où vous vivez. C'est exactement la même chose pour les sites web : ils ont besoin d'une adresse et d'un espace d'hébergement.

Faut-il acheter un nom de domaine ?

La première question que vous devriez vous poser porte sur l'adresse de votre site : souhaitez-vous avoir votre propre nom de domaine ou bien préférez-vous que l'adresse soit attribuée par votre hébergeur ?

- **Un nom de domaine** (ex. : www.monsite.com) : l'avantage d'avoir son propre nom de domaine vient tout d'abord du fait que l'adresse est courte, et donc facile à retenir. Par ailleurs, une telle adresse a une allure plus « professionnelle », ce qui est un critère à prendre en compte si vous vous lancez dans une activité sérieuse ou si vous développez le site web d'une entreprise. Les noms de domaine sont payants : entre 10 et 15 € par an.
- **Une adresse attribuée par l'hébergeur** (ex. : monsite.free.fr) : on ne vous fera pas payer une telle adresse. Celle-ci comporte le nom de l'hébergeur, mais si ce détail ne vous perturbe pas, alors n'hésitez pas. En combinant une adresse gratuite avec un hébergement gratuit, vous n'aurez pas à débourser le moindre centime.

Si vous choisissez d'utiliser l'adresse attribuée par l'hébergeur, vous pouvez passer directement à l'étape suivante.

En revanche, si vous optez pour un nom de domaine, il faut choisir un registrar, c'est-à-dire une entreprise qui vend des noms de domaine. Le registrar www.gandi.net (voir figure 14-1), bien connu des webmasters, enregistre depuis 1999 plusieurs centaines de milliers de noms de domaine.

B.A.-BA Les registrars

Un registrar est un prestataire de services dont le rôle est d'enregistrer les noms de domaine. Tout le monde ne peut pas se déclarer registrar : il faut être agréé par l'ICANN, un organisme dont le rôle est de coordonner l'attribution des noms de domaine.
Si vous souhaitez obtenir plus d'informations sur l'ICANN, rien de tel qu'un petit tour sur son site web :

- http://www.icann.org/tr/french.html

ASTUCE Ces hébergeurs qui vendent des noms de domaine

La plupart des hébergeurs ne sont pas des registrars, car obtenir le statut de registrar est difficile. Toutefois, la plupart des hébergeurs revendent des noms de domaine qu'ils achètent eux-mêmes auprès de registrars.
Notez que quelques hébergeurs font exception à cette règle. Ainsi, OVH (www.ovh.com) est à la fois hébergeur et registrar.

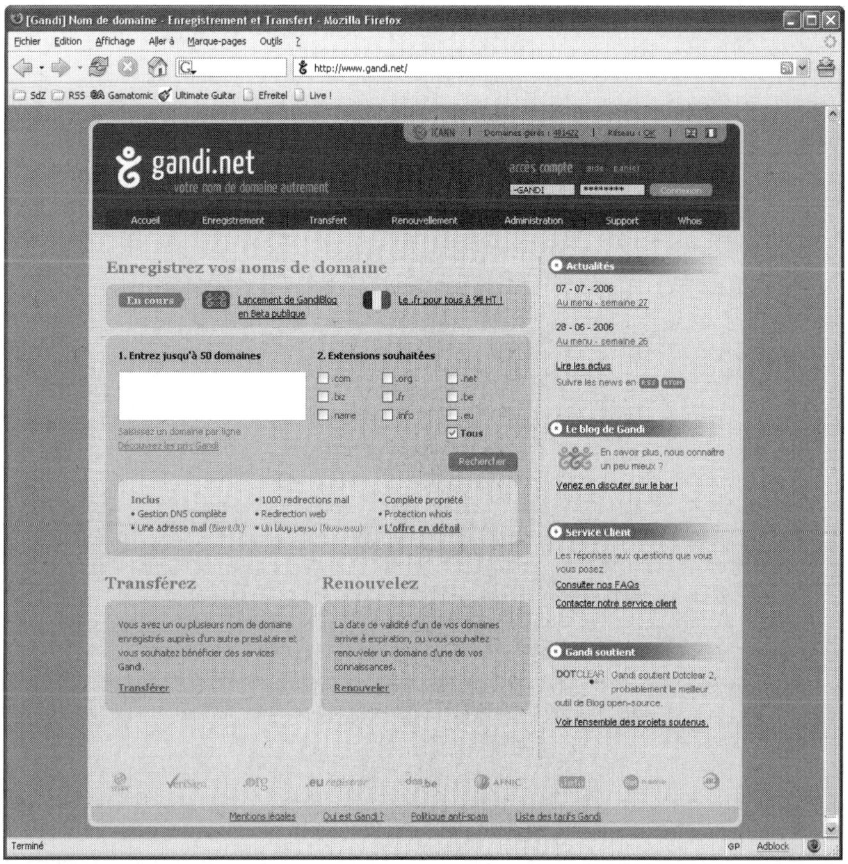

Figure 14–1
Le registrar gandi.net

ASTUCE Les noms de domaine gratuits

Le nom de domaine gratuit est un mythe. Pour obtenir une adresse en .com, on doit obligatoirement payer, quel que soit le registrar. Attention au piège : certains hébergeurs proposent le nom de domaine gratuit pour tout site hébergé chez eux. Il s'agit là tout simplement d'une réduction, car l'hébergement coûte souvent plus cher que le nom de domaine.
Notons toutefois qu'il existe des sites qui proposent des adresses courtes et faciles à retenir, généralement en échange de publicité. Ces noms de domaine ne sont toutefois pas des noms standards et connus comme peut l'être le « .com ».

Le prix du nom de domaine peut varier en fonction des registrars mais aussi en fonction de l'extension de nom de domaine choisie. Vous pouvez avoir un site en .com, .net, .org, .fr, .be, etc. C'est à vous de décider ce qui convient le mieux à votre site.

Il y a différentes règles d'attribution des noms de domaine en fonction des extensions. Renseignez-vous auprès des registrars si vous souhaitez de plus amples informations sur une extension particulière.

Notez en revanche que pour certaines extensions, il n'y a pas vraiment de règles : c'est le cas de .com, .net et .org notamment. La plupart du temps, cela fonctionne suivant le principe du « premier arrivé, premier servi ». Par exemple, bien que le .org soit a priori réservé aux organisations, tout le monde peut réserver un nom de domaine de ce type sans avoir à fournir le moindre justificatif.

CULTURE Les cyber-squatteurs

Il existe une espèce particulière d'internautes : le cyber-squatteur. Un cyber-squatteur achète des noms de domaine à tour de bras (parfois par centaines) simplement pour en être le propriétaire. Il ne cherche pas à héberger des sites à ces adresses.
Que fait-il alors de tous ces noms de domaine ? Il les revend au plus offrant, généralement aux enchères. Bien entendu, les domaines qu'un cyber-squatteur enregistre sont fortement susceptibles d'intéresser certaines entreprises ou organismes.
Méfiez-vous de cette espèce. Vous ou votre entreprise pourriez en être victime bien plus tôt que vous ne le pensez. Un nom de domaine ne coûte pas bien cher, et ce n'est rien à côté de la frustration que l'on ressent lorsqu'on s'aperçoit qu'on s'est fait « voler » un nom de domaine. En particulier, si vous enregistrez monentreprise.com, n'ayez pas peur de payer quelques euros de plus pour enregistrer monentreprise.org, monentreprise.net, monentreprise.fr. Certains ne l'ont pas fait, et ils s'en mordent toujours les doigts à l'heure actuelle.

Pour quelle offre d'hébergement opter ?

Les hébergeurs sont nombreux, on n'a que l'embarras du choix. Encore faut-il parvenir à effectuer ce choix car la multitude des offres peut faire tourner la tête à plus d'un néophyte. Vous trouverez des offres d'hébergement gratuit ou à bas prix comme des offres professionnelles. Bien entendu, plus vous paierez, meilleure sera la qualité du service qu'on vous fournira.

CONSEIL Commencez par viser les hébergeurs gratuits

Les besoins en hébergement peuvent varier d'un site à l'autre. Si vous débutez et que c'est votre premier site, regardez du côté des hébergeurs gratuits. Il n'y a aucune honte à utiliser une offre de ce type : de très nombreux sites web sont hébergés gratuitement.
Vous aurez besoin d'un hébergement payant à partir du moment où votre site commencera à attirer un nombre conséquent de visiteurs. Dans ce cas, il sera toujours temps de passer à une offre supérieure ou même de changer d'hébergeur.

Les hébergements gratuits

Nombreux sont les fournisseurs d'accès à Internet (FAI) à proposer un hébergement gratuit : Free, Wanadoo, Alice, Club Internet, Neuf Telecom, etc. Renseignez-vous auprès de votre FAI : il y a généralement une section « Pages perso » sur leur site web. C'est le moyen le plus simple pour commencer.

Un des plus célèbres hébergeurs gratuits est le fournisseur d'accès Free (voir figure 14-2). Il propose des adresses gratuites en http://monsite.free.fr et un hébergement de taille conséquente (10 Go, ce qui laisse le temps de voir venir). Il faut cependant posséder un compte chez Free pour pouvoir en profiter.

ASTUCE Liste des hébergeurs gratuits

Certains tentent d'établir une liste des hébergeurs gratuits existants. Bien qu'il soit à peu près impossible d'obtenir la liste complète, ces listes sont toujours les bienvenues :

- http://orilla.net/liste.php
- http://www.liensutiles.org/heberge.htm
- http://l4fh.eurekaa.org/liste-hebergeurs-gratuits.html
- http://www.dossiers-webmasters.info/hebergeurs_gratuits.php

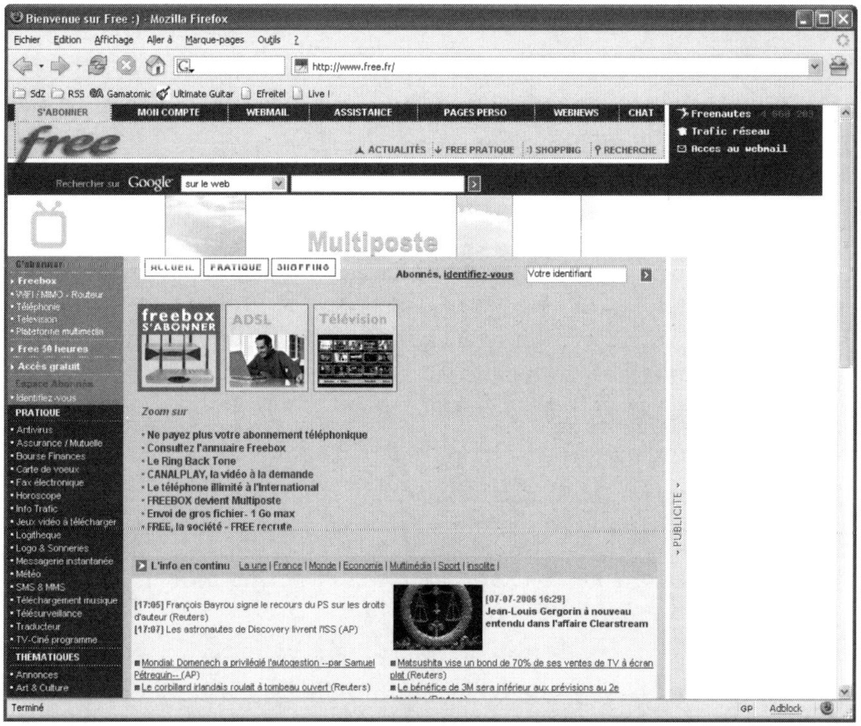

Figure 14–2
Le fournisseur d'accès Free propose un hébergement gratuit de 10 Go.

En plus des hébergements offerts par les FAI, on peut trouver sur le Web de très nombreux hébergeurs gratuits indépendants. Il s'agit généralement de petites structures, gérées par des particuliers ou des associations.

Les hébergements payants

Les offres d'hébergement payant sont au moins aussi nombreuses que les offres gratuites. Faites attention où vous mettez les pieds : veillez à choisir une offre adaptée. On peut se faire héberger correctement pour à peine 1 € par mois, mais on peut aussi rencontrer des offres d'hébergement professionnelles à 200 € par mois (et cela peut monter jusqu'à 1000 € par mois pour des sites très fréquentés !).

Si vous souhaitez avoir votre propre nom de domaine pour donner un aspect plus « sérieux » à votre site, optez pour un hébergement payant même à bas prix (1 € par mois suffit). Les hébergeurs gratuits ne sont généralement pas bien adaptés aux noms de domaine en .com.

DÉFINITION Les serveurs

Un serveur est un ordinateur qui reste constamment allumé et connecté à Internet. Il contient des composants similaires à votre ordinateur (processeur, mémoire vive, disque dur) à la différence près que ceux-ci sont généralement bien plus rapides. Votre site sera placé sur le disque dur d'un serveur qui le délivrera 24h/24 et 7j/7 à tous les internautes qui le demanderont. Le rôle de l'hébergeur est d'assurer le bon fonctionnement des serveurs.

ALLER PLUS LOIN L'hébergement à la maison

Il est possible d'héberger son site web chez soi. Toutefois, il faut alors que l'ordinateur reste allumé et connecté à Internet à toute heure du jour et de la nuit. En outre, il est nécessaire d'installer des logiciels spécifiques et une mauvaise configuration peut poser des problèmes de sécurité sur votre ordinateur. Une solution intéressante mais à réserver aux utilisateurs expérimentés.

CULTURE Les datacenters

Les serveurs résident dans des datacenters, hauts lieux technologiques dont le seul rôle est d'accueillir les serveurs. Tout est prévu pour assurer une sécurité maximale : climatisation à plein régime, système anti-incendie, entrée par badge voire analyse rétinienne, etc.

LÉGISLATION Attention à ce que vous publiez

Le contenu de votre site est soumis à la législation. Respectez le droit d'auteur et le droit à l'image. N'oubliez pas non plus que les contenus étant indexés régulièrement, il vaut mieux éviter toute parole que vous pourriez être amené à regretter par la suite (diffamation, haine raciale).

Il ne faut pas avoir peur d'évoluer. Personnellement, mon expérience avec www.siteduzero.com m'a apprise qu'il existe une offre d'hébergement adaptée à chaque étape de la vie d'un site dont le succès grandit. On peut donc tout à fait commencer par un hébergement gratuit, puis passer à un hébergement mutualisé (plusieurs sites web stockés sur un même serveur), et enfin à un hébergement dédié (seul votre site est stocké sur le serveur). Il faut bien entendu veiller à être en mesure d'assurer le paiement d'un tel hébergement.

Vous pouvez déjà jeter un œil à ces trois grands hébergeurs français bien connus des webmasters :

- OVH : http://www.ovh.com
- 1&1 : http://www.1and1.fr
- Amen : http://www.amen.fr

Ils ne sont pas les seuls à mériter d'être listés ici. Il existe de nombreux petits hébergeurs qui offrent généralement une qualité de service tout à fait convenable. Une recherche sur Google du mot « hébergeur » vous donnera plusieurs millions de résultats !

Quels critères pour choisir son hébergeur ?

Le choix de l'hébergeur ne doit surtout pas être fait à la légère. Prenez le temps nécessaire pour comparer les offres et repérer celle qui vous convient le mieux et respecte votre portefeuille.

Vous n'avez pas besoin de conseils pour savoir que le prix est un des premiers critères dans le choix d'une offre d'hébergement. En revanche, d'un point de vue technique, il est fortement recommandé de vérifier :

- L'**espace de stockage** mis à votre disposition. Se compte-t-il en Mo ou en Go ? Si votre site n'est qu'une vitrine de quelques pages avec quelques images, un hébergement de 50 Mo, voire moins, est largement suffisant. Si vous projetez en revanche de stocker beaucoup d'images et de proposer des téléchargements de vidéos, dans ce cas 1 Go ne sera pas de trop.
- La **limite de trafic** qui vous est imposée. Les hébergeurs fixent presque toujours une limite qui correspond à la quantité mensuelle de données échangées entre le serveur et les internautes. Si cette limite est atteinte, votre site est « coupé » jusqu'à la fin du mois. Confrontez cette valeur avec celle annoncée par d'autres hébergeurs, et n'ayez pas peur de voir large si votre site est susceptible de grandir rapidement. L'unité la plus couramment utilisée est le Go/mois.
- La présence de **PHP** sur le serveur. En effet, si vous projetez d'avoir recours à ce langage dans le futur, ou d'héberger par exemple votre

propre forum, il est préférable de vous orienter dès le départ vers un hébergeur proposant PHP (il n'y a en général pas de surcoût).

- Les **adresses e-mail** offertes avec l'hébergement. Ce n'est pas indispensable pour votre site web mais c'est toujours bon à prendre. Il est courant de se voir offrir au moins 4 ou 5 adresses e-mail.
- Enfin, vérifiez tout particulièrement si l'hébergeur offre un **support de qualité**. Il y a fort à parier que vous contacterez tôt ou tard votre hébergeur pour lui poser une question, qu'elle soit d'ordre technique ou commercial, et il est préférable dans ces cas d'être chez un hébergeur réactif à l'écoute de ses clients.

Utiliser un client FTP pour transférer son site

Une fois votre hébergeur choisi, c'est le moment d'envoyer votre site sur le World Wide Web. Pour cela, nous allons utiliser un client FTP qui va se connecter au serveur de l'hébergeur.

Une fois que le serveur sera en possession des fichiers de votre site, il les conservera sur son disque dur. Ils seront alors consultables par tous les internautes qui les réclament, c'est-à-dire vos visiteurs.

DÉFINITION Client FTP

Un client FTP est un logiciel qui permet de déposer des fichiers sur un serveur et, réciproquement, de récupérer des fichiers situés sur un serveur.

B.A.-BA Le FTP

FTP est l'abréviation de « File Transfer Protocol » (protocole de transfert de fichier). Comme son nom l'indique, c'est une technique de transfert de fichier.
Le FTP existait bien avant l'apparition du Web. On s'en servait déjà à l'époque pour transmettre des fichiers d'un ordinateur à l'autre. Aujourd'hui, il est incontournable pour envoyer son site web sur un serveur.

Se procurer un client FTP

Avant toute chose, il est nécessaire d'installer un client FTP. Sans lui, il est impossible d'envoyer les fichiers de son site au serveur.

Là encore, vous avez le choix. Vous pouvez trouver de nombreux clients FTP gratuits et payants. Le tableau 14-1 vous donne quelques pistes.

Tableau 14–1 Comparaison des clients FTP

Logiciel	Système d'exploitation	Prix	Libre ?	Commentaires	Adresse
FileZilla	Windows, Mac OS et Linux	Gratuit	Oui	Très bon logiciel, simple de prise en main. Recommandé.	http://filezilla.sourceforge.net/
SmartFTP	Windows	Gratuit pour un usage personnel	Non	Un très bon logiciel complet. Supporte IPv6 et UTF-8.	http://www.smartftp.com
CuteFTP	Windows	De 40 $ à 60 $ selon la version	Non	Un des clients FTP les plus connus. Disponible en version démo de 30 jours	http://www.cuteftp.com
FTP Expert	Windows	30 €	Non	Un puissant client FTP. Disponible en version démo.	http://www.visic.com/ftpexpert/
Fetch	Mac OS	Gratuit pour les écoles et étudiants	Oui	Un célèbre client FTP pour Mac OS.	http://fetchsoftworks.com/
gFTP	Linux	Gratuit	Oui	Le client FTP de l'environnement Gnome.	http://gftp.seul.org/

Dans la suite de ce chapitre, nous utiliserons le logiciel FileZilla. Le fonctionnement des autres clients FTP est relativement similaire. Si vous en choisissez un autre, vous ne serez donc pas dépaysé.

Récupérer les informations nécessaires

Quel que soit votre hébergeur, celui-ci va (et doit) vous donner trois informations :

- **L'adresse du serveur** (ou *hôte*) : elle peut se présenter sous la forme d'un nom de domaine comme ftpperso.free.fr ou sous la forme d'une adresse IP comme 195.126.89.211.
- **Votre identifiant** (ou *login*) : c'est le nom qui permettra au serveur de vous reconnaître.
- **Votre mot de passe** : tant qu'à faire, autant éviter que tout le monde puisse modifier les fichiers de votre site librement !

Vous recevrez généralement ces informations par e-mail une fois votre compte créé chez l'hébergeur. Si vous ne les avez pas, il est inutile d'aller plus loin car vous ne pourrez pas vous connecter au FTP. Demandez-les à votre hébergeur.

Utiliser FileZilla pour envoyer son site

L'installation de FileZilla est des plus classiques et ne devrait vous poser aucun problème. Lorsque vous démarrez FileZilla pour la première fois, vous devriez avoir une fenêtre identique à la figure 14-3.

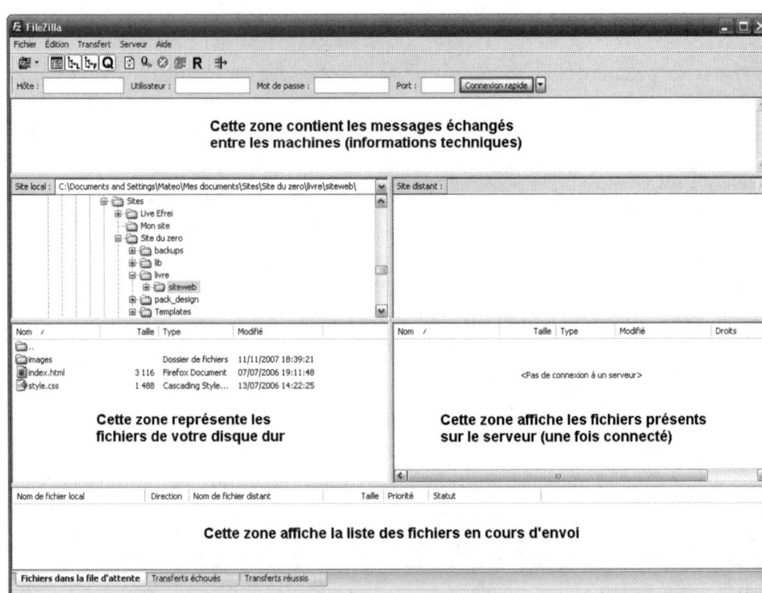

Figure 14–3
Le client FTP FileZilla au démarrage

Pour vous connecter au serveur de votre hébergeur, vous pouvez rentrer les informations en haut de la fenêtre (voir figure 14-4). Vous devez indiquer les trois informations énoncées précédemment : adresse du serveur, identifiant et mot de passe. Vous pouvez laisser vide le champ *Port*, il sera rempli automatiquement par FileZilla. Cliquez ensuite sur le bouton *Connexion Rapide*.

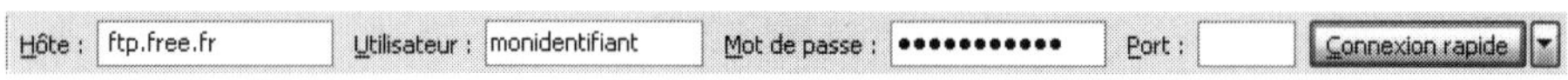

Figure 14–4
Remplissez les champs puis cliquez sur Connexion Rapide.

Si les informations sont correctes, vous serez alors connecté au serveur et vous verrez des fichiers apparaître dans la partie droite de la fenêtre de FileZilla. Si au contraire des messages d'erreur s'affichent (en rouge), c'est que les informations que vous avez données à FileZilla ne sont pas correctes. Vérifiez en particulier la casse de votre mot de passe : pour l'ordinateur, les lettres « m » minuscule et « M » majuscule sont deux symboles différents.

Vous pouvez alors procéder au transfert. Glissez-déposez votre fichier de la partie gauche (votre ordinateur) vers la partie droite (le serveur). Si le fichier apparaît ensuite dans la partie droite, c'est qu'il a été transféré et qu'il est maintenant accessible par n'importe quelle personne connectée à Internet. Vous pouvez aussi tout simplement double-cliquer sur un fichier pour le transférer.

Profitons-en pour envoyer le site web que nous avons réalisé au chapitre 13. Nous devons envoyer tous les fichiers (XHTML, CSS, images...). La figure 14-5 présente la fenêtre de FileZilla une fois tous ces fichiers envoyés.

ASTUCE Envoyer un dossier

Rien ne vous oblige à transférer votre site fichier par fichier. Vous pouvez envoyer tout un dossier d'un seul coup : FileZilla se chargera de créer le dossier sur le serveur et de transférer tous les fichiers qu'il contient un par un automatiquement. Tous les fichiers ont été transférés lorsque la zone en bas de l'écran (la liste des fichiers en cours d'envoi) est à nouveau blanche.

RAPPEL La page d'accueil

N'oubliez pas que la page d'accueil de votre site doit s'appeler `index.html` ou `index.htm`.

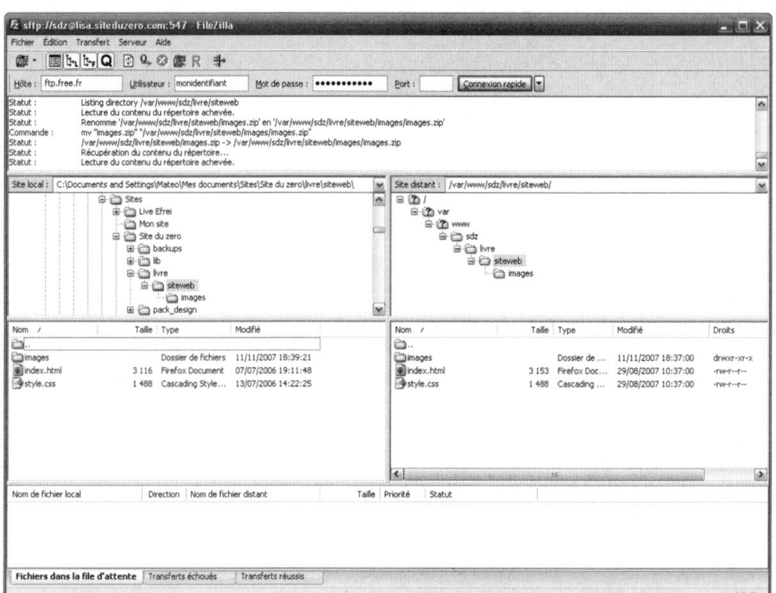

Figure 14–5
Les fichiers sont maintenant placés sur le serveur.

Vous noterez que les fichiers à droite de l'écran sont identiques à ceux à gauche de l'écran. C'est très bon signe : cela indique que le serveur possède maintenant un exemplaire des fichiers de votre site web et qu'il peut désormais « servir » votre site aux visiteurs qui le demandent.

Les fichiers ont été envoyés à l'adresse http://www.siteduzero.com/livre/siteweb/. Vous pouvez vérifier que le site est bien en ligne !

Configurer FileZilla pour un accès rapide

Vous n'aurez peut-être pas envie de récrire l'adresse du serveur, votre identifiant et votre mot de passe à chaque fois que vous vous connecterez au serveur. Heureusement, FileZilla a pensé à tout. Rendez-vous dans le menu *Fichier/Gestionnaire de sites*. Là, cliquez sur le bouton *Nouveau site* et remplissez la partie droite de la fenêtre comme sur la figure 14-6.

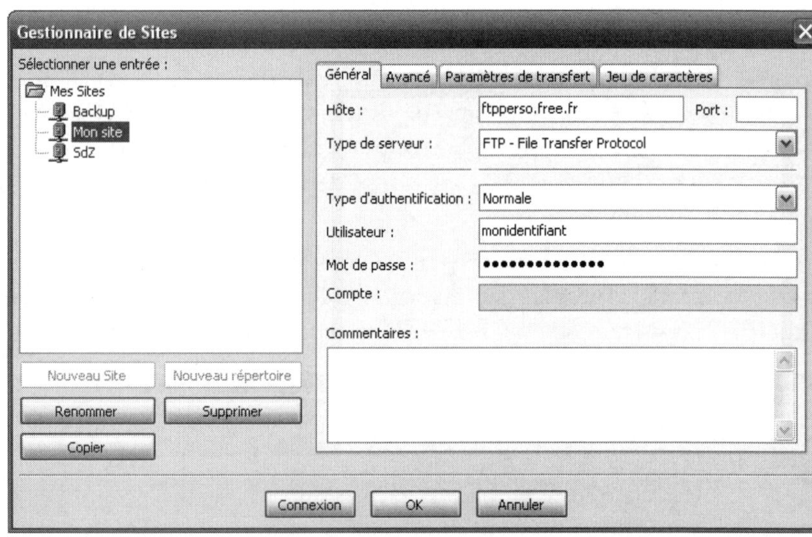

Figure 14–6
Enregistrez votre site web pour un accès ultérieur plus rapide.

Vous devrez indiquer l'adresse de l'hôte tout en haut, ainsi que votre identifiant et votre mot de passe. Pensez à sélectionner le type d'authentification *Normal*, sinon vous ne pourrez pas saisir votre identifiant.

Une fois que vous avez terminé, cliquez sur *Enregistrer et Quitter*. Vous pourrez désormais vous connecter à votre site sans avoir à saisir vos identifiants. Cliquez sur la petite flèche située à droite de la première icône de la barre d'outils et choisissez le nom du site auquel vous souhaitez vous connecter (voir figure 14-7).

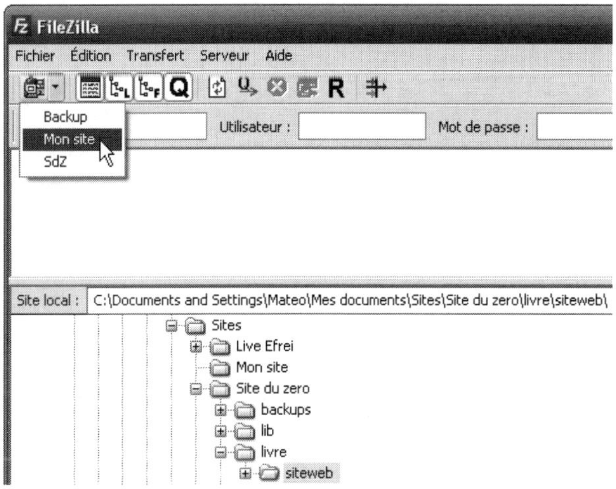

Figure 14–7
Sélectionnez le site de votre choix pour vous y connecter en un clic.

En résumé...

Comme vous le voyez, il faut peu de temps pour s'habituer à l'utilisation d'un client FTP. Le principe est vraiment simple : on envoie des fichiers depuis son ordinateur vers un serveur. Notez qu'on peut aussi faire l'inverse, bien que ce soit moins courant : on peut télécharger des fichiers depuis un serveur grâce à ce type de logiciel.

Dès l'instant où les fichiers ont été transmis sur le serveur, votre site est en ligne et tout le monde peut y accéder !

Conservez une copie des fichiers de votre site sur votre ordinateur. Il est en effet plus simple de modifier d'abord les pages sur son ordinateur, puis de les renvoyer ensuite sur le serveur pour que le site soit à jour sur le Web.

MÉTHODE **En local**

Quand on travaille sur les fichiers du site situés sur son ordinateur, on dit qu'on travaille « en local », c'est-à-dire chez soi. Il est aussi parfois possible de travailler directement sur les fichiers présents sur le serveur, mais cette opération est moins courante et plus délicate : si vous faites une erreur, tous vos visiteurs la verront immédiatement !

chapitre 15

Se faire connaître : référencer son site web

Votre site est maintenant en ligne. Tous les internautes du monde entier peuvent y accéder. Seulement voilà, à part vous, vos amis et quelques égarés du Web, personne ne le visite. Injuste ? Peut-être, mais pas très étonnant : il y a plusieurs milliards de pages sur le Web. Comment sortir du lot ?

Contrairement aux idées reçues, le référencement n'est pas une affaire de gourous qui récitent des incantations chamaniques pour s'attirer les faveurs des moteurs de recherche. Vous allez découvrir dans ce chapitre qu'un site bien référencé est en fait avant tout... un site bien conçu !

SOMMAIRE

MOTS-CLÉS

- Moteurs de recherche
- Annuaires
- Publicité
- Référencement
- PageRank
- Robots d'indexation

ALLER PLUS LOIN La publicité

Pour bien faire démarrer un site web, rien de tel que d'en faire la publicité. Si vous en avez les moyens, intéressez-vous de près aux régies publicitaires sur Internet qui font le lien entre vous et les webmasters qui affichent les annonces. Google AdWords est aujourd'hui le système de publicité le plus utilisé :

- http://adwords.google.com/

Si au contraire vous souhaitez afficher de la publicité sur votre site pour obtenir des revenus, lisez cet article :

- http://www.siteduzero.com/tuto-3-4912-1.html

Lorsqu'on a travaillé dur sur son site, il est tout à fait humain de vouloir le faire connaître le plus possible. Il existe justement plusieurs techniques pour y parvenir :

- **Le référencement auprès des moteurs de recherche** : idéal pour démarrer et gratuit, encore faut-il parvenir à se démarquer des autres sites web en apparaissant avant eux dans les résultats des recherches.
- **La publicité** : sur le Web mais aussi dans les journaux et à la radio, la publicité reste de loin le moyen le plus efficace pour faire démarrer un site web... à condition d'avoir les moyens de payer.
- **Le bouche à oreille** : certainement ce qu'il y a de plus efficient si votre site web est de qualité, mais généralement long à mettre en place. Il n'y a rien à faire, si ce n'est attendre et soigner autant que possible son site pour attirer et fidéliser ses visiteurs.

Nous ne nous pencherons que sur le référencement, car ce sont la plupart du temps les moteurs de recherche qui apportent les premiers visiteurs. En connaissant certaines ficelles et sans débourser un sou, il est possible d'être mieux classé que ses concurrents.

Qu'est-ce qu'un moteur de recherche ?

Devant la masse de sites apparaissant sur Internet, la nécessité de pouvoir effectuer une recherche générale à travers tout le Web est vite apparue. Une tâche titanesque : le Web comporte des milliards de pages dans lesquelles les moteurs de recherche jouent un rôle clé.

Nous allons dans un premier temps étudier le fonctionnement des moteurs de recherche car, en sachant cela, nous pourrons ensuite mettre en pratique certaines techniques simples pour que notre site soit le mieux référencé possible.

NE PAS CONFONDRE Un portail n'est pas un annuaire

Un portail est une page d'accueil qui fait des liens vers de nombreuses rubriques (généralement il s'agit d'un réseau de sites appartenant à la même entreprise). Il s'agit d'une sorte de « super-site ».

Il existe deux types d'outils de recherche :

- les annuaires ;
- les moteurs de recherche.

Les annuaires

VOCABULAIRE Abus de langage

Par abus de langage, on dit souvent qu'un annuaire est un « moteur de recherche » bien que ce ne soit pas exactement le cas.

Les premiers outils de recherche étaient des annuaires. Le principal défaut d'un annuaire est qu'il n'est pas automatisé : on compte sur les webmasters pour déclarer l'existence de leurs sites web.

Les annuaires de sites web peuvent être comparés aux annuaires téléphoniques. Pour apparaître dedans, il faut y inscrire son site, indiquer dans quelle catégorie il se classe, etc.

Le plus célèbre des annuaires est probablement Yahoo! (voir figure 15-1).

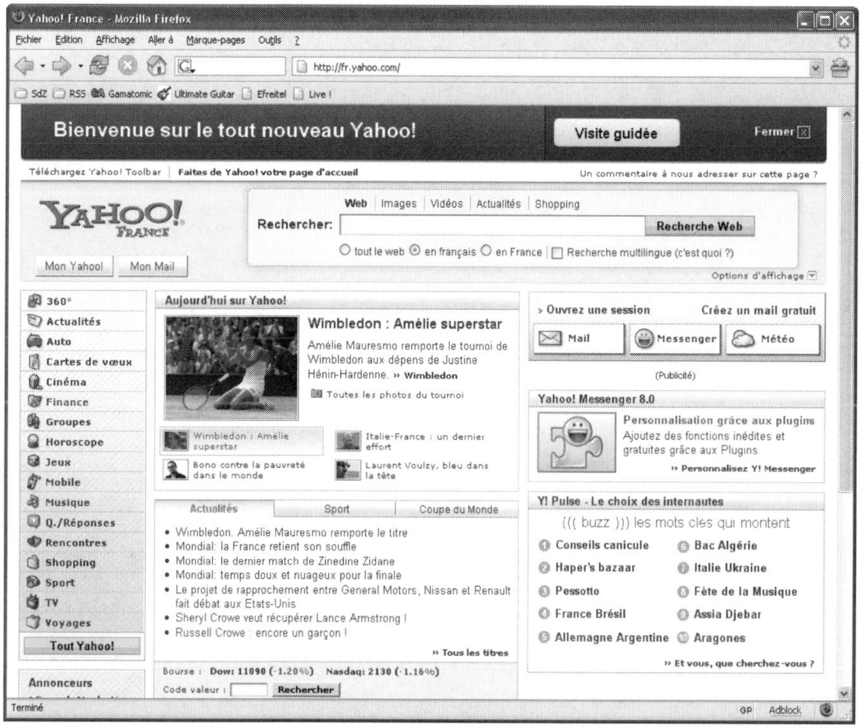

Figure 15–1
Yahoo! est le plus célèbre des annuaires.

> **CULTURE L'Open Directory Project**
>
> L'Open Directory Project, aussi connu sous le nom de DMOZ (pour « Directory Mozilla »), fut créé en 1998. Contrairement à Yahoo!, cet annuaire web n'est pas géré par une entreprise mais par une vaste communauté d'éditeurs bénévoles du monde entier. DMOZ présente la particularité d'être entièrement gratuit. L'ajout d'un site ne coûte rien mais peut parfois prendre un certain temps.
> Cet annuaire référence plusieurs millions de sites web. De nombreux sites utilisent ses données en complément d'autres services, le plus célèbre étant probablement le moteur de recherche Google comme nous allons le voir. N'hésitez pas à y inscrire votre site :
> - http://dmoz.org/ (en anglais)
> - http://dmoz.org/World/Fran%C3%A7ais/ (en français)

Les moteurs de recherche

Les annuaires sont limités car ils dépendent des webmasters. Si ceux-ci ne prennent pas la peine d'y inscrire leur site, qui le fera ?

Il a donc fallu développer des outils automatisés. Le plus célèbre d'entre eux est sans aucun doute Google (voir figure 15-2), mais d'autres moteurs de recherche de qualité sont apparus plus récemment, notam-

> **CULTURE Le moteur de recherche de Yahoo!**
>
> Pendant longtemps, Yahoo! est resté un simple annuaire. Pour étoffer son offre, il a durant plusieurs années utilisé la technologie du moteur de recherche de Google, alors que celui-ci n'était pas encore très connu.
> Aujourd'hui, Yahoo! possède son propre moteur de recherche appelé « Slurp » mais il s'est fait distancer par Google. Quoi qu'on en dise, la guerre des moteurs de recherche n'est pas terminée.

ment MSN Search. Quant à Yahoo!, ce n'est plus seulement un annuaire aujourd'hui : c'est aussi un moteur de recherche.

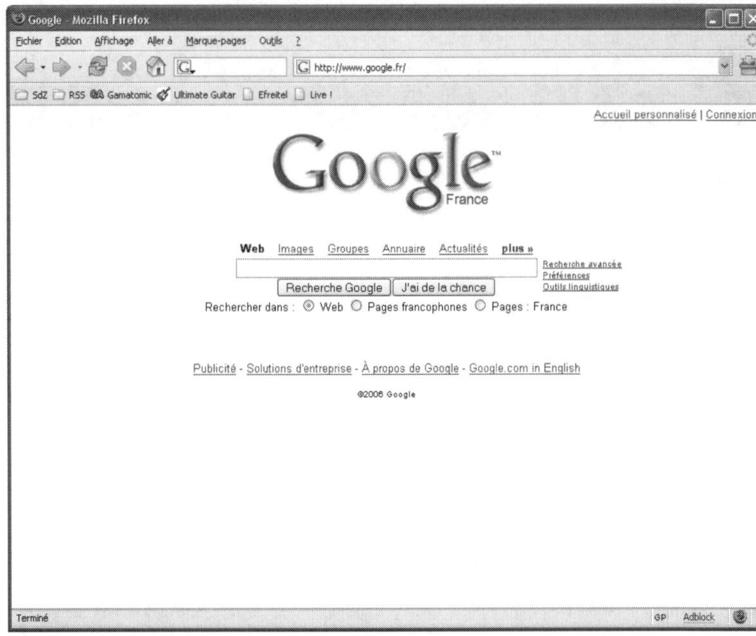

Figure 15–2
Le moteur de recherche Google et son interface très épurée

Comment un moteur de recherche fonctionne-t-il ?

1. Le Web est régulièrement exploré par un robot d'indexation. Ce robot est un programme informatique qui lit le code XHTML des pages web et recherche les liens qu'il contient. Il se rend ensuite sur les pages sur lesquelles pointent ces liens, lit à nouveau le code XHTML, recherche des liens, puis saute ainsi de page en page.

   Pour démarrer l'indexation, les robots utilisent une ressource pivot, comme l'annuaire web DMOZ qui est un gigantesque répertoire de liens.

   Un site web aura donc du mal à être référencé si aucun autre site connu du moteur de recherche ne fait de lien vers lui. La solution la plus efficace est probablement d'aller à la source en s'inscrivant à un annuaire comme DMOZ.

2. Le robot extrait ensuite tous les mots présents dans le code XHTML des pages visitées. Vous noterez qu'il ne lit pas le code CSS : c'est le contenu qui l'intéresse et non la présentation. Il enregistre ces mots dans une gigantesque base de données.

   Un algorithme se charge de classer les mots par pertinence : s'il s'agit d'un mot présent dans un titre, il aura plus de « valeur » qu'un mot présent dans un paragraphe. L'algorithme de Google, tenu secret, est reconnu pour être particulièrement efficace et vaut aujourd'hui plusieurs milliards (de dollars ou d'euros, peu importe à ce stade...).

3 Le moteur de recherche est alors prêt à répondre aux requêtes des internautes. Lorsque ceux-ci font une recherche, le moteur de recherche extrait de sa base de données les sites correspondants aux mots-clés. Il n'a ainsi pas besoin de parcourir le Web à chaque requête (ce serait bien trop long !). Cela explique pourquoi les résultats sont délivrés aussi rapidement.

Pour maintenir leur base de données à jour, les moteurs de recherche doivent recommencer l'indexation du Web régulièrement. Cette lourde opération s'effectue environ tous les mois.

Google et le PageRank

Nous allons voir ici plus en détail le fonctionnement du plus célèbre des moteurs de recherche : Google. Depuis qu'il est devenu l'outil le plus utilisé, les spécialistes du référencement s'y intéressent de près.

Google a introduit une façon originale de noter les pages : le PageRank. Il s'agit d'une note sur 10 donnée aux sites web. Plus la note est élevée, plus Google considère que le site est intéressant. Le PageRank ne détermine pas si votre site apparaîtra avant les autres dans les résultats d'une recherche, mais il y contribue.

ASTUCE Voir son PageRank

Pour voir le PageRank des sites que l'on visite (et en particulier le sien), il faut installer la barre d'outils Google sur votre navigateur :

- http://toolbar.google.com/intl/fr

Toutefois, certains outils en ligne permettent de l'obtenir directement. Par exemple :

- http://www.mon-pagerank.com/
- http://www.free-pagerank.com/

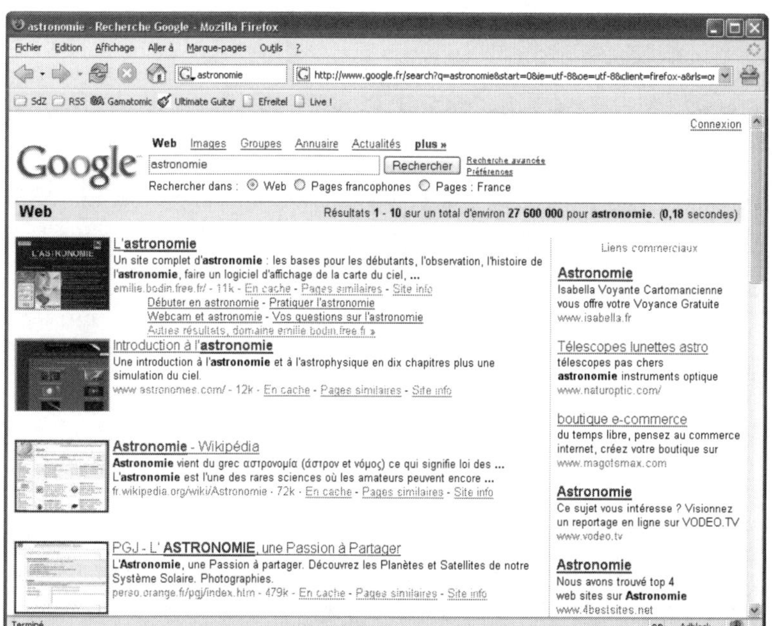

Figure 15–3
Apparaître sur la première page de Google pour un mot-clé donné peut vous apporter beaucoup de visiteurs.

Des études ont montré que les internautes dépassaient rarement les premières pages de résultats de Google (voir figure 15-3). Il est donc vital d'apparaître parmi les dix premiers, et si possible d'être dans les tous premiers. Bien entendu, le classement dépend de nombreux facteurs, à commencer par les mots-clés choisis par l'internaute.

Le PageRank est une valeur qui permet de mesurer la popularité d'un site web. Comment cela fonctionne-t-il ?

B.A.-BA Les backlinks

Un backlink est un lien fait par un autre site vers votre site.

Le robot de Google compte le nombre de liens qui pointent vers votre site (les backlinks). Logiquement, plus il y a de sites différents qui font un lien vers vous, plus votre site peut être considéré comme populaire. Google estime donc qu'un site a du « mérite » d'être cité sur d'autres pages web.

Toutefois, cela ne s'arrête pas là. S'il s'agissait juste de compter les liens, ce ne serait pas forcément toujours pertinent. Il y a donc d'autres règles :

- Si on fait un lien vers votre site depuis un site à fort PageRank, alors votre PageRank augmentera beaucoup. En revanche, si un site à faible PageRank fait un lien vers vous, votre PageRank augmentera peu. Vous avez donc tout à gagner à ce qu'on parle de vous sur un site à fort PageRank !
- Le nombre de liens présents sur la page qui mentionne votre site a de l'importance. En d'autres termes, si vous êtes le seul site à posséder un lien sur cette page, votre PageRank augmentera plus que s'il y avait eu des centaines d'autres liens sur cette même page.

ATTENTION Google n'aime pas les tricheurs

Bien que l'algorithme de Google soit tenu secret, cela n'a pas empêché les webmasters d'établir des conjectures sur son mode de fonctionnement. On a ainsi tôt fait de comprendre l'importance d'avoir des liens vers son site un peu partout sur le Web.
Cela a donné naissance à une certaine forme de « marché noir » aux liens : des webmasters sont prêts à payer pour obtenir un lien vers leur site depuis une page à fort PageRank. Faites attention où vous mettez les pieds. Le robot de Google n'est pas stupide et peut repérer les tricheurs. Par exemple, si le PageRank de votre site croît vraiment trop rapidement, le robot peut déclencher une alerte. Si Google constate qu'il y a eu effectivement triche, votre site peut être *black-listé*, c'est-à-dire banni de Google ! Un cauchemar de webmaster...

En résumé, le PageRank est une affaire de popularité. Celle de votre site se construira progressivement et le mieux est probablement de laisser ces liens se créer tous seuls. Vous pouvez éventuellement entrer en contact avec des sites web au PageRank élevé pour obtenir qu'ils pointent vers votre site, mais préparez-vous à sortir le porte-monnaie car on vous fera rarement cadeau d'un tel lien.

Principales recommandations pour être référencé au mieux

Dans l'introduction de ce chapitre, vous avez découvert, peut-être avec étonnement, que le référencement n'était pas un ensemble de formules secrètes et complexes à connaître.

Il fût un temps où seuls les annuaires existaient. Il fallait alors se rendre sur chacun d'eux et répondre à un long questionnaire à chaque fois. Le métier du référencement est né à ce moment-là : les entreprises payaient des personnes pour que leurs sites soient inscrits dans les meilleurs annuaires.

Avec le temps, les moteurs de recherche ont largement évolué, et le référencement aussi. Aujourd'hui, il ne s'agit plus seulement d'inscription aux annuaires, bien que l'inscription aux poids lourds tels DMOZ et Yahoo! reste conseillée. En fait, il s'agit surtout de bien concevoir votre site pour faciliter la navigation des robots des moteurs de recherche.

Sachant tout cela, on peut établir une liste de conseils à suivre si on souhaite que son site soit le mieux référencé possible. Attention, cette liste n'est pas classée et n'est pas exhaustive. Le référencement est un sujet complexe et passionnant qui pourrait faire l'objet d'un livre entier.

- Faites en sorte que l'on fasse des liens vers votre site depuis d'autres pages web. Privilégiez les sites possédant un PageRank élevé car ils augmenteront d'autant plus le vôtre.
- Inscrivez-vous dans un annuaire de sites comme DMOZ ou Yahoo!. Votre PageRank peut aisément gagner un point si votre site y est présent.
- Choisissez avec soin le titre de votre site (balise `<title>`). Ce titre est très important : les mots qu'il contient ont beaucoup de poids. Ils définissent dans une certaine mesure quels mots-clés feront apparaître votre site dans les résultats des recherches.

  Choisissez un titre simple et court. Les premiers mots du titre ont plus d'importance que ceux situés à la fin. On conseille de ne pas créer de titres de plus d'une soixantaine de caractères.
- Dans une moindre mesure, les titres présents dans votre page ont eux aussi de l'importance (`<h1>`, `<h2>`...). Choisissez les mots qu'ils contiennent avec soin.
- Mettez en valeur avec une balise `<strong>` ou `<em>` certains mots de vos paragraphes que vous jugez importants.
- Le texte d'une page web est l'élément fondamental pour un moteur de recherche. En fait, c'est la seule chose qu'il puisse lire. Regardez à quoi ressemble votre page en l'absence de CSS pour avoir un aperçu de ce

> EN PRATIQUE
> **Comment ne pas se faire référencer ?**
>
> Cela peut paraître absurde, mais certains webmasters ne souhaitent pas que leur site soit indexé par les moteurs de recherche, ou du moins souhaitent conserver certaines pages confidentielles. Il y a heureusement un moyen d'empêcher les robots de faire leur travail : le fichier `robots.txt`. Vous trouverez plus d'informations à ce sujet sur ce site :
>
> ▸ http://www.abondance.com/docs/robots.html

> RAPPEL **<strong> et <em>**
>
> Ces deux balises permettent de mettre en valeur des mots présents dans les paragraphes de votre page web. La balise `<strong>` indique que ces mots sont « importants », tandis que la balise `<em>` indique qu'ils sont « assez importants ». `<strong>` a donc plus de valeur que `<em>`.

qu'un robot d'indexation « voit ». Il est primordial que votre site possède du contenu.

Évitez à tout prix les sites entièrement en Flash. Leur contenu ne peut pas être analysé par les robots qui verront seulement la présence d'une animation Flash mais pas son contenu.

- L'adresse d'un site web est prise en compte par les moteurs. Une adresse contient en effet des mots-clés et ceux-ci ont beaucoup de poids, tout comme les mots présents dans la balise `<title>`.

  Par exemple, si votre site traite d'immobilier il peut être rentable d'acheter un nom de domaine comme immobilier.fr. Si vous n'avez pas de nom de domaine, soignez au moins les noms des dossiers et des fichiers. Ils seront pris en compte par les robots. Voici un exemple d'adresse intéressante : http://www.immobilier.fr/vente/provence.html

  On y distingue les mots-clés « immobilier », « vente » et « provence ». Autant d'éléments qui guideront le robot du moteur de recherche.
- Enfin, mettez à jour votre site web fréquemment. Si son contenu change souvent, le robot ira plus régulièrement l'analyser. La base de données du moteur de recherche sera donc à jour et prendra en compte les nouvelles données (mots-clés, nouvelles pages, etc.).

RAPPEL Le texte alternatif des images

Tout intelligent qu'il soit, un robot n'est pas humain. Il ne peut donc pas « lire » les images pour en dégager le sens. C'est entre autres pour cela qu'il y a un attribut `alt` dans la balise `<img />` et qu'il est obligatoire de l'utiliser.

À la place des images, le robot verra les textes alternatifs définis dans les attributs `alt`. Essayez donc de décrire au mieux le contenu de vos images dans cet attribut.

ALLER PLUS LOIN Les balises Meta

Vous avez peut-être déjà entendu parler des balises Meta. Ce sont des balises que l'on place dans l'en-tête de la page (`<head>`) et qui définissent certaines informations d'ordre général. On en a d'ailleurs déjà utilisé une pour indiquer le type de caractères utilisés dans la page web (voir chapitre 2).

Il en existe un grand nombre. Il y en a par exemple qui permettent d'indiquer les mots-clés relatifs à son site. Cependant, ces balises ne sont plus vraiment prises en compte par les moteurs de recherche, car il y a eu beaucoup trop d'abus.

Il y a toutefois un moyen intéressant pour donner des informations générales sur sa page web : les métadonnées Dublin Core. Si vous êtes curieux, allez donc lire l'article à ce sujet sur le site OpenWeb :

- http://openweb.eu.org/articles/dublin_core/

CULTURE Les concours de référencement

Le référencement, un jeu ? En tout cas, cela semble amuser de nombreux webmasters qui s'intéressent de près au référencement.

Le but d'un concours de référencement consiste à être le premier d'une recherche Google pour des mots-clés donnés. On choisit des mots-clés qui n'ont jamais été utilisés, ce qui donne lieu à des recherches étranges. Essayez par exemple dans Google :

- « Mangeur de Cigogne » ;
- « Ornithorynque Polyglotte » ;
- « Spationaute Troglodyte » ;
- « Kazayarama le Chamow ».

Tous les sites web que vous trouverez dans les résultats de la recherche sont en course (ou ont été en course) pour la première place. Il y a parfois des lots à la clé pour les vainqueurs.

Notez au passage que certains concours se déroulent sur d'autres moteurs de recherche que Google, comme Yahoo!, MSN Search, etc. Voici quelques exemples de sites lançant des concours de référencement :

- http://concours.forum-referencement.net/
- http://www.siteduzero.com/forum-83-42094.html
- http://concours.promo-web.org/

Si vous participez à l'un de ces concours, vous en apprendrez probablement beaucoup sur le référencement. Si ce sujet vous intéresse, c'est donc une bonne formation.

En résumé...

L'art du référencement, c'est un peu l'art de séduire les moteurs de recherche. Il faut faire en sorte de « plaire » à ces petites bêtes que sont les robots d'indexation pour parvenir à être classé parmi les premiers dans les résultats des recherches. Car, inutile de vous le cacher : il n'y a pas de place pour les derniers. Si vous n'êtes pas dans les premières pages, on ne vous verra jamais.

Bien que Google soit le moteur de recherche le plus utilisé à l'heure actuelle, rien n'indique qu'il le restera. Yahoo! et MSN Search sont de sérieux concurrents à ne pas négliger. Soyez donc ouvert et n'hésitez pas à vous renseigner plus en détail sur le fonctionnement de ces autres moteurs de recherche qui attendent patiemment leur heure.

Enfin, méfiez-vous des charlatans qui vous promettent de référencer votre site rapidement et efficacement en échange de votre code de carte bancaire. Un véritable business s'est construit autour du référencement.

ALLER PLUS LOIN **Suivez l'évolution des moteurs de recherche**

Qu'on ne s'y trompe pas : ce chapitre n'est pas un guide complet de tout ce qu'il faut savoir sur le référencement. C'est un vaste sujet, qui plus est, en perpétuelle évolution (eh oui, les moteurs de recherche évoluent eux aussi !). Restez à l'affût en consultant régulièrement des sites spécialisés :

- http://www.webrankinfo.com/
- http://www.abondance.com/

annexe A

Cm2
ORION Célestin
Interrogation
0/20
Attention à l'orthographe !!!!

Correction des QCM

Tout au long de cet ouvrage, vous avez rencontré des QCM en fin de chapitre. Vous trouverez dans cette annexe les solutions de tous les QCM ainsi que des explications pour chaque réponse.

Chapitre 2 – Comment démarrer sa première page web ?

Question	Bonne réponse	Commentaires
Laquelle de ces balises est correctement écrite ?	<title></title>	En effet, les balises XHTML s'écrivent toujours en minuscules.
À l'intérieur de quelle balise le texte de la page web sera-t-il écrit ?	<body>	En anglais, le terme *body* signifie « corps ». À l'intérieur de cette balise, on trouvera donc le corps du document, c'est-à-dire le contenu de la page web.
La toute première balise qui doit être écrite dans une page web est <!DOCTYPE>. Quel est son rôle ?	Indiquer la version du langage (X)HTML utilisé	Cette balise un peu particulière indique au navigateur la version du langage (X)HTML utilisé. Elle permet donc de savoir si le site est écrit en HTML, l'ancêtre du XHTML (si oui, quelle version), ou en XHTML (si oui, quelle version).
Laquelle de ces balises est une balise de commentaire ?	<!-- Commentaire -->	Une balise de commentaire commence toujours par <!-- et se termine par -->.

Chapitre 3 – Baliser le texte de sa page

Question	Bonne réponse	Commentaires
Quelle balise permet d'insérer un paragraphe ?	<p></p>	C'est probablement la balise la plus utilisée, vous devez la retenir !
Combien existe-t-il de niveaux de titres différents en XHTML ?	6	Il existe 6 niveaux de titres, du <h1> (titre important) au <h6> (titre faiblement important).
Laquelle de ces balises indique la mise en valeur la plus forte ?	<strong>	Le mot *strong* signifie « fort » en anglais.
Où une citation courte doit-elle être située ?	À l'intérieur d'un paragraphe	La balise <q> de citation courte doit être située dans un paragraphe. À l'inverse, la balise <blockquote> de citation longue doit contenir une balise de paragraphe.

Chapitre 4 – Un site, ça crée des liens !

Question	Bonne réponse	Commentaires
Quel est l'attribut que l'on doit impérativement utiliser dans la balise <a> pour indiquer où amène le lien ?	`href`	L'attribut `href` est obligatoire car il permet d'indiquer vers quelle page amène le lien.
Laquelle de ces adresses est écrite de manière absolue (et non de manière relative) ?	http://www.monsite.com/page.html	Une adresse absolue est une adresse généralement longue qui précise où se trouve exactement le fichier. À l'inverse, une adresse relative est souvent plus courte à écrire et possède l'avantage de rendre votre site adaptable sur n'importe quel hébergeur (quelle que soit son adresse) sans aucun changement du code. Utilisez les liens absolus pour faire des liens vers d'autres sites que le vôtre, et utilisez les liens relatifs pour les liens entre les pages de votre site.
Quel préfixe doit-on mettre dans l'adresse pour créer un lien de type e-mail ?	`mailto:`	Ce préfixe d'adresse transforme votre lien en lien de type e-mail. Si un internaute clique sur un lien de ce genre, une fenêtre de rédaction d'un nouveau e-mail s'ouvrira chez lui avec votre adresse e-mail préremplie. Exemple : <a href="mailto:moi@vivemoi.com">Envoyez-moi un message !</a>.
Quel attribut, que l'on peut mettre sur quasiment toutes les balises, permet de créer une ancre ?	`id`	Cet attribut permet de donner un nom à une balise afin de l'identifier. Ce nom doit être unique sur une même page XHTML (il ne peut pas y avoir 2 balises avec le même id). Grâce aux ancres, vous pouvez faire un lien qui amènera vos visiteurs directement à un endroit précis de la page. Exemple de lien vers une ancre : <a href="#bas">Bas de la page</a>.

Chapitre 5 – Insérer des images

Question	Bonne réponse	Commentaires
Lequel de ces formats d'image n'est pas adapté au Web ?	BMP	Le format BMP (Bitmap) est un format d'image non compressé, ce qui signifie que les images sont très volumineuses, donc très longues à télécharger.
Quel attribut utilise-t-on pour indiquer un texte de remplacement à une image ?	`alt`	Cet attribut est l'abréviation du mot « alternatif » qui signifie que si une image ne peut être affichée, c'est ce texte qui prendra sa place.
Lequel de ces formats d'image ne gère pas la transparence ?	JPEG	Les images JPEG, contrairement aux PNG et aux GIF, ne peuvent être rendues transparentes.
Combien de couleurs différentes peut afficher une image au format PNG 8 bits ?	256	Un PNG 8 bits peut afficher au maximum 256 couleurs différentes. Un PNG 24 bits peut en afficher plusieurs millions. Si votre image comporte peu de couleurs, préférez l'utilisation d'un PNG 8 bits : le fichier sera plus léger.

Chapitre 6 – CSS, le langage de mise en page du Web

Question	Bonne réponse	Commentaires
Quel est le nom de la balise permettant d'appeler un fichier `.css` ?	`<link />`	La balise `<link />` nous permet de dire au navigateur que notre fichier XHTML utilise un fichier CSS.
Quelle est la particularité des noms donnés avec l'attribut `id` dans le code XHTML ?	Un même nom ne peut être utilisé qu'une seule fois dans une page.	Il faut bien retenir que l'attribut `id` sert à donner un nom unique à une balise. Si vous voulez donner un même nom à plusieurs balises, utilisez `class`.

À quelles balises s'applique ce code CSS ?
`p strong`
`{`
`}`
	Aux balises `<strong>` situées dans des `<p>`.	Attention à l'ordre : l'élément conteneur se trouve à gauche, tandis que l'élément contenu se trouve à droite.

À quelles balises s'applique ce code CSS (bis) ?
`.menu, em`
`{`
`}`
	Aux balises `<em>` ainsi qu'aux classes `menu`.	Le point sert à indiquer que l'on utilise une classe. Par ailleurs, la virgule sert à séparer des éléments.

Chapitre 7 – Mettre en forme son texte

Question	Bonne réponse	Commentaires
Quelle propriété CSS permet de créer un alinéa ?	`text-indent`	Le mot *indent* signifie « indenter » en anglais. Le texte comportera donc un alinéa.
Si je veux dire qu'un texte est important, que dois-je faire ?	Utiliser la balise XHTML `<strong>`.	Le langage XHTML permet de donner du sens à son texte. C'est donc la balise `<strong>` que l'on doit utiliser si on veut faire comprendre au navigateur qu'un texte est important. À l'inverse, si on veut juste mettre en gras pour décorer, on utilisera le langage CSS.
Que fait la valeur `uppercase` de `text-transform` ?	Elle met en majuscules tout le texte.	En effet, `uppercase` met tout un texte en majuscules, contrairement à `capitalize` qui ne met en majuscule que la première lettre de chaque mot.

Quel sera l'effet de ce code CSS ?
`strong`
`{`
`font-variant: small-caps;`
`font-size:1.3em;`
`}`
	Les textes situés dans une balise `<strong>` seront écrits en petites capitales et leur taille sera multipliée par 1,3.	L'effet CSS sera appliqué à la balise `<strong>` comme l'indique la première ligne du code, la première réponse était donc à exclure. Après, le reste n'était qu'une combinaison de propriétés CSS qu'il suffisait de bien connaître pour répondre correctement.

Chapitre 8 – Un peu déco : couleur et fond

Question	Bonne réponse	Commentaires
Laquelle de ces notations n'est pas adaptée pour désigner une couleur ?	Pixels	Les pixels servent à désigner une position ou une taille, mais pas une couleur !
Quelle propriété CSS permet de rendre un fond fixe lors du défilement de la page ?	`background-attachment`	`background-fixed` n'existe pas, quant à `background-image` c'est la propriété qui permet d'indiquer l'image de fond.
Par quel symbole commence une couleur écrite en hexadécimal ?	#	Ce symbole sert de préfixe à toute couleur écrite en hexadécimal.

Que signifie ce code ?
`p: hover`
`{`
`  text-decoration: underline;`
`  color: yellow;`
`}`
	Les paragraphes seront écrits en jaune et soulignés lors du survol de la souris.	`p: hover` signifie que le code entre accolades doit s'appliquer aux paragraphes survolés par la souris. Quant à `yellow` et `underline`, ils indiquent que le texte doit être écrit en jaune et souligné.

Chapitre 9 – Les listes à puces : pour un site web structuré

Question	Bonne réponse	Commentaires
Quelle balise permet d'indiquer la définition d'un mot ?	<dd>	Souvenez-vous des moyens mnémotechniques que nous avons vus : <dd> signifie « definition definition ».
Quelle balise indique une liste numérotée ?	`<ol>`	Là encore, les moyens mnémotechniques devraient vous rappeler que `<ol>` est l'abréviation de *Organized List*, soit « Liste organisée » en français.
Comment fait-on pour supprimer les puces ?	On met la propriété `list-style-type` à `none`	Une des valeurs intéressantes de `list-style-type` est justement `none`. En effet, dans certains cas nous aurons besoin de créer des listes à puces où les puces n'apparaissent pas, notamment lorsque nous ferons le menu de notre site web.
Quelle valeur dois-je mettre à la propriété `list-style-type` afin d'avoir ce type de numérotation : i, ii, iii, iv, v, vi... ?	`lower-roman`	Là encore, connaître quelques mots d'anglais aide ! En effet, *lower* signifie « minuscule » et *roman* signifie « romain ». On n'a dès lors aucun mal à deviner que c'est la valeur qui permet d'effectuer une numérotation romaine minuscule de type i, ii, iii, iv...

Chapitre 10 – Les tableaux : synthétiser ses informations

Question	Bonne réponse	Commentaires
Laquelle de ces propriétés CSS ne peut s'appliquer qu'à un tableau ?	`border-collapse`	La propriété `border-collapse` colle les bordures d'un tableau entre elles pour qu'il n'y ait pas de bordures en double. Les autres propriétés listées étaient tout à fait utilisables sur d'autres balises comme des paragraphes, des images, des titres...
Quelle balise XHTML représente une ligne de tableau ?	`<tr>`	Ce sont des noms de balises que l'on retient à force d'utilisation. Vous confondrez probablement `<tr>`, `<th>` et `<td>` les premiers temps, mais ce n'est pas un drame. C'est même très bien : c'est en faisant des erreurs que l'on apprend !
J'ai créé un tableau qui ne contient aucune fusion de cellules. Si ma première ligne contient 4 `<td>`, combien devra en contenir la seconde ligne ?	4	S'il n'y a pas de fusions pour compliquer l'affaire, alors il y a une règle très simple qui dit : « S'il y a X cellules sur la première ligne, alors toutes les autres lignes contiendront aussi X cellules ». Dans le cas d'un tableau avec fusions, il faut penser qu'une cellule compte double si `colspan="2"`, triple si `colspan="3"`, etc.
Dans quel ordre faut-il *écrire* ces balises pour créer un tableau divisé en 3 parties ? Attention, nous parlons de l'ordre d'écriture du code, pas de l'ordre d'affichage à l'écran !	`<thead>`, `<tfoot>`, `<tbody>`	Lorsqu'on crée un tableau divisé en 3 parties, il faut placer le `<tfoot>` juste après le `<thead>` dans le code, bien que celui-ci soit affiché à la fin.

Chapitre 11 – Les formulaires : recueillir l'avis de ses visiteurs

Question	Bonne réponse	Commentaires
Quelle est la méthode d'envoi d'un formulaire qui permet de transmettre le plus de données ?	`method="post"`	La méthode `post` est moins limitée en taille que `get`. C'est cette méthode d'envoi qu'on utilise le plus souvent dans les formulaires.
Que peut-on mettre entre les balises `<textarea></textarea>` définissant une zone de saisie multiligne ?	La valeur par défaut du champ	Ce n'est pas obligatoire, mais vous pouvez si vous le voulez préremplir la zone de saisie par le texte de votre choix. Placez simplement ce texte entre `<textarea>` et `</textarea>`.
Quel type de bouton est créé avec ce code : `<input type="reset" />` ?	Un bouton de remise à zéro	Le mot *reset* signifie « remettre à zéro » en anglais. Vous ne devriez pas avoir eu de mal à répondre à cette question car il y a un bouton intitulé « reset » sur votre ordinateur, et il a le même rôle.
Quelle balise permet de créer plusieurs zones dans son formulaire ?	`<fieldset>`	Cette balise permet de regrouper des champs de formulaire. Elle se révèle très utile pour donner un peu de clarté à de gros formulaires. On l'accompagne généralement de `<legend>` qui permet de définir le titre du groupe de champs.

Chapitre 12 – Positionner les éléments dans la page

Question	Bonne réponse	Commentaires
Quelle est la seule balise de cette liste à être de type bloc ?	`<div>`	Cette balise était en effet la seule de la liste à être de type bloc. C'est d'ailleurs la balise bloc générique (qui n'a pas de sens particulier).
Quelle est la seule balise de cette liste à être de type en ligne ?	`<sup>`	Cette balise est de type en ligne car le texte qui se trouve à l'intérieur reste sur la même ligne (au lieu de créer un nouveau bloc en dessous). Petit rappel : cette balise sert à placer un texte en exposant. Retournez au chapitre 3 si vous avez besoin de plus d'explications à son sujet.
Quelle propriété CSS permet de modifier la marge interne d'un élément ?	`padding`	Retenez que `padding` correspond à la marge interne et `margin` à la marge externe. C'est très important. Ah, et si vous avez répondu `pudding`, c'est probablement un message de votre estomac !

Comment sera placé l'élément ayant l'id « contact » avec ce code CSS ?
`#contact`
`{`
`  position: fixed;`
`  bottom: 0px;`
`  left: 0px;`
`}`
	Il sera placé en bas à gauche de la page et restera toujours visible à sa position même si on descend plus bas dans la page.	Un élément positionné en `fixed` restera toujours visible même si on fait défiler la page. Les propriétés `bottom` et `left` devraient vous avoir indiqué qu'on veut que l'élément soit positionné tout en bas à gauche de la page : 0 px par rapport au bas et 0 px par rapport au bord gauche.

annexe B

Du Xhtml
V.2
Le seigneur des balises
L'alchimie du xhtml
Sarry Potter et la balise de feu
Index des balises
Grimoire du Xhtml
Anxioleptique
Balisus
« LE NANOMICON »
La petite ba
Balisus

Liste des balises XHTML

Il existe une grand quantité de balises XHTML et nous en avons découvert un certain nombre tout au long de cet ouvrage. Toutefois, nous n'avons pas eu l'occasion de toutes les aborder. Vous trouverez donc dans cette annexe une liste exhaustive des balises XHTML, classées par thèmes.

Le code minimal

Commençons par l'indispensable code minimal. Quelle que soit la page web que vous créez, elle doit toujours comporter au moins ce code.

ATTENTION

Les différentes versions de XHTML

Ce code minimal varie en fonction des versions de HTML et XHTML utilisées. Ici, il s'agit du code minimal pour une page XHTML 1.0 stricte, c'est-à-dire la version de XHTML enseignée tout au long de cet ouvrage.

Si vous utilisez une autre version de XHTML, veillez à utiliser le code minimal adapté.

Code minimal d'une page XHTML

```
<!DOCTYPE html PUBLIC "-//W3C//DTD XHTML 1.0 Strict//EN"
"http://www.w3.org/TR/xhtml1/DTD/xhtml1-strict.dtd">
<html xmlns="http://www.w3.org/1999/xhtml" xml:lang="fr" >
   <head>
      <title>Titre du site</title>
      <meta http-equiv="Content-Type" content="text/html;
charset=iso-8859-1" />
   </head>

   <body>
   </body>
</html>
```

Le contenu du site doit être rédigé entre <body> et </body>.

Index des balises XHTML

POUR ALLER PLUS LOIN Référence sur le Web

L'excellent site suivant recense les balises XHTML existantes ainsi que leurs attributs :

- http://giminik.developpez.com/xhtml/

Notez que cette page présente la liste des balises de XHTML 1.1, alors que cet ouvrage se base sur XHTML 1.0. Heureusement, les différences entre ces deux versions de XHTML sont minimes. Vous pouvez donc utiliser cet outil en ligne sans problème.

Notez que la colonne « attributs utiles » est subjective. En effet, toutes les balises ou presque permettent l'utilisation d'attributs communs comme `id` ou `class`. Plutôt que de faire une longue liste à chaque fois, ce qui aurait rendu le tableau peu lisible, nous avons choisi de citer les attributs que l'on a l'habitude d'utiliser pour chaque balise. Cela ne signifie donc pas que ce sont les seuls attributs valables.

Tableau B-1 Balises de premier niveau

Balise	Type	Attributs utiles	Signification et commentaires
<body>	Bloc		Corps de la page.
<head>	Aucun		En-tête d'une page XHTML.
<html>	Aucun	xmlns, xml:lang	Définit les limites d'une page XHTML. Toutes les balises à l'exception du DOCTYPE doivent se trouver à l'intérieur de <html>.

Tableau B-2 Balises d'en-tête

Balise	Type	Attributs utiles	Signification et commentaires
<base />	Aucun	href	URL de base pour toutes les adresses relatives de la page.
<link />	Aucun	charset, href, hreflang, media, rel, rev, type	Cette balise d'en-tête peut être utilisée dans de nombreux cas. En particulier, elle permet de lier une ou plusieurs feuilles de style externes (.css) à la page web.
<meta />	Aucun	content, dir, http-equiv, name	Propriété de la page web. Cette balise permet de donner des informations d'ordre général sur la page web : auteur, description, etc. Ces éléments ne seront pas affichés.
<style>	Aucun	inline, type	Définit les styles CSS de la page. À placer dans l'en-tête <head>. Notez qu'il est généralement préférable de placer les styles CSS dans un fichier .css externe.
<title>	Aucun		Titre de la page web.

Tableau B-3 Balises de structuration de texte

Balise	Type	Attributs utiles	Signification et commentaires
<a>	En ligne	href, title	Lien.
<abbr>	En ligne	title	Forme abrégée. Très similaire à <acronym>.
<acronym>	En ligne	title	Acronyme.
<address>	En ligne		Adresse.
<bdo>	En ligne	dir	Indique le sens d'affichage du texte. Si dir="ltr", le texte sera affiché de gauche à droite. Si dir="rtl", il sera affiché de droite à gauche.
<blockquote>	Bloc		Citation longue.
 	En ligne		Retour à la ligne dans un paragraphe.
<cite>	En ligne		Nom de l'auteur d'une citation.
<code>	En ligne		Code source. Permet de présenter un code de programme ou un code de page web écrit en XHTML par exemple.
<del>	En ligne	cite, datetime	Élément supprimé.
<dfn>	En ligne		Définition.
<em>	En ligne		Emphase du texte (faible mise en valeur).
<h1>	Bloc		Titre de niveau 1.
<h2>	Bloc		Titre de niveau 2.
<h3>	Bloc		Titre de niveau 3.
<h4>	Bloc		Titre de niveau 4.
<h5>	Bloc		Titre de niveau 5.
<h6>	Bloc		Titre de niveau 6.
<hr />	Bloc		Séparateur. Insère un trait horizontal dans la page.

Balise	Type	Attributs utiles	Signification et commentaires
`<ins>`	En ligne	`cite, datetime`	Élément inséré.
`<kbd>`	En ligne		Texte devant être saisi par l'utilisateur au clavier.
`<p>`	Bloc		Paragraphe.
`<pre>`	Bloc		Affiche le texte tel qu'il a été tapé dans le code source XHTML. Les espaces multiples, les tabulations et les retours à la ligne sont respectés. La police d'un tel texte est à chasse fixe (tous les caractères ont la même largeur).
`<q>`	En ligne	`cite`	Citation courte.
`<samp>`	En ligne		Extrait de programme ou de script.
`<strong>`	En ligne		Texte important (forte mise en valeur).
`<sub>`	En ligne		Mise en indice.
`<sup>`	En ligne		Mise en exposant.
`<var>`	En ligne		Nom d'une variable d'un programme.

Tableau B-4 Balises de gestion des images

Balise	Type	Attributs utiles	Signification et commentaires
`<area />`	Aucun	`alt, coords, href, nohref, shape`	Zone d'une image réactive. Une telle image est découpée en plusieurs parties, chacune pouvant faire office de lien vers une page différente.
`<img />`	En ligne	`alt, src, longdesc, ismap, usemap`	Image. N'oubliez pas d'indiquer un texte alternatif court avec l'attribut `alt`.
`<map>`	Bloc	`id`	Contient la table descriptive des zones d'une image réactive, c'est-à-dire des balises `<area />`.

Tableau B-5 Balises de liste

Balise	Type	Attributs utiles	Signification et commentaires
`<dd>`	Bloc		Définition d'une liste de définitions.
`<dl>`	Bloc		Liste de définitions.
`<dt>`	Bloc		Terme d'une liste de définitions.
`<li>`	List-item		Élément d'une liste à puces ou d'une liste numérotée.
`<ol>`	Bloc		Liste numérotée (ordonnée).
`<ul>`	Bloc		Liste à puces (non ordonnée).

Tableau B-6 Balises de tableau

Balise	Type	Attributs utiles	Signification et commentaires
<caption>	Table-caption		Titre d'un tableau.
<col />	Table-column	char, charoff, span, width	Définit une mise en forme commune à tout ou partie des colonnes d'un tableau. Cet élément doit être placé à l'intérieur d'un tableau ou d'un <colgroup>.
<colgroup>	Table-column-group	char, charoff, span, width	Définit un groupe de colonnes de tableau. Cet élément doit être placé à l'intérieur d'un tableau et peut éventuellement contenir des balises <col />.
<table>	Table	summary	Tableau.
<tbody>	Table-row-group		Regroupe les cellules du corps du tableau.
<td>	Table-cell		Cellule de tableau.
<tfoot>	Table-footer-group		Regroupe les cellules du pied du tableau.
<th>	Table-cell		Cellule d'en-tête de tableau.
<thead>	Table-header-group		Regroupe les cellules d'en-tête du tableau.
<tr>	Table-row		Ligne de tableau.

Tableau B-7 Balises de formulaire

Balise	Type	Attributs utiles	Signification et commentaires
<button>	En ligne	name, type, value	Bouton de formulaire.
<fieldset>	Bloc		Regroupe certains éléments d'un formulaire à l'intérieur d'un cadre.
<form>	Bloc	action, enctype, method	Formulaire.
<input />	En ligne	accept, checked, disabled, maxlength, name, readonly, size, type	Élément de formulaire. L'attribut type permet d'indiquer de quel type d'élément il s'agit. Cette balise permet donc de créer un grand nombre d'éléments différents : champ de texte, case à cocher, bouton d'option, bouton, etc.
<label>	En ligne	for	Libellé d'un champ de formulaire.
<legend>	En ligne		Titre d'un groupe d'éléments de formulaire. À utiliser à l'intérieur d'une balise <fieldset>.
<optgroup>	Bloc	label	Regroupe des options dans une liste de choix.
<option>	Bloc	value	Élément d'une liste de choix.
<select>	En ligne	disabled, multiple, name, size	Liste déroulante.

Balise	Type	Attributs utiles	Signification et commentaires
`<textarea>`	En ligne	`cols, rows, name, disabled, readonly`	Champ de texte à plusieurs lignes et plusieurs colonnes.

Tableau B-8 Balises de scripts et balises objet

Balise	Type	Attributs utiles	Signification et commentaires
`<noscript>`	Bloc		Message à afficher si le navigateur est incapable de comprendre les scripts de la page.
`<object>`	En ligne	`archive, classid, codebase, codetype, data, standby, type, usemap`	Insère un objet dans la page. Cette balise est utilisée pour insérer des éléments externes tels que des animations, des sons, des applets Java, etc.
`<param />`	Aucun	`name, value`	Spécifie un argument qui sera envoyé à l'objet `<object>` dont il fait partie.
`<script>`	Aucun	`src, type`	Insère un script (par exemple du JavaScript).

Tableau B-9 Balises obsolètes (utilisation déconseillée)

Nous avons tenu à l'écart certaines balises devenues obsolètes depuis l'apparition du CSS dans le tableau B-9. Bien que ces balises existent toujours, il est déconseillé de les utiliser car il s'agit de balises de mise en forme. On préférera recourir à des propriétés CSS dont le rôle est équivalent.

Balise	Type	Signification et commentaires	Propriété CSS de remplacement
`<b>`	En ligne	Mise en gras.	`font-weight`
`<big>`	En ligne	Agrandissement du texte.	`font-size`
`<i>`	En ligne	Mise en italique.	`font-style`
`<small>`	En ligne	Réduction du texte.	`font-size`
`<tt>`	En ligne	Texte avec police à chasse fixe.	`font-family` (ou balise `<pre>`).

Tableau B-10 Balises génériques

Balise	Type	Attributs utiles	Signification et commentaires
`<div>`	Bloc	`class, id`	Balise générique de type bloc. Cette balise n'a aucune valeur sémantique, c'est-à-dire qu'elle n'a aucun sens particulier pour le navigateur. On l'utilise le plus souvent comme conteneur pour réaliser le design d'un site web.
`<span>`	En ligne	`class, id`	Balise générique de type en ligne. Cette balise n'a aucune valeur sémantique. On l'utilise généralement pour appliquer un style particulier à une portion de texte précise.

annexe C

CSS 2
La bible du CSS
Le ZEN des CSS
CSS 2
Pratique du design web
aël GOETTER
tribution
Blondeel
Le CSS : C'est Super Simple
CSS
Profession : architecte CSS
CSS Design Attitude
Comment designer
CSS
I II
Le guide du Design
CSS
ASTRO

Liste des propriétés CSS

Tout comme les balises XHTML, il existe un nombre important de propriétés CSS. Il n'est pas indispensable de toutes les connaître par cœur : ce qui importe, c'est d'avoir une référence sous la main pour pouvoir retrouver rapidement la propriété que l'on cherche. C'est justement l'objet de la présente annexe.

Inclure un fichier CSS

Il y a plusieurs façons d'utiliser du code CSS dans une page web. La plus conseillée est celle que nous avons retenue dans cet ouvrage : l'utilisation d'un fichier `.css` externe.

Le code ci-dessous présente un code XHTML faisant appel à un fichier `style.css`.

Inclusion d'un fichier CSS externe

```
<!DOCTYPE html PUBLIC "-//W3C//DTD XHTML 1.0 Strict//EN"
"http://www.w3.org/TR/xhtml1/DTD/xhtml1-strict.dtd">
<html xmlns="http://www.w3.org/1999/xhtml" xml:lang="fr" >
  <head>
    <title>Titre du site</title>
    <meta http-equiv="Content-Type" content="text/html;
charset=iso-8859-1" />
    <link rel="stylesheet" media="screen" type="text/css"
title="Mon style" href="style.css" />
  </head>

  <body>
  </body>
</html>
```

TOUJOURS PLUS

Sommaire de référence sur le Web

Vous trouverez sur le Web des sites référençant les propriétés CSS, notamment :

- http://wiki.media-box.net/documentation/css
- http://fr.selfhtml.org/navigation/css.htm

Notez que dans ce cas, le fichier CSS devra être situé dans le même dossier que le fichier XHTML. Si vous voulez le placer dans un sous-dossier `css` par exemple, il faudra écrire :

```
<link rel="stylesheet" media="screen" type="text/css"
title="Mon style" href="css/style.css" />
```

Index des propriétés CSS

Tableau C-1 Propriétés du texte

Propriété	Valeurs possibles	Signification et commentaires
`font-family`	`police1, police2, police3...`	Police du texte. Vous devez indiquer les noms des polices acceptées, sachant que la première de la liste sera utilisée en priorité si elle est présente sur l'ordinateur du visiteur, et la dernière sera utilisée si aucune autre n'est disponible.
`font-size`	taille, pourcentage, `xx-small, x-small, small, medium, large, x-large, xx-large`	Taille du texte.
`font-style`	`normal, italic, oblique`	Mise en italique.

Propriété	Valeurs possibles	Signification et commentaires
font-variant	normal, small-caps	Petites capitales.
font-weight	normal, bold, bolder, lighter	Mise en gras.
font	Voir la colonne Signification et commentaires	Super-propriété rassemblant les valeurs de font-family, font-style, font-variant, font-weight, font-size, line-height.
letter-spacing	longueur, normal	Espace entre les lettres.
line-height	longueur, pourcentage, nombre, normal	Interligne.
text-decoration	underline, overline, line-through, blink, none	Apparence du texte. Les valeurs permettent respectivement de souligner, surligner, barrer et faire clignoter le texte.
text-align	left, right, center, justify	Alignement.
text-indent	longueur, pourcentage	Alinéa.
text-transform	capitalize, lowercase, uppercase, none	Mise en capitales du texte. Les valeurs permettent respectivement d'écrire la première lettre de chaque mot en majuscule, toutes les lettres en minuscules ou bien toutes les lettres en majuscules.
text-shadow	couleur, longueur, none	Ombre du texte. Il est nécessaire d'indiquer une couleur et une longueur simultanément pour définir l'ombre.
vertical-align	longueur, pourcentage, baseline, middle, sub, super, text-top, text-bottom, top, bottom	Alignement vertical.
white-space	nowrap, pre, pre-wrap, pre-line, normal	Gestion de la césure. nowrap empêche la rupture de ligne, tandis que pre conserve le formatage du code source à la manière de la balise <pre>.
word-spacing	longueur, normal	Espace entre les mots.

Tableau C-2 Propriétés de couleur et d'image de fond

Propriété	Valeurs possibles	Signification et commentaires
background-attachment	scroll, fixed	Défilement du fond avec le texte.
background-color	couleur	Couleur de fond.
background-image	url("*chemin*"), none	Image de fond.
background-position	longueur, pourcentage, top, center, bottom, left, right	Position de l'image de fond. Cela ne fonctionne que si l'image n'est pas répétée en mosaïque (background-repeat: no-repeat).
background-repeat	repeat, repeat-x, repeat-y, no-repeat	Répétition de l'image de fond.
background	Voir la colonne Signification et commentaires	Super-propriété rassemblant les valeurs de background-color, background-image, background-repeat, background-attachment, background-position.
color	couleur	Couleur du texte.

Tableau C-3 Propriétés des boîtes

Propriété	Valeurs possibles	Signification et commentaires
`border-color`	couleur, `transparent`	Couleur de bordure.
`border-style`	`solid, dashed, dotted, double, groove, ridge, inset, outset, hidden, none`	Type de bordure.
`border-width`	longueur	Épaisseur de bordure.
`border`	Voir la colonne Signification et commentaires	Super-propriété rassemblant les valeurs de `border-color, border-style, border-width`. Notez qu'il existe aussi les super-propriétés `border-top, border-right, border-bottom` et `border-left` pour définir une bordure spécifique à chaque côté (haut, droit, bas et gauche respectivement).
`height`	longueur, pourcentage, `auto`	Hauteur de l'élément.
`margin`	longueur, pourcentage, `auto`	Marge externe de l'élément. Les propriétés `margin-top, margin-right, margin-bottom et margin-left` existent par ailleurs et permettent de définir une marge spécifique à chaque côté.
`max-height`	longueur, pourcentage	Hauteur maximale de l'élément.
`max-width`	longueur, pourcentage	Largeur maximale de l'élément.
`min-height`	longueur, pourcentage	Hauteur minimale de l'élément.
`min-width`	longueur, pourcentage	Largeur minimale de l'élément.
`padding`	longueur, pourcentage	Marge interne de l'élément. Les propriétés `padding-top, padding-right, padding-bottom et padding-left` existent par ailleurs et permettent de définir une marge spécifique à chaque côté.
`width`	longueur, pourcentage	Largeur de l'élément.

Tableau C-4 Propriétés d'affichage

Propriété	Valeurs possibles	Signification et commentaires
`clip`	`rect ('haut', 'droite', 'bas', 'gauche'), auto`	Définit la zone visible de l'élément. Cette propriété est utilisée pour n'afficher qu'une portion de l'élément, le reste étant masqué.
`direction`	`ltr, rtl`	Sens d'écriture du texte. Peut être `ltr` (de gauche à droite), ou `rtl` (de droite à gauche).
`display`	`block, inline, inline-block, table-caption, table-cell, table-column, table-column-group, list-item, run-in, compact, marker, table, inline-table, table-row-group, table-header-group, table-footer-group, table-row, none`	Méthode d'affichage de l'élément. Les 3 valeurs les plus utilisées sont : `block`, `inline` et none.

Propriété	Valeurs possibles	Signification et commentaires
`overflow`	`visible, auto, hidden, scroll`	Définit si le contenu de l'élément doit ou non être coupé s'il déborde de l'élément parent.
`visibility`	`visible, hidden, collapse`	Affiche ou cache l'élement.

Tableau C-5 Propriétés de positionnement

Propriété	Valeurs possibles	Signification et commentaires
`clear`	`left, right, both, none`	Désactive l'effet de flottement.
`float`	`left, right, none`	Flottement de l'élément.
`position`	`absolute, relative, static, fixed`	Méthode de positionnement de l'élément.
`top`	longueur, pourcentage, `auto`	Distance entre le haut de l'élément et le haut de l'élément qui le contient.
`right`	longueur, pourcentage, `auto`	Distance entre la droite de l'élément et la droite de l'élément qui le contient.
`bottom`	longueur, pourcentage, `auto`	Distance entre le bas de l'élément et le bas de l'élément qui le contient.
`left`	longueur, pourcentage, `auto`	Distance entre la gauche de l'élément et la gauche de l'élément qui le contient.
`z-index`	nombre, `auto`	Ordre de superposition des éléments. L'élément ayant le plus grand `z-index` sera affiché au-dessus.

Tableau C-6 Propriétés des listes

Propriété	Valeurs possibles	Signification et commentaires
`list-style-type`	`disc, circle, square, decimal, decimal-leading-zero, lower-roman, upper-roman, lower-greek, lower-alpha, lower-latin, upper-latin, upper-alpha, hebrew, armenian, georgian, cjk-ideographic, hiragana, katakana, hiragana-iroha, katagana-iroha, none`	Type de puce.
`list-style-image`	`url(`*chemin*`), none`	Image de la puce.
`list-style-position`	`inside, outside`	Retrait de la puce.
`list-style`	Voir la colonne Signification et commentaires	Super-propriété rassemblant les valeurs de `list-style-type, list-style-image, list-style-position`.

Tableau C-7 Propriétés des tableaux

Propriété	Valeurs possibles	Signification et commentaires
border-collapse	collapse, separate	Définit si les bordures du tableau sont fusionnées ou séparées.
border-spacing	longueur	Détermine l'espacement entre les cellules (sans bordures ni marges).
caption-side	top, right, left, bottom	Position du titre du tableau.
empty-cells	show, hide	Définit si les cellules dont le contenu est vide doivent être affichées (show) ou cachées (hide).
table-layout	auto, fixed	Définit l'algorithme employé par le navigateur pour disposer les cellules. Avec auto, le navigateur lit tout le tableau avant de l'afficher. Avec fixed, il l'affiche ligne après ligne au fur et à mesure de la lecture du code XHTML. Il est conseillé d'utiliser la valeur fixed sur de très gros tableaux.

Tableau C-8 Propriétés d'interface

Propriété	Valeurs possibles	Signification et commentaires
cursor	pointer, hand, move, e-resize, ne-resize, nw-resize, n-resize, se-resize, sw-resize, s-resize, w-resize, text, wait, progress, help, default, crosshair, url(*chemin*), auto	Définit le type de curseur de souris à employer lors du survol de l'élément.

Tableau C-9 Propriétés d'impression

Propriété	Valeurs possibles	Signification et commentaires
size	auto, taille et taille, landscape, portrait	Taille et format de l'impression.
marks	crop, cross, none	Ajout d'hirondelles (repères pour faciliter la coupe de la page).
page-break-before	always, avoid, left, right, auto	Permet d'imposer un saut de page avant l'élément.
page-break-after	always, avoid, left, right, auto	Permet d'imposer un saut de page après l'élément.
page-break-inside	avoid, auto	Indique si un saut de page peut ou non se produire à l'intérieur de l'élément.
orphans	nombre	Nombre minimal de lignes de l'élément devant être affichées en fin de page.
widows	nombre	Nombre minimal de lignes de l'élément devant être affichées en début de page.

Les propriétés du tableau C-9 sont utilisées uniquement dans des feuilles de style dédiées à l'impression de la page web. On crée généralement une feuille de style séparée que l'on inclut en précisant le média `print` (impression). Le navigateur comprend alors qu'il doit utiliser cette feuille de style en cas d'impression de la page.

```
<link rel="stylesheet" media="print" type="text/css" title="Mon
style" href="css/style_impression.css" />
```

Tableau C-10 Propriétés auditives

Propriété	Valeurs possibles	Signification et commentaires
`azimuth`	angle, `left-side, far-left, left, center-left, center, center-right, right, far-right, right-side, behind, leftwards, rightwards`	Position de l'origine du son lors de la lecture de l'élément.
`cue-after`	`url(`*chemin*`), none`	Fichier son à jouer après la lecture de l'élément. Les formats supportés sont `.wav`, `.au` et `.ai`.
`cue-before`	`url(`*chemin*`), none`	Fichier son à jouer avant la lecture de l'élément. Les formats supportés sont `.wav`, `.au` et `.ai`.
`cue`	Voir la colonne Signification et commentaires	Super-propriété rassemblant les valeurs de `cue-after` et `cue-before`. S'il n'y a qu'une seule valeur, le son sera joué avant et après la lecture de l'élément.
`elevation`	angle, `below, level, above, higher, lower`	Direction d'origine du son (haut ou bas) lors de la lecture. Ne fonctionne que sur des systèmes audio gérant le son stéréophonique ou surround.
`pause-after`	durée, pourcentage	Temps de pause à observer après la lecture de l'élément.
`pause-before`	durée, pourcentage	Temps de pause à observer avant la lecture de l'élément.
`pause`	Voir la colonne Signification et commentaires	Super-propriété rassemblant les valeurs de `pause-after` et `pause-before`. S'il n'y a qu'une seule valeur, la pause sera observée avant et après la lecture de l'élément.
`play-during`	`url(`*chemin*`), mix, repeat, auto, none`	Fichier son à jouer pendant la lecture de l'élément.
`pitch`	fréquence, `x-low, low, medium, high, x-high`	Timbre de la voix.
`pitch-range`	nombre	Gamme de la fréquence vocale. Le nombre doit être compris entre 0 et 100 : plus il est élevé, plus la voix semble animée. La voix normale est fixée à 50.
`richness`	nombre	Portée de la voix. Le nombre doit être compris entre 0 et 100.
`speak`	`none, normal, spell-out`	Prononciation de l'élément. Les valeurs permettent respectivement de ne pas lire l'élément, de le lire normalement mot à mot et d'épeler le texte lettre par lettre.
`speak-header`	`always, once`	L'en-tête des cellules du tableau sera répété à la lecture de chacune des cellules ou seulement au début de la lecture du tableau.
`speak-numeral`	`continuous, digits`	Le nombre sera soit lu en entier, soit chiffre par chiffre.

Propriété	Valeurs possibles	Signification et commentaires
speak-punctuation	code, none	La ponctuation sera lue en tant que telle (comme lors d'une dictée) ou sera respectée normalement.
speech-rate	nombre, x-slow, slow, medium, fast, x-fast, slower, faster	Vitesse de lecture du texte.
stress	nombre	Ampleur de la voix. Le nombre doit être compris entre 0 et 100. 0 correspond à une voix calme, 50 à une voix normale et 100 à une diction très rapide.
voice-family	valeur spécifique, male, female, child	Type de voix (homme, femme, enfant...). Il est aussi possible d'utiliser une valeur spécifique au logiciel de lecture vocale (droide...).
volume	nombre, silent, x-soft, soft, medium, loud, x-loud	Volume sonore.

Les propriétés du tableau C-10 sont utilisées uniquement dans des feuilles de style dédiées aux lecteurs d'écran. Cela concerne notamment les personnes qui ne peuvent pas « voir » directement votre page web et qui doivent ainsi se faire lire le contenu de la page par un logiciel.

Pour créer une feuille de style dédiée aux lecteurs d'écran, il faut indiquer le média aural :

```
<link rel="stylesheet" media="aural" type="text/css" title="Mon
style" href="css/style_oral.css" />
```

CSS 2
Pratique du design web
aël GOETTER
tribution
Blondeel
La bible du CSS
Le ZEN des CSS
Le CSS : C'est Super Simple
Profession : architecte CSS
CSS Design Attitude
CSS
ASTRO

annexe D

Aller plus loin : penser accessibilité et Web dynamique

SOMMAIRE

- Vers un Web pour tous
- Vers un Web dynamique

MOTS-CLÉS

- Accessibilité
- Handicap
- Web mobile
- JavaScript
- PHP
- MySQL

Qu'on ne s'y trompe pas : le développement de sites web est un vaste sujet, et personne ne peut prétendre le maîtriser entièrement. Si cet ouvrage vous aura permis de démarrer et d'acquérir des bases solides, ce serait mentir que d'affirmer que vous connaissez tout. Cette annexe a pour objectif, d'une part, de compléter certaines informations du livre et, d'autre part, de vous proposer de découvrir de nouveaux domaines liés à la création de sites web.

Cette annexe va, dans un premier temps, mettre l'accent sur des points qui ont été évoqués dans cet ouvrage sans pour autant avoir fait l'objet d'une étude approfondie. Cela concerne en particulier l'accessibilité qui, comme vous allez le voir, n'est pas seulement liée aux handicaps.

Dans un second temps, nous passerons en revue les langages de programmation fortement liés au développement de sites web : JavaScript, PHP, ASP, JSP, etc.

Vers un Web pour tous

L'accessibilité, un enjeu majeur

Un des principaux points qui doivent préoccuper le webmaster que vous êtes a un nom : accessibilité. C'est pourtant un terme qui a tendance à faire peur aux débutants, car on pense, à tort, qu'il s'agit-là d'une affaire de professionnels. Grossière erreur !

Il s'agit ni plus ni moins d'un problème d'ouverture d'esprit. Lorsque vous concevez un site, il est beau, il est flambant neuf, vous en êtes fier. Vous l'envoyez sur le Web (voir chapitre 14) et vous le montrez tout guilleret à vos amis (ou votre patron, c'est selon). Et c'est là que le bât blesse : vous avez vu sur *votre ordinateur* que le site était fonctionnel, mais qu'en est-il de l'ordinateur sur lequel vous le présentez ? Pouvez-vous jurer qu'aucun de vos visiteurs ne sera jamais bloqué à l'entrée de votre site parce qu'il utilise un autre navigateur ?

Tour d'horizon des handicaps

Pour mieux comprendre le problème de l'accessibilité, il est nécessaire d'avoir un aperçu des différents handicaps à prendre en compte.

ACCESSIBILITÉ Le handicap visuel en pratique

Rien de tel pour prendre conscience des problèmes d'accessibilité des sites web que de voir des vidéos à ce sujet. En vous rendant à ces adresses vous trouverez des vidéos de non-voyants vous expliquant les problèmes qu'ils rencontrent lorsqu'ils surfent sur le Web :

- http://www.unice.fr/dnte/nte/dotclear/index.php/2005/02/28/66-film-lordinateur-des-aveugles
- http://mac-serv.univ-tln.fr/eclipse/Reportage-sur-les-aveugles-et.html

Le handicap visuel

C'est le handicap auquel on fait le plus souvent référence lorsqu'on traite d'accessibilité. En effet, un déficient visuel ne peut pas voir votre page web. De ce fait, la navigation est pour lui complètement différente. Il a deux solutions différentes pour lire la page :

- **La lecture vocale** : un logiciel lui lit le contenu de la page dans l'ordre.
- **La plage braille** : c'est un appareil que l'on connecte au PC et qui restitue ce qui est affiché sous forme braille (voir figure D-1).

Maintenant, mettez-vous un instant à la place de la personne qui navigue par l'intermédiaire de cette plage braille. Vous vous doutez bien

Figure D–1
Une plage braille sous un clavier (photographie : Matthieu Faure)

que vous ne pouvez pas avoir une vue d'ensemble de la page, et encore moins distinguer les couleurs ou les différentes tailles des caractères.

Dans un tel cas, seul le code XHTML a de l'importance. Ce n'était pas par hasard si nous avions vérifié, au chapitre 13 en particulier, si votre page était compréhensible sans le CSS.

À l'inverse, une page uniquement visuelle, constituée d'animations Flash ou de vidéos, ne peut absolument pas être comprise par le biais d'une plage braille ou même d'un logiciel de lecture vocale.

Il ne faudrait toutefois pas croire que la déficience visuelle soit le seul handicap qui existe...

ACCESSIBILITÉ
D'autres handicaps visuels existent

La déficience visuelle est peut-être celle dont on parle le plus, mais elle est loin d'être la seule. Citons aussi les mal-voyants qui ont du mal à distinguer un texte écrit trop petit (ils doivent s'aider d'une loupe d'écran), ou encore les daltoniens qui ont des difficultés à discerner certaines couleurs entre elles.

Le handicap moteur

Certains handicaps moteur empêchent d'utiliser correctement un clavier ou une souris.

Ils ont recours dans ce cas à d'autres dispositifs qui reviennent à se déplacer à l'aide de la touche *Tabulation* dans la page web. Comme les déficients visuels, ils naviguent sur la page de manière séquentielle, c'est-à-dire pas à pas. Il ne peuvent pas cliquer directement sur le lien qui les intéresse, ils doivent parcourir le reste de la page au préalable.

Pour aider ces personnes, il faut tout d'abord veiller à créer des menus clairs et à ne pas les charger inutilement de liens. On ajoutera si possible des liens d'évitement, c'est-à-dire des liens présents au tout début de la page et permettant de « sauter » directement à certains endroits de la page : menu, corps, pied de page... Il s'agit donc tout simplement de créer des liens vers des ancres.

De plus, les touches d'accès rapide (`accesskey`) peuvent se révéler fort utiles. On prendra soin de créer un raccourci pour accéder au sommaire, au champ de recherche, au formulaire de contact, etc. N'oubliez pas de documenter ces touches d'accès rapide en créant une page nommée « Politique d'accessibilité ».

ACCESSIBILITÉ La politique d'accessibilité

Il s'agit d'une page documentant le fonctionnement du site d'un point de vue accessibilité. On y liste les accesskeys et leur effet, mais aussi toutes les informations susceptibles d'aider à la navigation.
Le mieux est encore de consulter des exemples de pages de ce type pour se faire une idée :

- http://openweb.eu.org/openwebgroup/demarche_accessibilite/
- http://www.alsacreations.com/page/about/
- http://www.siteduzero.com/accessibilite.html

Enfin, puisque parfois on ne peut se déplacer que de lien en lien à l'aide de la touche *Tabulation* (car on ne dispose pas de souris ou car l'utilisation du Touchpad de l'ordinateur portable est délicate), n'oubliez pas que vous avez à votre disposition un attribut `tabindex` qui permet de redéfinir l'ordre de tabulation sur votre page. Il est utilisé dans les formulaires mais aussi sur les liens (<a>). Si, pour une raison ou une autre, vous devez redéfinir l'ordre de tabulation, n'oubliez pas le `tabindex` !

Les autres handicaps

On peut aussi citer le handicap auditif, qui pose relativement peu de problèmes. Les pages web sont en effet muettes la plupart du temps, sauf celles qui comportent des vidéos, des musiques de fond ou des animations Flash. Dans le cas des musiques de fond, c'est d'ailleurs presque un avantage que de ne pas avoir à subir la musique que veut nous imposer le webmaster...

Il existe aussi plusieurs formes de handicaps d'ordre neurologique, le plus courant étant probablement la dyslexie. Ces handicaps ne peuvent malheureusement pas toujours être contournés par le webmaster, mais si celui-ci prend la peine d'écrire des phrases courtes, claires et en bon français, tous les visiteurs, handicapés ou non, lui en seront reconnaissants.

CULTURE La 3G et la 4G

La 3G, pour « Troisième Génération », est le nom commercial de la technologie UMTS (Universal Mobile Telecommunications System), une nouvelle technologie de téléphonie mobile. Un de ses principaux atouts est le débit : il a été considérablement amélioré. Si auparavant les téléphones portables étaient moins rapides que des modems 56 K, ils deviennent grâce à la 3G de véritables petites connexions ADSL avec un débit d'environ 380 kbit/s. Cela rend possible la navigation sur de « véritables » sites, alors qu'auparavant il fallait créer des versions *light* de nos sites pour qu'ils soient navigables depuis des téléphones portables. De plus, la future génération (4G) est en préparation. Elle devrait permettre d'obtenir sur son téléphone mobile des débits comparables à l'ADSL !

Ces autres navigateurs qu'on oublie (à tort)

Certains pourront rétorquer : « Oui, mais les personnes que je connais ne sont pas atteintes d'un handicap particulier ». Nous pourrions nous lancer dans une longue tirade sur l'importance de l'intégration des handicapés dans la société, mais il est plus efficace de vous démontrer que l'accessibilité n'est pas qu'une affaire de handicap.

Prenons l'exemple de ces téléphones portables qui permettent de naviguer sur le Web en exploitant le réseau téléphonique. Leur utilisation a explosé avec le succès de l'iPhone qui, via son navigateur Safari Mobile, permet un accès à l'ensemble du Web.

Votre site va donc tôt ou tard être visité depuis un téléphone portable par quelqu'un en déplacement, par exemple dans le train. Or, vous n'ignorez pas que la résolution sur ces machines est limitée (on ne se balade pas avec un écran plat 17 pouces dans la poche). Par conséquent, à quoi ressemble votre site sur ce type d'appareil ? Est-il ergonomique ou bien est-ce au contraire une véritable catastrophe ? Faites donc l'expérience !

ASTUCE Le navigateur Opera Mini

Si votre téléphone portable gère l'accès au Web, il est déjà doté d'un navigateur. Or, ce navigateur a tendance à télécharger les images, mais aussi le même texte plusieurs fois. Ce n'est pas étonnant quand on sait que les opérateurs facturent très souvent la quantité de données téléchargées (à l'exception de l'iPhone, avec lequel on dispose en général de forfaits illimités).

Si votre portable gère le Java (et c'est le cas d'un grand nombre d'appareils aujourd'hui), sachez qu'il existe un navigateur alternatif pour les portables répondant au doux nom d'Opera Mini (voir figure D-2). Il s'agit en fait d'une version spéciale du navigateur Opera pour les portables. Il est gratuit.

Quel est son intérêt ? Les données sont compressées au maximum, ce qui fait que vous économisez de la bande passante, donc de l'argent ! De plus, ce navigateur comprend bien mieux le CSS que la plupart des autres navigateurs pour portables disponibles.

Pour le télécharger, rendez-vous depuis votre téléphone portable à l'adresse suivante :

- http://mini.opera.com

Notez que la fondation Mozilla, de son côté, travaille activement à la réalisation d'un navigateur pour les mobiles. Son nom est Minimo, c'est un navigateur libre et ce sera en quelque sorte le pendant de Firefox pour les portables. Ce navigateur n'est malheureusement pas encore finalisé à l'heure actuelle.

- http://www.mozilla.org/projects/minimo/

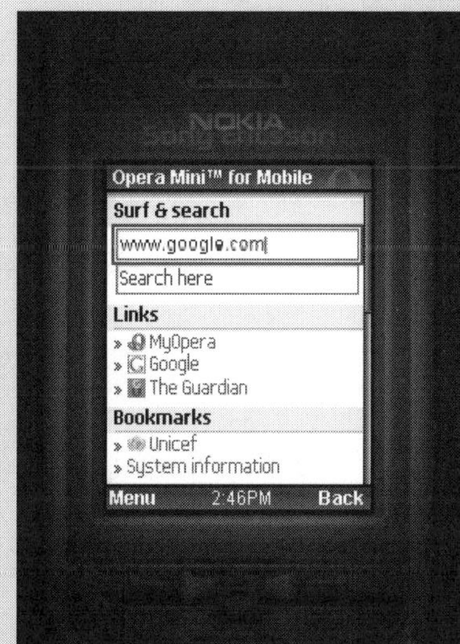

Figure D–2 Le navigateur Opera Mini en action sur un portable

Le Web « mobile » devrait considérablement se démocratiser dans les années à venir. Cela signifie que le Web commence petit à petit à nous suivre partout, que ce soit sur les téléphones portables, les PDA ou encore les consoles de jeux portable (PSP, Nintendo DS). Et si ces appareils ont bien un point commun, c'est leur taille : ils sont petits.

Pour vous aider à adapter votre site à ce type d'appareil, sachez qu'il est possible de créer une feuille de style séparée dédiée aux mobiles. Il suffit, dans son code XHTML, d'inclure une autre feuille de style CSS en précisant le média `handheld` (mobile) au lieu de `screen` (écran) :

```
<link rel="stylesheet" media="handheld" type="text/css"
title="Mon style" href="css/style_portable.css" />
```

Peu de navigateurs pour téléphones portables comprennent ce que signifie le média `handheld`. Heureusement, le navigateur Opera Mini fait exception et montre un bien meilleur respect des normes CSS.

ASTUCE Simuler Opera Mini avec Opera

Le navigateur Opera propose une option pour simuler le fonctionnement d'Opera Mini. Allez dans le menu *Afficher/Petit écran (Maj + F11)* pour activer cette option. Cette fois, Opera utilisera le CSS `handheld` si vous en avez défini un.

ASTUCE Tester Opera Mini en ligne

Vous pouvez tester le fonctionnement d'Opera Mini en utilisant l'émulateur fourni par Opera à l'adresse suivante :

- http://www.opera.com/mini/demo/

ALLER PLUS LOIN Introduction à l'accessibilité

Vous trouverez sur le Web plusieurs sites et articles dédiés à l'accessibilité :
- http://openweb.eu.org/accessibilite/
- fr.wikipedia.org/wiki/Accessibilité_du_Web
- http://www.accessibiliteweb.org/
- http://www.webaccessibilite.net/

Vers un Web dynamique

En plus de chercher à être accessible par tous à tout moment, le Web se veut de plus en plus dynamique, réactif et intelligent.

À ce stade, inutile de vous cacher que connaître le XHTML et le CSS ne suffit plus. Cependant, ces langages restent nécessaires car ils sont la base des sites web. En résumé, vous connaissez la brique de base de la création de sites, vous pouvez faire de très beaux sites si vous le voulez, mais vous pouvez aller encore plus loin en utilisant d'autres langages liés au XHTML et CSS.

Quels sont ces langages ? Il en existe en fait un grand nombre. On peut les séparer en deux groupes :

- **Les langages client** : ce sont des petits programmes qui s'exécutent sur la machine du visiteur, appelé « le client ». Le plus connu est le JavaScript, mais on peut aussi citer les applets Java.
- **Les langages serveur** : ils permettent de « programmer » la génération des pages web de votre site. Ils permettent de produire le code XHTML et CSS de manière automatique. Ces langages sont concurrents. Les plus connus sont : PHP, ASP, ASP .NET, JSP, etc.

Nous allons maintenant passer en revue ces deux types de langage et voir ce qu'ils apportent. Vous verrez ainsi si un langage particulier vous intéresse et vous former à ce langage si vous le souhaitez.

Les langages client

Si nous mettons à part les applets Java (car elles nécessitent l'installation de la machine virtuelle Java et sont assez rares somme toute), nous pouvons nous concentrer sur le principal langage client : le JavaScript. Il y a fort à parier que vous en avez déjà entendu parler, ne serait-ce qu'au cours de vos pérégrinations sur le Web.

Concrètement, de quoi s'agit-il ? JavaScript est un petit langage de programmation, appelé script (car il est peu puissant et relativement limité). Il ne permet donc pas de créer des programmes, comme des exécutables.

Il est intégré aux pages web et permet d'une certaine manière de dynamiser ces pages.

Comme le CSS, le JavaScript peut être inclus directement dans le code XHTML ou bien être mis à part dans un fichier de type `.js` (ce qui est, là encore, préférable).

Le code suivant charge le fichier externe `mon_script.js` :

```
<script type="text/javascript" src="mon_script.js" />
```

Quant à ce code, il permet d'inclure le JavaScript directement dans le code XHTML :

```
<script type="text/javascript">
/* Mon code Javascript ici */
</script>
```

Le JavaScript a malheureusement une mauvaise réputation. Et pour cause : c'est lui qui permet d'ouvrir des fenêtres pop-ups. Plus généralement, il est souvent utilisé pour afficher de la publicité.

Heureusement, le JavaScript a quand même d'autres intérêts. Il permet notamment :

- de modifier le contenu de la page sans avoir à la recharger ;
- de créer des menus déroulants ;
- de vérifier si un formulaire est correctement rempli avant l'envoi, etc.

> ALLER PLUS LOIN **Apprendre le JavaScript**
>
> Vous trouverez sur le Web de nombreux didacticiels à la qualité variable. Nous vous conseillons les pages suivantes :
> - http://www.editeurjavascript.com/cours/
> - http://css.alsacreations.com/Tutoriels-JavaScript/
> - http://www.siteduzero.com/tutoriel-3-8158.html
> - http://web.developpez.com/tutoriel/javascript/
> - http://www.commentcamarche.net/javascript/jsintro.php3

À titre d'illustration, car nous n'allons pas nous lancer dans l'étude de JavaScript ici, voici à quoi peut ressembler un petit script en JavaScript qui masque ou affiche un élément de la page lorsqu'on clique dessus avec la souris :

```
function switch_spoiler(div2)
{
   var divs = div2.getElementsByTagName('div');
   var div3 = divs[0];
```

```
  if (div3.style.visibility == 'visible')
    div3.style.visibility = 'hidden';
  else
    div3.style.visibility = 'visible';
  return true;
}
```

Les langages serveur

Si les langages client comme le JavaScript sont relativement limités, c'est une toute autre affaire pour les langages serveur.

Tout d'abord, les langages client et les langages serveur ne sont pas en concurrence car ils ne font pas du tout les mêmes choses. Mieux, comme nous le verrons plus loin, ils se complètent.

Le langage serveur le plus populaire est le PHP. Il présente l'avantage d'être open source et gratuit, et de disposer par ailleurs d'une importante communauté d'utilisateurs. D'autres langages existent, notamment ASP .NET de Microsoft ou encore JEE de Sun Microsystems.

Si vous hésitez, nous vous invitons à vous intéresser de près au langage PHP. Vous trouverez un grand nombre d'hébergeurs gratuits proposant le PHP, tandis que des hébergeurs ASP coûtent généralement plus cher et sont beaucoup plus rares car ils intéressent surtout les entreprises. De plus, les cours et tutoriels PHP sont légion sur le Web, ce qui devrait vous aider à démarrer rapidement.

Site statique et site dynamique

Souvenez-vous, au chapitre 11 nous avons mentionné PHP et la notion de site statique et de site dynamique. Nous allons essayer de voir ici un peu plus dans le détail la différence entre ces deux types de site web.

Un site statique

Après la lecture de cet ouvrage, vous savez construire des sites statiques. Ces sites peuvent être comparés à des vitrines : vous pouvez exposer votre travail, vos activités, votre CV, etc. En fait, vous pouvez faire ce que vous voulez du temps qu'il n'y a pas d'interaction avec les visiteurs. Pour produire un site statique, il est nécessaire de connaître les langages XHTML et CSS.

Dans le cas d'un site statique, le visiteur (aussi appelé le client) demande la page web au serveur, la machine qui stocke votre site. Le serveur lui répond en lui envoyant toutes les données nécessaires : fichier XHTML, fichier CSS, images, etc. Vous pouvez voir ce fonctionnement schématisé sur la figure D-3.

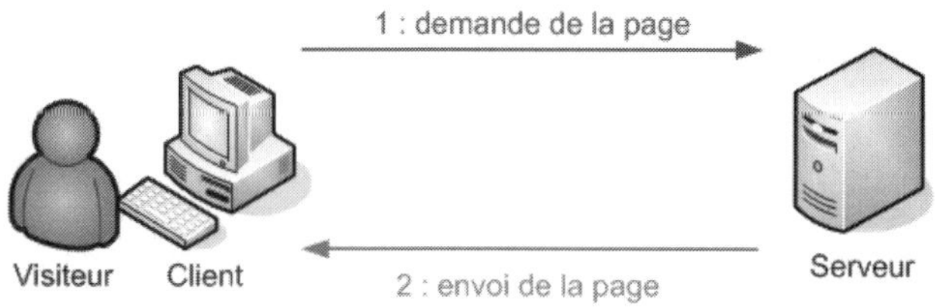

Figure D–3
Schéma de communication client/serveur pour un site statique

Un site dynamique

Il est possible d'améliorer son site web en le rendant dynamique. Cela signifie que votre site n'est plus seulement une vitrine que l'on consulte : on peut aussi y participer. Sur ce type de site, on peut donc notamment rencontrer :

- des forums ;
- un livre d'or ;
- un système de news automatisé ;
- une section membres ;
- une newsletter ;
- éventuellement un petit système de *chat*, etc.

Un site dynamique fait appel à un langage de programmation qui s'exécute sur le serveur. Le PHP est probablement le plus célèbre. Il génère la page à chaque fois qu'un client la demande (voir figure D-4). Il fait aussi généralement appel à une base de données, comme MySQL.

B.A.-BA La base de données MySQL

Une base de données est un système qui permet de sauvegarder des informations, comme des messages des forums, des news du site, etc.
Il existe plusieurs systèmes de base de données, gratuits et payants, dont la puissance est variable. MySQL en est l'un des plus célèbres : c'est celui que l'on utilise le plus souvent en combinaison avec PHP. MySQL présente en particulier l'avantage d'être libre et gratuit, tout comme PHP.
Le site officiel de MySQL est situé à l'adresse suivante :
‣ http://www.mysql.com

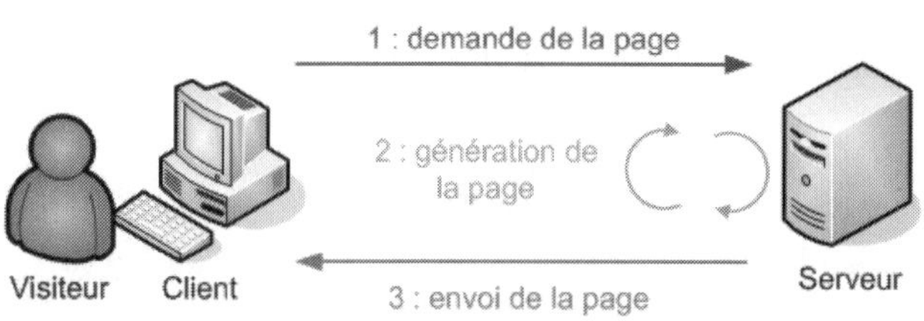

Figure D–4
Schéma de communication client/serveur pour un site dynamique

Étant donné que la page est générée avant son envoi, on peut dire que la page est construite spécialement pour le visiteur. Elle peut être ainsi personnalisée selon les goûts et les choix du visiteur.

Pour réaliser un site dynamique, il faut donc connaître un langage particulier comme le PHP en plus du XHTML et du CSS. En effet, le XHTML et le CSS sont toujours indispensables à la réalisation de sites dynamiques.

CULTURE Syntaxe du PHP

Le langage PHP est assez proche du C et du C++ au niveau de la syntaxe. Il présente l'avantage d'être plus facile à appréhender. Il n'a toutefois pas le même objectif : PHP a été créé pour produire des sites dynamiques, tandis que le C et le C++ ont été créés pour réaliser des programmes informatiques.

Pour vous donner une idée de ce à quoi ressemble un code PHP, voici un petit script de compteur de pages vues :

```
<?php
$monfichier = fopen('compteur.txt', 'r+');

$pages_vues = fgets($monfichier); // On lit la première ligne
(nombre de pages vues)
$pages_vues++; // On augmente de 1 ce nombre de pages vues
fseek($monfichier, 0); // On remet le curseur au début du
fichier
fputs($monfichier, $pages_vues); // On écrit le nouveau nombre
de pages vues

fclose($monfichier);

echo '<p>Cette page a été vue ' . $pages_vues . ' fois !</p>';
?>
```

ALLER PLUS LOIN **Apprendre le PHP**

Le PHP vous intéresse ? Les cours pour débutants ne manquent pas !

- http://www.siteduzero.com/tutoriel-3-14668.html
- http://www.phpdebutant.org/
- http://www.phpfrance.com/
- http://www.az-php.com/
- http://php.developpez.com/cours/
- http://www.commentcamarche.net/php/phpintro.php3

Ajax : quand langage client et langage serveur coopèrent

Ajax signifie « Asynchronous JavaScript And XML », ce qu'on pourrait traduire par « XML et JavaScript asynchrones ». Contrairement à ce qu'on serait tenté de croire, il ne s'agit pas d'un langage mais d'une combinaison de langages.

Ainsi, lorsqu'on dit que l'on « fait de l'Ajax », cela signifie qu'on combine un langage client (comme JavaScript) et un langage serveur (comme PHP). On peut dire ici que ces deux langages coopèrent, car ils communiquent réellement entre eux.

Le principe est le suivant : une fois que la page web est chargée et que le visiteur clique par exemple sur un lien (ou valide un formulaire) les informations sont envoyées au serveur mais la page n'est pas rechargée. Le serveur traite les données et renvoie de nouvelles informations au client. Ces informations sont traitées par le code JavaScript et la page est

CULTURE **La naissance d'Ajax**

Ajax n'est pas une technologie récente, elle existe même depuis plusieurs années. Elle a été introduite par Microsoft sur le navigateur Internet Explorer 5 sous la forme d'un objet appelé XMLHttpRequest et manipulable en JavaScript.

Depuis, ce principe a été repris par de nombreux navigateurs si bien que Mozilla Firefox, Google Chrome, Opera, Konqueror, Safari et consorts connaissent le XMLHttpRequest.

modifiée sous les yeux du visiteur, toujours sans avoir eu besoin d'être entièrement rechargée.

L'avantage est double : la réactivité du site web est augmentée et la bande passante est moins sollicitée, car seule une partie de la page est mise à jour, le reste ne subissant pas de modification.

Rien de tel pour se faire une idée des possibilités de l'Ajax que de visiter des sites y faisant largement appel :

- http://www.netvibes.com/ (voir figure D-5)
- http://www.live.com/
- http://www.gmail.com/

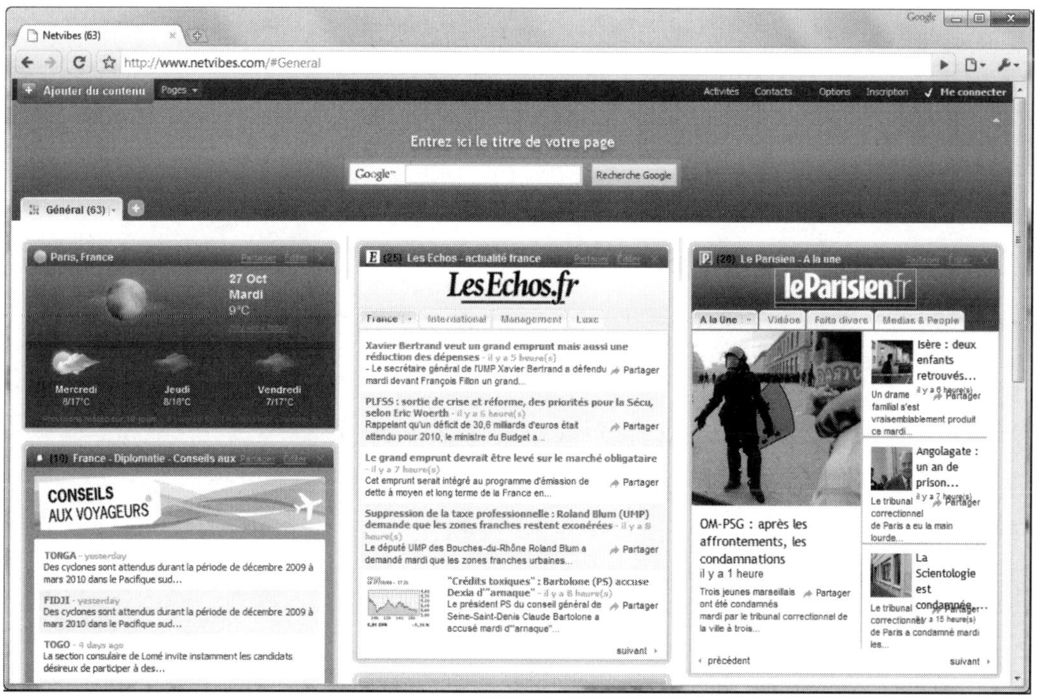

Figure D–5 Le site Netvibes.com est une page de démarrage personnalisable qui fait largement appel à Ajax.

Attention toutefois : l'utilisation d'Ajax implique des connaissances solides en JavaScript, PHP et SQL simultanément. Par ailleurs, il faut savoir que la réalisation de sites en Ajax est complexe.

En résumé, Ajax est d'apparence séduisante mais à réserver aux personnes ayant déjà de l'expérience en JavaScript, PHP et SQL.

CULTURE Le Web 2.0

Cette expression actuellement très à la mode, est extrêmement trompeuse. On pourrait penser que l'on parle d'une nouvelle version du Web, mais le Web n'a pas de versions. Le HTML, le XHTML, le CSS ont des versions car ce sont des langages. Le Web 2.0, lui, est plus un concept, un terme marketing qu'on a bien du mal à définir.
Concrètement, le Web 2.0 semble désigner des sites faisant appel à la technologie Ajax et reposant sur l'interaction entre leurs visiteurs. Est-ce que cela justifie de parler de nouvelle version du Web ? Les avis des webmasters sont très divergents.
L'article de Wikipédia contient des informations intéressantes :

- http://fr.wikipedia.org/wiki/Web_2.0

La lecture de l'article de Tim O'Reilly énonçant pour la première fois le terme de « Web 2.0 » est recommandée pour bien comprendre le phénomène :

- http://www.oreillynet.com/pub/a/oreilly/tim/news/2005/09/30/what-is-web-20.html

Vous trouverez une version traduite en français à cette adresse :

- http://web2rules.blogspot.com/2006/01/what-is-web-20-par-tim-oreilly-version.html

ALLER PLUS LOIN Apprendre les principes de l'Ajax

L'Ajax étant particulièrement en vogue en ce moment, les articles et cours en ligne affluent. En voici une petite sélection :

- http://www.siteduzero.com/tutoriel-3-4745.html
- http://siddh.developpez.com/articles/ajax/
- http://openweb.eu.org/articles/objet_xmlhttprequest/
- http://www.xul.fr/xml-ajax.html
- http://fr.wikipedia.org/wiki/AJAX
- http://www.framasoft.net/article3991.html

PHP
AJAX
Accessibilité

annexe E

Quand les navigateurs ne se comportent pas de la même manière

Dans un monde parfait, les navigateurs se comporteraient tous de la même manière en suivant les règles du XHTML et du CSS. Malheureusement, force est de constater que ce monde n'est pas encore le nôtre. Les navigateurs lisent et interprètent parfois différemment le code que nous écrivons. Par conséquent, les sites que nous réalisons peuvent être affichés de façon différente sur Firefox et Internet Explorer.

C'est un problème qu'il faut connaître, car vous y serez tôt ou tard confronté. Quelles sont les différences majeures entre les navigateurs ? Comment un webmaster les résout-il ? Voici un petit guide de survie.

SOMMAIRE

- Le Web et ses évolutions
- Les bogues et incompatibilités entre les navigateurs
- Les méthodes de résolution à connaître

MOTS-CLÉS

- Compatibilité
- Standards
- Implémentation
- Modèle de boîte
- Bogues
- Commentaires conditionnels
- Hacks CSS

Un des plus gros problèmes qui se pose aux concepteurs de sites web aujourd'hui est dû à des incompatibilités entre les navigateurs. Typiquement, voilà ce qui arrive : vous développez votre site et vous le testez régulièrement avec votre navigateur favori (par exemple Firefox). Puis, une fois fini vous ouvrez un autre navigateur (au hasard, Internet Explorer), et là c'est le drame : rien ne marche comme il faudrait, tout est sens dessus dessous, vous êtes dépité, vous vous apprêtez à jeter ce livre par la fenêtre et à vous reconvertir à la production de maïs bio.

Et c'est à ce moment-là que cette annexe intervient pour essayer de vous redonner goût à la création de pages web. Il faut préciser que dans le cadre de ce livre, il est difficile d'être exhaustif sur tous les problèmes de compatibilité entre les navigateurs. Néanmoins, l'idée est de vous sensibiliser aux principaux maux qui vous attendent et, surtout, vous donner des méthodes pour les résoudre. Car il y a presque toujours une solution !

Nous commencerons par retracer l'évolution du Web et en particulier celle du HTML et du CSS pour bien comprendre le contexte actuel. Puis, nous découvrirons les principaux bogues et incompatibilités que connaissent les navigateurs avant de voir comment les résoudre.

Le Web et ses évolutions

Au début des années 1990, Tim Berners-Lee (voir figure E-1), que l'on considère comme l'inventeur du World Wide Web, a proposé un langage unique pour la création des sites web : le HTML. L'idée était d'éviter ainsi que le Web connaisse le même sort que la tour de Babel.

Figure E–1
Tim Berners-Lee,
l'inventeur du World Wide Web

Le HTML

Le HTML était destiné à être lu et interprété par un logiciel spécial appelé le navigateur. Or, de nombreux navigateurs différents sont apparus comme vous le savez : Mozilla Firefox, Konqueror, Safari, Internet Explorer, Google Chrome, etc. Il était donc indispensable de fixer des règles que ces navigateurs devraient suivre scrupuleusement.

Le fait est que le HTML a beaucoup évolué. Il a connu 4 versions majeures, introduisant tour à tour les images, les formulaires, les tableaux ou encore l'utilisation d'une feuille de style CSS.

Ainsi, la toute première version du HTML était-elle très limitée. Elle permettait juste l'affichage de texte et d'hyperliens (car c'est le fondement même du Web). Il était donc nécessaire de faire évoluer rapidement le langage.

CULTURE Le navigateur Mosaic

NCSA Mosaic est le nom d'un des tous premiers navigateurs web. Il a été développé à partir de fin 1992 au centre de recherches américain NCSA. Il a en particulier été le premier navigateur à être capable d'afficher des images dans les pages web ainsi qu'à implémenter les formulaires. Depuis 1997, ce navigateur a cessé d'être développé, si bien qu'il n'est plus utilisé aujourd'hui.

La guerre des navigateurs

Tim Berners-Lee a créé en 1994 le W3C, abréviation de World Wide Web Consortium. Il en est toujours le président aujourd'hui. Cet organisme a pour mission de promouvoir la compatibilité des technologies du Web, notamment le HTML.

Cependant, de nouveaux navigateurs sont apparus au milieu des années 1990. Les plus connus sont Netscape Navigator, créé par des anciens de Mosaic, et Internet Explorer de Microsoft. Ils se sont livrés à une guerre sans merci pour gagner des parts de marché et devenir le navigateur le plus utilisé. L'histoire veut que ce soit Internet Explorer qui gagne cette bataille au début des années 2000 (voir figure E-2). Comme vous le voyez sur ce graphique, la part de marché d'Internet Explorer a ensuite diminué, cédant du terrain à Mozilla Firefox notamment.

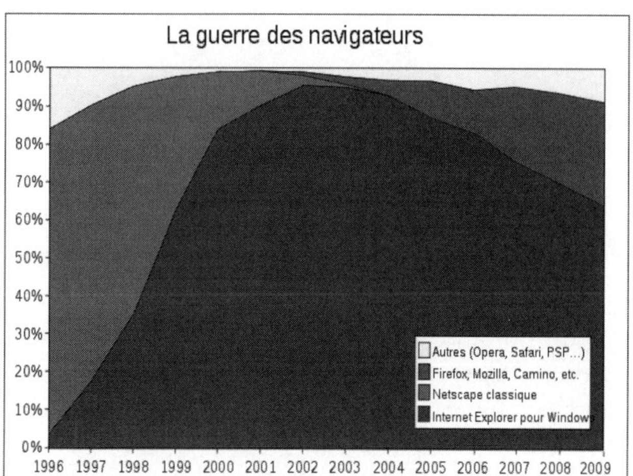

Figure E–2
Part de marché des navigateurs de 1996 à 2009

Chacun a introduit tour à tour de nouvelles balises HTML qui ne faisaient pas partie des recommandations établies par le W3C. Les plus célèbres sont notamment la balise `<blink>` propre à Netscape (clignotement du texte) et `<marquee>` (défilement du texte) propre à Internet Explorer. Et il n'y a pas que le HTML : le JavaScript était là aussi utilisé de manière différente sur les deux navigateurs.

Cela a contraint les webmasters à créer deux versions de leurs sites web : une pour Internet Explorer et l'autre pour Netscape Navigator...

Le XHTML

Depuis début 2000, il a été décidé de créer un nouveau langage : le XHTML. Très proche du HTML, il utilise toutefois des règles différentes issues du XML.

Aujourd'hui, les concepteurs de navigateurs ont compris l'importance de suivre les recommandations du W3C et d'interpréter de la même façon le code source des pages web.

Toutefois, il reste un vilain petit canard : Internet Explorer. Fort de sa position dominante sur le marché des navigateurs, il n'a presque pas évolué pendant de nombreuses années. Malheureusement pour les concepteurs de sites web, car ils ont pendant longtemps été limités par ce navigateur.

Fort heureusement pour eux, la situation s'améliore considérablement depuis quelques temps. Si Internet Explorer 6 est en passe de tomber aux oubliettes du Web (et il ne sera pas regretté), Internet Explorer 7 et, plus récemment, Internet Explorer 8 ont largement rectifié le tir.

Malgré tout, il convient de rester prudent lorsqu'on crée un site web. En effet, il est important de vérifier que son site fonctionne correctement sur d'anciennes versions d'Internet Explorer (en utilisant des outils tels que IETester mentionné au chapitre 13).

ALLER PLUS LOIN Le XML

Le XML (Extensible Markup Language) est un langage de balisage. Il définit de quelle façon les balises doivent être utilisées, quelles sont les règles d'imbrication, etc. Il constitue en particulier la base du XHTML. De nombreux autres langages sont basés sur XML, notamment MathML, SVG, SOAP, etc.
Pour en savoir plus sur le XML :
- http://fr.wikipedia.org/wiki/Xml

CONCRÈTEMENT Avec la nouvelle version d'Internet Explorer

Beaucoup de sites ont été mal codés pendant longtemps et se sont reposés sur le résultat fourni par IE 6 pour se dire « c'est bon, ça marche ». Internet Explorer 8 change radicalement son moteur d'affichage et peut casser la compatibilité de ces vieux sites. Néanmoins, ces derniers peuvent restaurer cette compatibilité en ajoutant une balise `meta` dans l'en-tête de leur page web :

```
<meta http-equiv="X-UA-Compatible"
content="IE=EmulateIE7" />
```

Et le CSS ?

Contrairement à ce que beaucoup croient, le CSS n'est pas apparu en même temps que XHTML. Il était déjà utilisable (et utilisé) avec HTML, mais il était toujours possible à cette époque de réaliser la présentation à l'aide de balises HTML, comme `<b>`, `<i>`, etc.

Avec XHTML, les choses sont devenues plus strictes. Il faut à présent impérativement séparer complètement le fond de la forme, ce que vous avez appris dès le premier chapitre de cet ouvrage. Par conséquent, les balises de présentation (`<b>`, `<i>`) deviennent obsolètes, bien que toujours utilisables pour le moment.

CSS a connu 2 versions, et une troisième est en préparation. Si la plupart des navigateurs actuels comprennent bien CSS 2, ce n'est pas le cas d'Internet Explorer 6 qui ne le reconnaît que partiellement. Ce sera d'ailleurs la source d'une grande partie des problèmes de compatibilité de notre site avec ce navigateur.

Les bogues et incompatibilités entre navigateurs

La quasi-totalité des navigateurs récents (Firefox, Safari, Opera, Konqueror et bien d'autres) n'ont pas beaucoup de problèmes de compatibilité entre eux. Certes, ce serait mentir que de dire qu'il n'y a pas de différences : bien sûr il y en a, mais c'est une goutte d'eau en comparaison des problèmes que rencontre Internet Explorer.

C'est pour cela qu'on doit tester aujourd'hui un site dans cet ordre :

1. D'abord sur son navigateur favori récent, que ce soit Firefox ou Opera ou un autre.
2. Ensuite, regarder les différences d'affichage sur Internet Explorer s'il y en a, et chercher à y remédier.

Encore une fois, il ne faudra pas chercher à obtenir un résultat identique au pixel près. Si vous êtes perfectionniste, vous voilà prévenu. Ce qui compte, c'est que le site soit correctement navigable sur tous les navigateurs. Si le petit pixel de décalage entre Firefox et IE ne pose pas de gros problème d'affichage, il est préférable de ne pas s'en préoccuper.

Les propriétés CSS 2

Internet Explorer ne connaît pas toutes les propriétés de CSS 2. Nous avons eu l'occasion de le constater pour quelques-unes des propriétés étudiées dans cet ouvrage (par exemple, certaines valeurs de `list-style-type` lui sont étrangères).

Si vous recherchez une liste complète pour comparer l'implémentation des propriétés de CSS 2 dans les principaux navigateurs, rendez-vous à cette adresse :

http://www.webdevout.net/browser_support.php#css

Nous n'allons pas toutes les lister ici car elles sont particulièrement nombreuses. Il est toutefois important de savoir que certaines propriétés ne fonctionnent pas partout, aussi, dans le doute référez-vous à ces tableaux régulièrement. Nous insisterons non pas sur les propriétés mais sur cer-

RAPPEL Le sélecteur

Un sélecteur permet, comme son nom l'indique, de sélectionner un ou plusieurs éléments pour leur appliquer un style. Ainsi, avec le sélecteur * :

```
*
{
   color: blue;
}
```

... tous les éléments seront colorés en bleu (* étant le sélecteur universel).

taines caractéristiques du CSS qui ne sont pas toujours implémentées dans Internet Explorer.

Les sélecteurs

Nous avons étudié les principaux sélecteurs dans le chapitre 6 sur le CSS. Cependant, il en existe d'autres parfois bien utiles qui ne fonctionnement malheureusement pas sur Internet Explorer.

Le tableau E-1 présente les sélecteurs CSS ainsi que leur implémentation dans Internet Explorer 6 et 7. Ces sélecteurs fonctionnent tous sous Mozilla Firefox, Opera, Google Chrome et Internet Explorer 8, la dernière version respectant enfin des standards.

Tableau E–1 Les sélecteurs CSS

Sélecteur	IE 6	IE 7	Signification et commentaires
*	Oui	Oui	Sélectionne tous les éléments.
E	Oui	Oui	Sélectionne l'élément E. On l'utilise pour appliquer un style à une balise précise comme `strong`.
`E F`	Oui	Oui	Sélectionne tous les éléments F contenus dans l'élément E. Ainsi, `blockquote p` signifie "Tous les paragraphes contenus dans une citation".
`E > F`	Non	Oui	Sélectionne tous les éléments F enfants de l'élément E. L'élément F doit être contenu dans E directement. Par exemple : `<p><strong><a>Lien</a></strong></p>` Le sélecteur `p > strong` fonctionnera dans cet exemple, mais pas `p > a` car <a> n'est pas directement contenu dans <p>.
`E + F`	Non	Oui	Sélectionne tous les éléments F immédiatement précédés de l'élément E.
`.class`	Oui	Oui	Sélectionne tous les éléments possédant la classe : `class`.
`#id`	Oui	Oui	Sélectionne l'élément ayant pour id : `id`.
`[attr]`	Non	Oui	Sélectionne tous les éléments comportant l'attribut `attr`.
`[attr="valeur"]`	Non	Oui	Sélectionne tous les éléments comportant l'attribut `attr` dont la valeur est exactement `valeur`.
`[attr~="valeur"]`	Non	Oui	Sélectionne tous les éléments possédant un attribut `attr` pouvant admettre plusieurs valeurs séparées par des espaces, l'une d'elles étant `valeur`.
`[attr|="valeur"]`	Non	Oui	Sélectionne tous les éléments possédant un attribut `attr` pouvant admettre plusieurs valeurs séparées par des tirets, la première d'entre elles étant `valeur`.

Comme vous le voyez, nous n'avons étudié dans le chapitre 6 que les sélecteurs compatibles avec IE 6 (et il n'y en a pas beaucoup). Heureusement, IE 7 comble le retard de son prédécesseur dans ce domaine ; IE 8 est bien évidemment également à jour.

Les pseudo-formats

Nous avons découvert quelques pseudo-formats dans le chapitre 8. En pratique, là encore, il en existe d'autres mais ils ne sont pas tous supportés par Internet Explorer.

Le tableau E-2 présente les pseudo-formats et leur implémentation dans Internet Explorer 6 et 7. Là encore, tous ces pseudo-formats fonctionnent sous Mozilla Firefox, Opera, Google Chrome et Internet Explorer 8.

Tableau E–2 Les pseudo-formats CSS

Pseudo-format	IE 6	IE 7	Signification et commentaires
`:active`	Oui, partiellement	Oui, partiellement	Se produit lorsque le visiteur active un élément, par exemple lorsqu'il clique sur un lien. Notez que cela ne fonctionne que sur les balises de lien <a> sur Internet Explorer.

`:first-child`	Non	Oui	Affecte le premier élément enfant de l'élément sélectionné. Ainsi, la règle `blockquote:first-child` affectera seulement le premier paragraphe dans l'exemple ci-dessous :
			`<blockquote>`
			`<p>Premier paragraphe</p>`
			`<p>Second paragraphe</p>`
			`</blockquote>`

`:focus`	Non	Non	Se produit lorsque l'élément a le focus, c'est-à-dire lorsqu'il est sélectionné.
`:hover`	Oui, partiellement	Oui	Se produit lorsque la souris est sur l'élément. Sur IE 6, cela ne fonctionne que sur les liens. Sur IE 7, cela est censé fonctionner sur tous les éléments, mais il semble qu'il y ait quelques exceptions.
`:lang(en)`	Non	Non	Affecte tous les éléments écrits dans la langue indiquée (ici, en anglais). En XHTML, on peut utiliser l'attribut `xml:lang` sur la plupart des éléments pour indiquer dans quelle langue est rédigé le texte. Par exemple : `<p xml:lang="en">Yes sir, my tailor is rich.</p>`
`:link`	Oui	Oui	Affecte tous les liens non visités.
`:visited`	Oui	Oui	Affecte tous les liens visités.

`:before`	Non	Non	Génère du contenu avant l'élément indiqué.
			`strong:before`
			`{`
			`content: "Attention : ";`
			`}`
			Ce code fera précéder chaque texte important par la mention "Attention :".

`:after`	Non	Non	Génère du contenu après l'élément indiqué. Le fonctionnement est identique à `:before`.
`:first-letter`	Oui	Oui	Affecte la première lettre de l'élément indiqué.
`:first-line`	Oui	Oui	Affecte la première ligne de l'élément indiqué.

RAPPEL Pseudo-format

Un pseudo-format permet d'appliquer un style à un élément sous certaines conditions. Par exemple :

```
a:hover
{
  font-style: italic;
}
```

Ici, les liens seront écrits en italique lors du survol avec la souris.

RAPPEL Les boîtes

Une boîte est constituée :

- d'un contenu (par exemple du texte) ;
- d'une marge interne (`padding`) ;
- d'une bordure (`border`) ;
- d'une marge externe (`margin`).

Avec le CSS, on peut modifier les marges et la taille de la bordure des éléments grâce aux propriétés appropriées.

Il n'y a donc pas beaucoup d'améliorations entre IE 6 et IE 7 au niveau des pseudo-formats. En revanche, IE 8 a rectifié le tir : sur cette dernière version l'ensemble des pseudo-classes fonctionnent !

La directive `:before` peut, par exemple, être bien utile dans certaines circonstances. Toutefois, comme IE ne la connaît pas, il est impensable de l'utiliser à l'heure actuelle.

Le modèle de boîte d'Internet Explorer 5

Dans une page web, les éléments sont considérés comme des boîtes. Que l'élément soit de type bloc ou en ligne, il se présente sous la forme d'une boîte qui a des dimensions précises comme nous l'avons vu au chapitre 12.

Le problème qui se pose ici concerne la façon dont est calculée la taille des boîtes lorsqu'on précise la taille avec `width` et `height`. Quels sont les éléments pris en compte dans la largeur et la hauteur : seulement le contenu ? Le contenu et la marge interne ?

Il y a une façon correcte (standard) de le faire, proposée par le W3C, et une façon propriétaire introduite par Microsoft sur Internet Explorer 5. Voyons voir dans un premier temps comment la taille de la boîte doit être calculée en théorie.

Le calcul standard de la taille des boîtes

Le modèle standard indique que la largeur d'une boîte (`width`) correspond uniquement à la largeur du contenu. Il en va de même pour la hauteur.

Prenons par exemple le code suivant :

```
p
{
  width: 250px;
  padding: 10px;
  border: 5px solid black;
}
```

Le paragraphe doit être dimensionné par le navigateur comme indiqué sur la figure E-3.

La largeur s'applique uniquement au contenu. Par conséquent, si on demande une largeur de 250 pixels comme ici, que la marge interne fait 10 pixels de chaque côté (soit 20 pixels en tout) et la bordure 5 pixels de chaque côté (soit 10 pixels en tout), la taille totale de la boîte sera de 280 pixels.

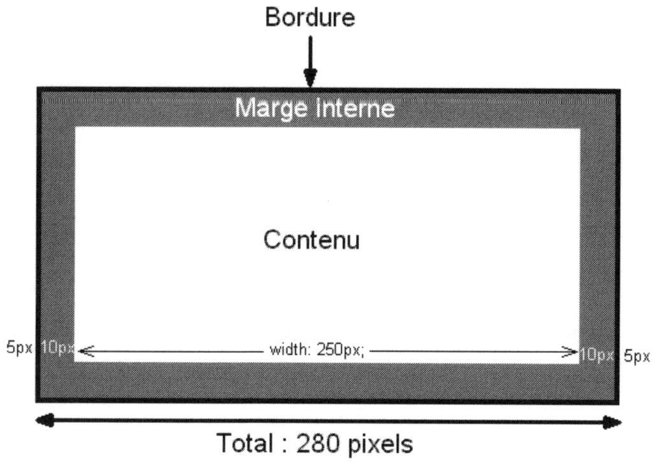

Figure E–3
Le modèle de boîte standard

Le calcul « Microsoft » de la taille des boîtes

Ce mode de calcul a été introduit par Internet Explorer 5. Il s'agit d'une mauvaise façon de calculer la taille des boîtes (non standard) et cela peut poser de nombreux problèmes d'affichage.

Dans le mode de calcul de Microsoft, on considère que la propriété `width` englobe :

- le contenu ;
- la marge interne ;
- la bordure.

Il en va de même pour la hauteur `height`. Par conséquent, le schéma de représentation des boîtes change comme vous pouvez le voir sur la figure E-4.

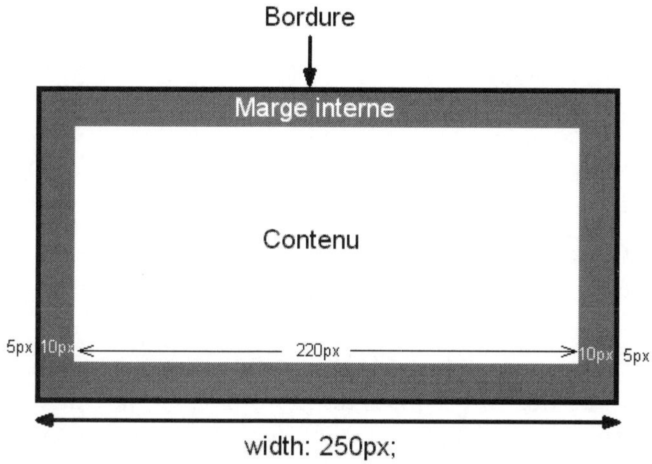

Figure E–4
Le modèle de boîte Microsoft

La largeur laissée au contenu est le résultat du calcul : width – border – padding. En l'occurence, il y a 10 pixels de padding de part et d'autre (donc 20 pixels en tout) et 5 pixels de bordure de chaque côté (donc 10 pixels en tout). Il reste donc : 250 – 20 – 10 = 220 pixels pour le contenu.

Cette petite différence de calcul peut avoir de grandes conséquences sur l'affichage du design final de votre site. Il faut donc savoir quels navigateurs font le bon calcul, c'est-à-dire le calcul standard, et quels navigateurs font le mauvais calcul, c'est-à-dire le calcul de Microsoft.

Quel modèle de boîte sur quels navigateurs ?

Par le passé, de nombreux sites ont été développés en se basant sur le modèle de boîte de Microsoft. C'est pour cela que tous les navigateurs actuels utilisent ce qu'on appelle le mode Quirks, ce qui leur permet de passer du modèle standard au modèle Microsoft selon l'ancienneté du site.

Mais comment reconnaissent-ils les « vieux sites » ? C'est simple : ils se basent sur le DOCTYPE, la toute première ligne du code qui indique la version de HTML utilisée. Si la version est ancienne (avant HTML 4.01), ils passent en mode Quirks et utilisent le modèle de boîte Microsoft. C'est d'ailleurs pour cela que l'on appelle aussi cette technique le *DOCTYPE Switching*.

ATTENTION **Quand IE 6 retombe à l'âge de pierre**

Comme si les choses n'étaient déjà pas assez compliquées... Internet Explorer 6 passe en mode Quirks si vous écrivez quoi que ce soit avant le DOCTYPE, et ce même si le DOCTYPE qui suit est récent.

Certains objecteront : « Oui mais il ne faut rien mettre avant le DOCTYPE ». C'est presque vrai. On peut écrire un prologue XML. C'est un élément encore facultatif mais qui devrait se généraliser à l'avenir et qui indique la version de XML utilisée (car XHTML est fondé sur XML, souvenez-vous !).

Ce prologue est le suivant :

```
<?xml version="1.0" encoding="ISO-8859-1"?>
```

Il est préférable à l'heure actuelle de ne pas mettre ce prologue avant le DOCTYPE si on ne veut pas qu'IE 6 passe en mode Quirks. C'est quand même un comble : quand on essaie de faire mieux, IE fait pire !

Tous les navigateurs actuels sont capables de passer d'un modèle de boîte à l'autre. Cela comprend Mozilla Firefox, Opera, Safari, mais aussi Internet Explorer 6 qui, heureusement, connaît le modèle de boîte standard.

Le seul navigateur encore utilisé à l'heure actuelle et ne connaissant que le modèle de boîte Microsoft est Internet Explorer 5. Ce navigateur tend à disparaître (fort heureusement).

ALLER PLUS LOIN Quand il n'y a pas de DOCTYPE

Bien que le DOCTYPE existe depuis les débuts du HTML, il n'est devenu vraiment utilisé que récemment. Pendant longtemps, les webmasters ont ignoré cette ligne en la considérant facultative. C'est d'ailleurs encore d'actualité car de nombreux sites n'ont toujours pas de DOCTYPE.
On peut ainsi rencontrer des pages web basées sur un code minimaliste :

```
<html>
   <head>
      <title>Page d'exemple</title>
   </head>
   <body>
      <p>Oh que ce code est mauvais !</p>
   </body>
</html>
```

Il n'y a pas de DOCTYPE comme vous pouvez le constater. Comment fait le navigateur pour connaître la version de HTML ? Comment peut-il savoir s'il doit passer en mode Quirks, c'est-à-dire en mode de rétrocompatibilité ?
La solution qui a été choisie est simple : les navigateurs récents passent en mode Quirks s'il n'y a pas de DOCTYPE en considérant que c'est une page de la « vieille époque ». Soyez averti aujourd'hui : utilisez un DOCTYPE pour annoncer haut et fort la version de HTML (ou plutôt de XHTML) que vous allez utiliser !

La gestion des flottants dans Internet Explorer

Passons maintenant à l'étude du fonctionnement des éléments flottants. Petit rappel du chapitre 12, un flottant est un élément que l'on positionne avec la propriété CSS `float`.

Le sujet devient progressivement plus technique. Il faut dire que les différences d'interprétation entre Internet Explorer et les autres navigateurs (mais aussi celles entre ces autres navigateurs eux-mêmes !) peut parfois transformer le développement d'un site web en véritable cauchemar. Autant prendre le temps d'étudier le problème pour être paré.

Internet Explorer fait là encore entorse au comportement standard dicté par le W3C et gère les éléments flottants d'une manière un peu différente.

Prenons le code XHTML suivant :

```
<div id="parent">
  <div id="enfant">
    Lorem ipsum dolor sit amet, et caetera, et caetera.
  </div>
</div>
```

Ce code est simple. Nous avons deux blocs `<div>` : un `parent` qui en englobe un second, appelé l'`enfant`. Au niveau du style, nous voulons :

- donner une largeur fixe en pixels au `parent` ;
- faire flotter l'`enfant` au moyen de la propriété `float`.

Afin de mieux « voir » le problème, rajoutons une marge interne (`padding`) ainsi qu'une couleur de fond (`background-color`) à l'élément `parent`.

```
#parent
{
  width: 500px;
  padding: 20px;
  background-color: #AAA;
}

#enfant
{
  float: left;
}
```

Testons ce code sur un navigateur récent comme Firefox (voir figure E-5) et comparons avec le résultat donné par Internet Explorer (voir figure E-6).

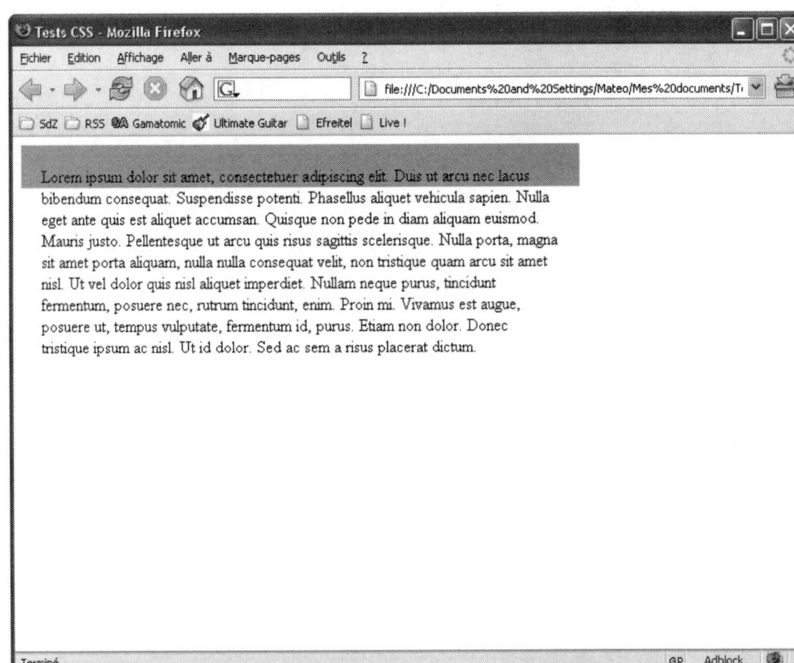

Figure E–5
Le comportement des éléments flottants dans Firefox

Le constat est édifiant : ces navigateurs ne sont pas d'accord entre eux. Le comportement est différent. Qui a tort, qui a raison ?

On serait tenté de penser que le comportement d'Internet Explorer est le bon, car celui de Firefox est pour le moins étonnant. Et pourtant... Firefox réagit bien suivant le modèle standard. Que s'est-il passé exactement ?

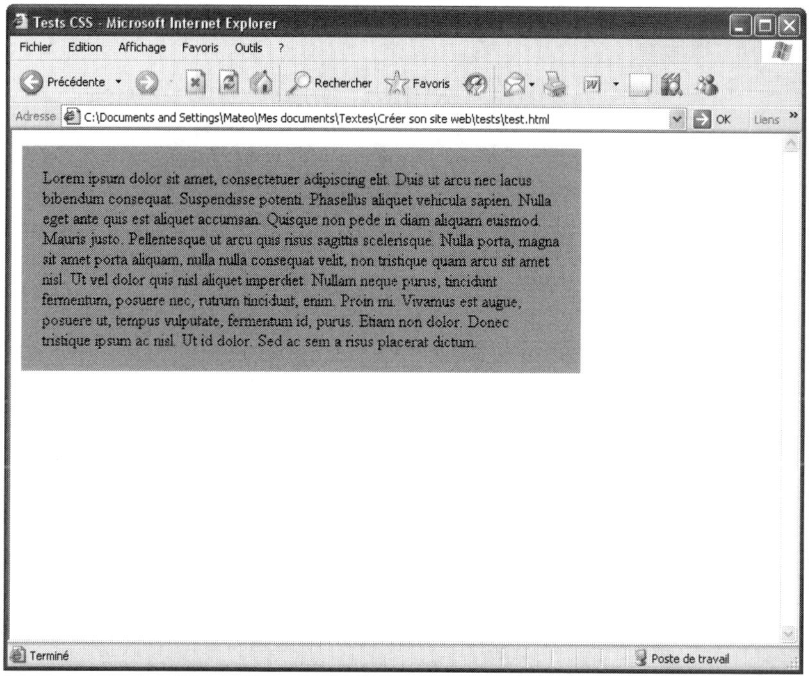

Figure E–6
Le comportement des éléments flottants dans Internet Explorer

Quand un élément flottant dépasse l'élément `parent` en hauteur, il est censé sortir du flux, c'est-à-dire sortir de l'élément `parent`. C'est bien ce qui se passe sur la figure E-5 représentant le résultat sous Firefox : le texte de l'élément `enfant` dépasse le cadre de l'élément `parent` qui le contient.

Internet Explorer, en revanche, agrandit l'élément `parent` en hauteur pour qu'il englobe l'élément `enfant`. Or, ce n'est pas ce qu'un navigateur est censé faire dans ce cas.

Ce problème n'apparaît que sous certaines conditions : il se produit par exemple si on donne une largeur fixe (en pixels) à l'élément `parent` comme on vient de le faire. Essayez en revanche de retirer la mention de largeur à l'élément `parent`, comme ci-dessous :

```
#parent
{
  padding: 20px;
  background-color: #AAAAAA;
}
```

Vous pouvez voir sur la figure E-7 que cette fois le comportement d'Internet Explorer est standard.

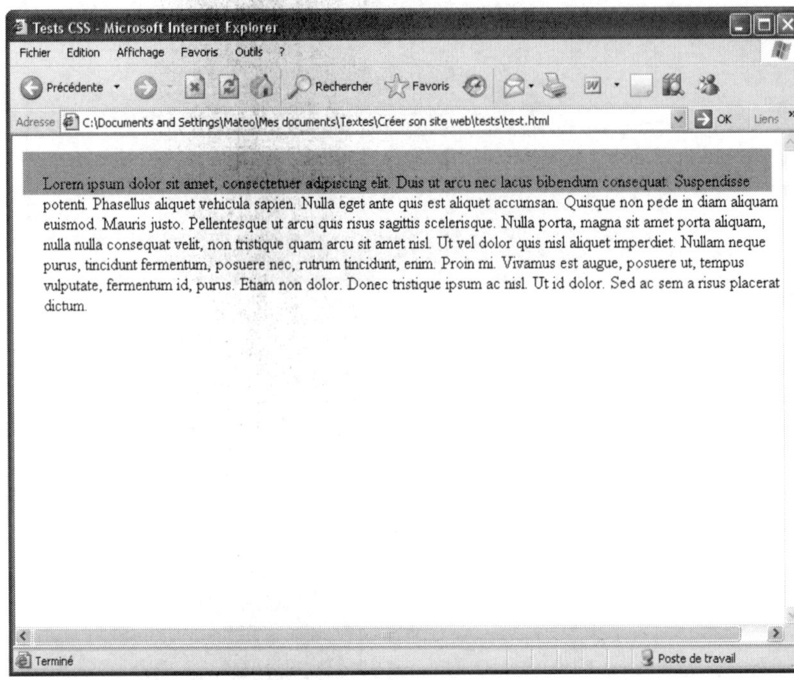

Figure E–7
Sans mention de largeur, Internet Explorer se comporte de manière standard.

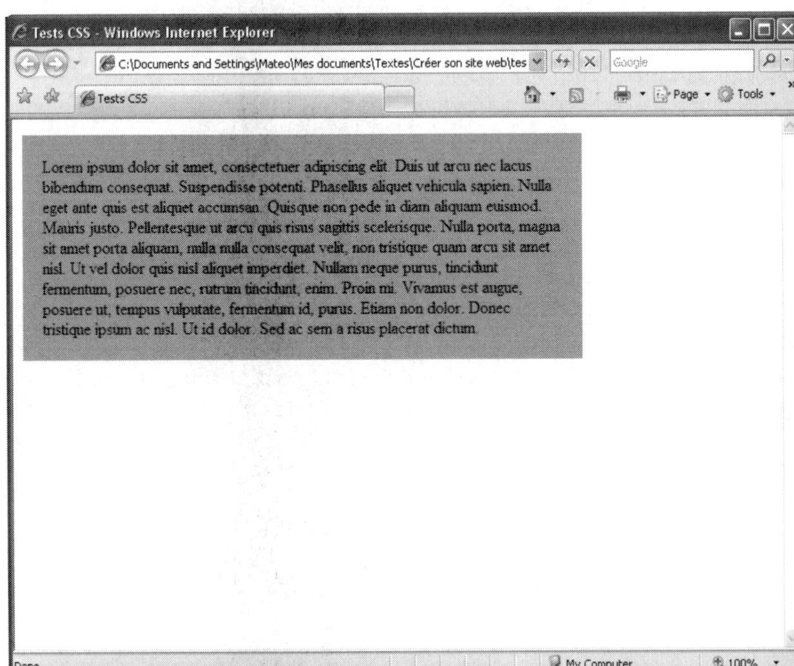

Figure E–8
Internet Explorer 7 ne semble pas régler sa gestion des flottants.

ALLER PLUS LOIN Le layout

Lorsqu'on donne une largeur fixe à l'élément `parent`, comme on l'a fait ici, Internet Explorer lui confère le statut de *layout*. Quand un bloc a le statut de layout, il englobe tous ses éléments `enfants`, notamment les flottants.
Ce comportement de layout est assez particulier et nous ne pouvons en décrire tous les effets ici. Pour en savoir plus à ce sujet :

- http://web.covertprestige.info/test/03-elements-flottants-et-element-parent-1.html
- http://www.test.blog-and-blues.org/haslayout/index.html

Le navigateur Internet Explorer 7 ne semble pas mieux gérer ce problème comme en atteste la figure E-8.

Les bogues d'Internet Explorer

Outre les propriétés CSS non implémentées et les interprétations non conformes à la norme (modèle de boîte, gestion des flottants...), Internet Explorer rencontre des... bogues.

Ainsi, ces bogues ne sont pas des oublis ou des entorses aux recommandations du W3C comme on a pu en voir jusqu'ici. Ce sont de véritables erreurs de programmation. Certaines sont d'ailleurs assez surprenantes.

Le bogue Peekaboo

Ce bogue affiche ou masque le texte sous certaines conditions. Pour tester, il faut réaliser un montage précis : un flottant dans un conteneur, du texte autour et un `div` utilisant la propriété `clear`.

La figure E-9 présente ce montage.

TESTEZ Exemple Peekaboo en ligne

Ces images sont tirées de l'excellent site positioniseverything.net (en anglais), avec l'aimable autorisation de son auteur. Vous trouverez la démonstration du bogue Peekaboo sur la page suivante :

- http://www.positioniseverything.net/explorer/peekaboo.html

Inutile de préciser qu'il faut Internet Explorer pour en profiter pleinement !

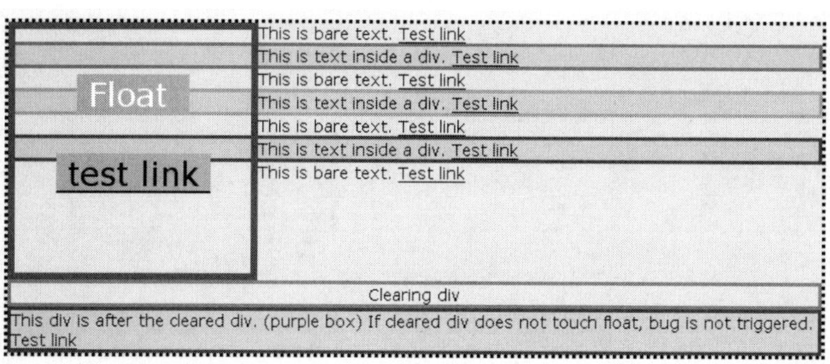

Figure E–9
Test du bogue Peekaboo, ici sous Firefox pas de problème

Avec Internet Explorer, et sous certaines conditions, le texte flottant à droite disparaît comme en atteste la figure E-10.

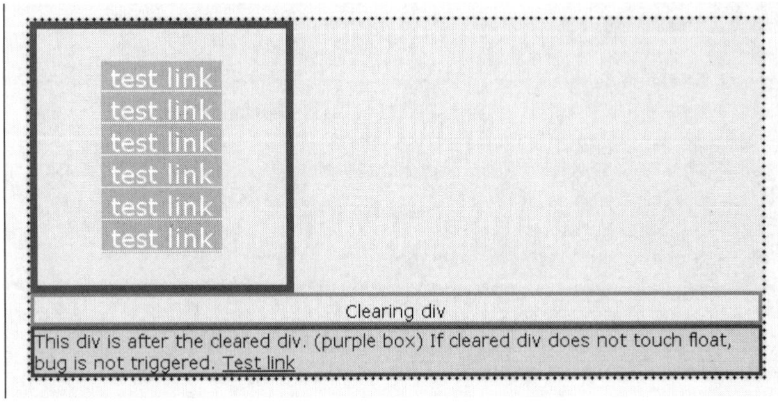

Figure E–10 Le bogue Peekaboo en action sur Internet Explorer 6. Mais où est passé le texte à droite ?

Ce problème apparaît dans des conditions qui ne sont pas clairement définies. Il suffit parfois de pointer ou cliquer sur un lien, ou même de réduire et agrandir la fenêtre d'Internet Explorer.

Le bogue Guillotine

Voilà un bogue qui porte bien son nom ! Notre texte peut se voir littéralement coupé par Internet Explorer. Le reproduire est assez simple :

1 Créez un grand bloc conteneur.
2 À l'intérieur, placez un élément flottant et n'utilisez pas de `clear` par la suite.
3 Placez des liens *après* l'élément flottant, toujours à l'intérieur du grand bloc conteneur.
4 Modifiez l'apparence de ces liens avec `a:hover` : vous pouvez changer leur couleur de fond, bordure, etc.

> TESTEZ **Exemple Guillotine en ligne**
>
> Ce bogue est disponible en démonstration sur la page suivante :
> - http://www.positioniseverything.net/explorer/guillotine.html

La figure E-11 présente le résultat avant le bogue, tandis que la figure E-12 présente le bogue en action : une partie du `div` flottant a été tronquée (guillotinée !) lorsqu'on a survolé un des liens.

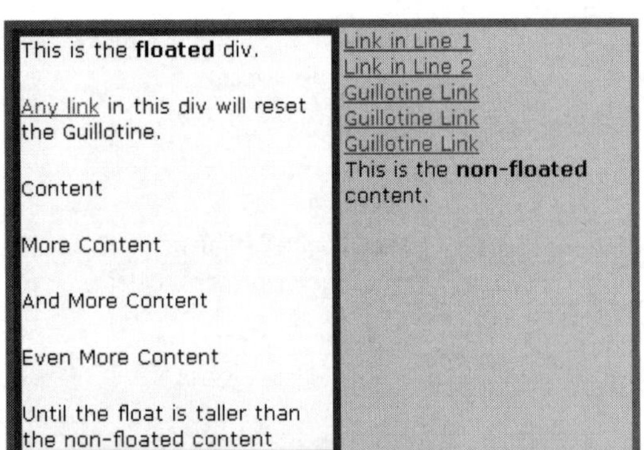

Figure E–11 Prêt ?

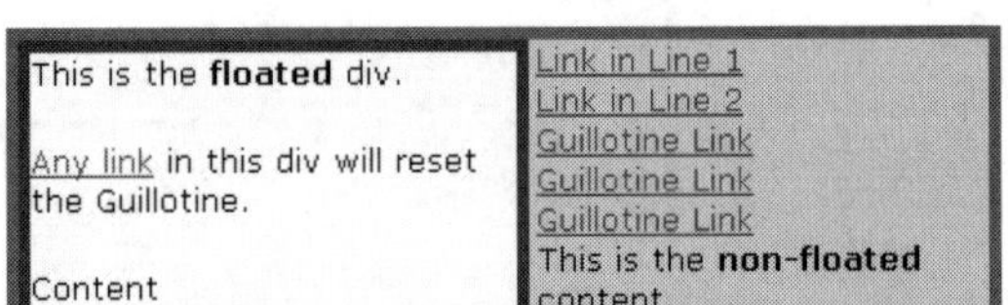

Figure E–12 Coupez !

Un correctif ?

L'équipe de développement d'Internet Explorer a corrigé ces bogues dans lcs vcrsions 7 ct 8. En rcvanchc, ils sont toujours préscnts sur Internet Explorer 6. Les éviter est délicat car ils n'apparaissent pas toujours dans des conditions précises.

> **ALLER PLUS LOIN Tous les bogues d'IE**
>
> Pour une liste plus complète des bogues d'Internet Explorer, allez faire un tour sur le très technique (mais passionnant !) site positioniseverything.net. La page qui liste ces bogues est accessible à l'adresse suivante :
>
> - http://www.positioniseverything.net/explorer.html

Les PNG 24 bits transparents

Terminons ce rapide tour d'horizon des problèmes que rencontre Internet Explorer par les PNG 24 bits transparents. Nous en avions déjà parlé dans le chapitre 5 sur les images, mais voyons cela d'un peu plus près.

Internet Explorer 6 (et les versions précédentes) ne gère pas la transparence sur plusieurs niveaux des PNG 24 bits, c'est-à-dire des PNG pouvant accueillir des millions de couleurs.

Il en résulte bien souvent un fond uni en lieu et place de la transparence. Heureusement, depuis sa version 7, Internet Explorer gère enfin les PNG 24 bits transparents, ce qui nous permet de commencer à envisager l'utilisation de ce type d'images dans nos designs web. La figure E-13 présente le problème.

Figure E–13
Comparaison des PNG 24 bits entre IE 6 et les autres navigateurs

> **ASTUCE La transparence sous IE 6**
>
> Notez qu'il existe un moyen de rendre fonctionnelle la transparence des PNG 24 bits dans IE 6. Vous trouverez plus d'informations à ce sujet sur la page suivante (en anglais) :
>
> - http://homepage.ntlworld.com/bobosola/pnghowto.htm
>
> Bien entendu, la bonne solution serait que tous les internautes aient un navigateur qui gère nativement la transparence de ce type d'images...

Les méthodes de résolution à connaître

Assez de problèmes ! Intéressons-nous maintenant aux solutions. Plutôt que de travailler au cas par cas, nous allons voir ici des *méthodes* de résolution. Il arrivera tôt ou tard un moment où vous assisterez à un comportement différent entre Firefox et Internet Explorer, mais avec ces méthodes, vous devriez identifier et résoudre le problème dans la plupart des cas.

Identifier le problème

Pour commencer, il faut être en mesure d'identifier la source du problème. Votre design ne s'affiche pas comme vous l'auriez espéré sous Internet Explorer (ou même sur un autre navigateur). Pourquoi ? Quel élément est à l'origine du problème ?

La barre d'outils Web Developer

Si vous utilisez Mozilla Firefox, téléchargez la *Web Developer Toolbar*. Il s'agit d'une barre d'outils qui ajoute un grand nombre de possibilités à Firefox. Vous pourrez, entre autres :

- afficher et masquer les images ;
- chercher les liens et images périmés ;
- éditer le HTML et le CSS en temps réel ;
- afficher les accesskeys, les class et id ;
- afficher la taille des blocs, etc.

Vous pouvez la télécharger à l'adresse suivante :

https://addons.mozilla.org/fr/firefox/addon/60

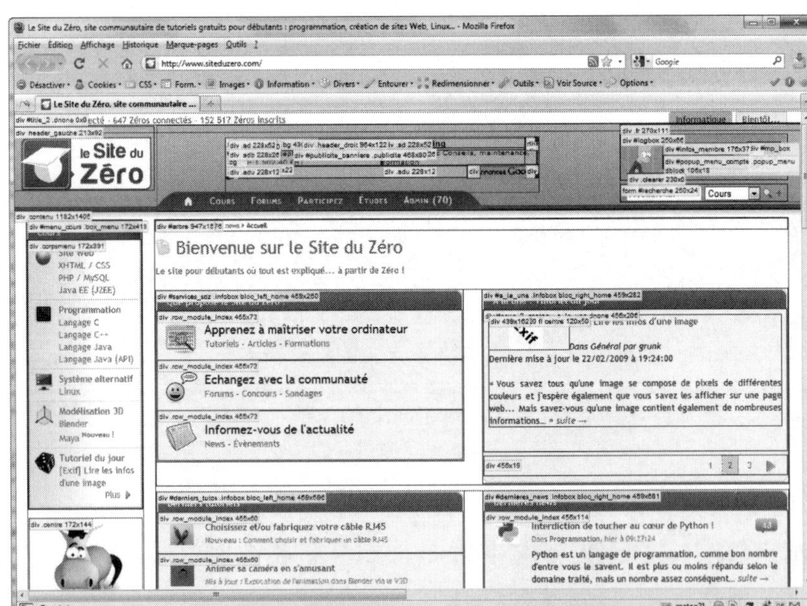

Figure E–14
La barre d'outils Web Developer permet bien souvent d'identifier l'élément qui pose problème.

Les fonctionnalités de cette barre d'outils sont très riches et il y a fort à parier que certaines vous tireront plus d'une fois l'épine du pied. Vous pouvez voir sur la figure E-14 cette barre d'outils en action. L'option pour afficher la taille et le nom des blocs est activée.

L'extension Firebug

Il s'agit d'une autre extension incontournable de Firefox. Elle permet d'analyser les interactions entre le XHTML et le CSS, et de modifier directement le code de la page pour tester le résultat (figure E-15).

URL Télécharger Firebug

- https://addons.mozilla.org/fr/firefox/addon/1843

Figure E–15
Firebug est une extension incontournable pour déboguer le code XHTML et CSS de sa page web

L'extension a l'aspect d'une petite icône en forme d'insecte, en bas à droite de votre navigateur. Pour l'utiliser, cliquez dessus. Un panneau s'ouvre alors en bas du navigateur, vous présentant le code XHTML de la page actuelle, à gauche, ainsi que le CSS, à droite. Vous pouvez parcourir le code source et le modifier, si vous le désirez, pour voir instantanément le résultat dans le navigateur. De plus, il est possible de retrouver le code source d'un élément de la page en cliquant dessus, à l'aide de l'outil Inspection de la page.

BON À SAVOIR
Internet Explorer 8 a son Firebug

Une fonctionnalité similaire est intégrée par défaut dans Internet Explorer 8, qui ressemble à s'y méprendre à Firebug. Elle s'active en appuyant sur la touche *F12*.

La technique des bordures et du fond

Si vous n'avez pas Firefox ou ne souhaitez pas télécharger cette barre d'outils, des solutions plus « manuelles » existent. Cette méthode permet également de faire les tests d'usage sous Internet Explorer qui ne dispose pas d'une telle barre d'outils.

La technique est simple : il suffit en fait d'ajouter une bordure ou un fond de couleur différent à certains éléments que l'on *soupçonne* être la cause des différences d'affichage.

Sur les figures E-5 et E-6 par exemple, on n'aurait jamais pu voir la mauvaise gestion des flottants d'Internet Explorer sans avoir appliqué un fond grisé à l'élément `parent`.

À vous donc de jouer avec ces propriétés CSS. Par exemple, le code suivant nous permet de bien voir tout l'espace qu'occupent les éléments `bloc1` et `bloc2` sur la page.

```
#bloc1
{
  border: 2px solid blue;
  background-color: green;
}

#bloc2
{
  border: 2px dashed red;
  background-color: black;
}
```

Résoudre le problème

Vous savez quel bloc a un mauvais comportement, et vous voulez lui donner une bonne correction. Nous allons chercher à faire en sorte qu'une partie du CSS soit lue par Internet Explorer, l'autre partie étant lue par les autres navigateurs. Ainsi, nous pourrons écrire du code CSS spécialement pour Internet Explorer afin de modifier par exemple les marges ou les dimensions uniquement pour ce navigateur.

Les commentaires conditionnels

RAPPEL Commentaire XHTML

Un commentaire en XHTML se présente sous cette forme :
`<!-- Un commentaire XHTML -->`

Intéressante et simple à mettre en œuvre, la technique que nous allons voir permet de résoudre un grand nombre de problèmes. Elle est fondée sur des commentaires XHTML particuliers que seul Internet Explorer interprète.

Essayons maintenant le code suivant :

```
<p>Ce paragraphe sera affiché sur tous les navigateurs.</p>

<!--[if IE]>
<p>Ce paragraphe sera affiché uniquement sur Internet
Explorer.</p>
<![endif]-->
```

La figure E-16 montre que le code en commentaire a été lu par IE, mais pas par Firefox.

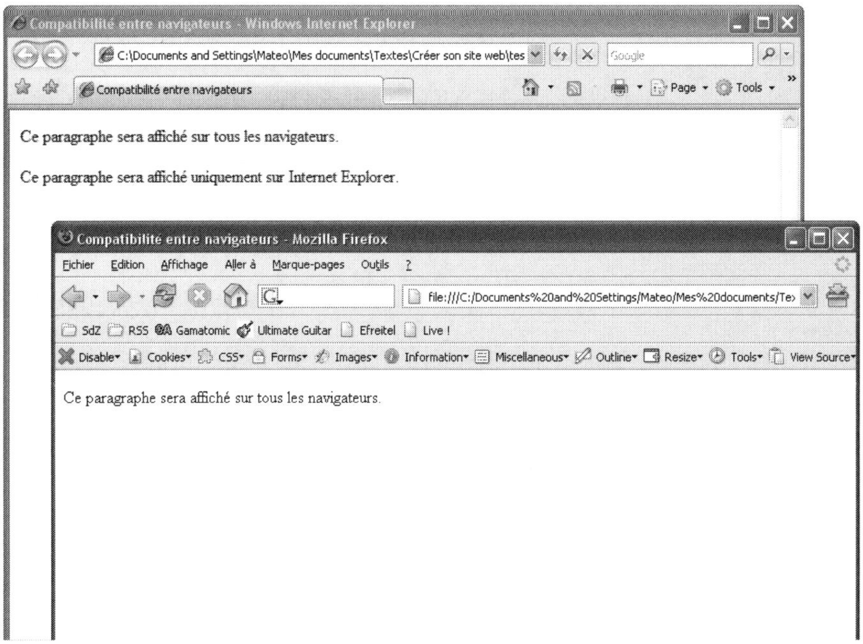

Figure E–16
Seul Internet Explorer interprète le code dans le commentaire.

Pour que le commentaire soit lu et interprété uniquement par Internet Explorer, il faut qu'il ait une forme particulière :

```
<!--[if expression]> XHTML <![endif]-->
```

Il s'agit d'une condition, d'où le terme « if » qui signifie « si » en anglais. Si la condition indiquée est remplie, alors Internet Explorer lira le code XHTML qui suit. La condition la plus simple, nous venons de la voir, permet de dire « Si le navigateur est Internet Explorer » :

```
<!--[if IE]> XHTML pour IE <![endif]-->
```

Il est aussi possible d'indiquer la version d'Internet Explorer. Ainsi, le code ci-dessous signifie « Si le navigateur est Internet Explorer 6 » :

```
<!--[if IE 6]> XHTML pour IE 6 <![endif]-->
```

Des opérateurs existent pour préciser si le code convient aux navigateurs antérieurs ou postérieurs à une version donnée. Reportez-vous au tableau E-3 pour avoir une liste de ces opérateurs.

Tableau E–3 Les opérateurs des expressions conditionnelles

Opérateur	Signification et commentaires
!	« N'est pas ». Exprime la négation.
lt	« Inférieur à ». Abréviation de « Lower Than » en anglais.
lte	« Inférieur ou égal à ». Abréviation de « Lower Than or Equal » en anglais.
gt	« Supérieur à ». Abréviation de « Greater Than » en anglais.
gte	« Supérieur ou égal à ». Abréviation de « Greater Than or Equal » en anglais.

Quelques exemples pour bien comprendre le principe :

```
<!--[if lte IE 6]> XHTML pour IE 6 et les versions antérieures
<![endif]-->

<!--[if lt IE 7]> XHTML pour toutes les versions d'IE
antérieures à IE 7 <![endif]-->

<!--[if gt IE 6]> XHTML pour toutes les versions d'IE
postérieures à IE 6 <![endif]-->
```

Si vous voulez cacher un code à Internet Explorer, il faut utiliser l'opérateur `!`. Toutefois, comme aucun navigateur ne lit jamais les commentaires, il faut utiliser une syntaxe différente dans ce cas-ci :

```
<!--[if !IE]><-->
<p>Ce paragraphe sera affiché sur les navigateurs différents
d'Internet Explorer.</p>
<!--><![endif]-->
```

Cette technique peut surprendre par la complexité des caractères à utiliser (`<!--[]>`) mais on s'y habitue rapidement. On utilise le plus souvent les commentaires conditionnels afin de charger une feuille de style contenant les « correctifs » pour Internet Explorer.

```
<!--[if IE]>
<link rel="stylesheet" media="screen" type="text/css"
title="Styles pour Internet Explorer" href="style_ie.css" />
<![endif]-->
```

La règle de la valeur !important

Le défaut de la technique précédemment énoncée vient du fait que l'on est obligé de créer un fichier CSS spécialement pour Internet Explorer. Cela peut sembler pratique pour des raisons d'organisation, mais on préfère parfois ne travailler que sur un fichier CSS à la fois.

Il faut alors recourir à des astuces particulières, car il n'y a pas d'équivalent aux commentaires conditionnels en CSS. La technique la plus simple consiste à utiliser la valeur `!important` dans le code CSS.

La valeur `!important` est une fonctionnalité CSS qui permet d'indiquer que la propriété l'emporte si une autre propriété identique est définie pour l'élément. Par exemple :

```
#menu
{
  margin-left: 10px !important;
  margin-left: 5px;
}
```

Ici, le menu aura une marge de 10 pixels et non de 5 pixels. En effet, la propriété `margin-left` est répétée deux fois, mais c'est celle qui contient la valeur `!important` qui sera retenue par le navigateur.

Or, Internet Explorer 6 ne connaît pas `!important`, et c'est justement là que ça devient intéressant. Ainsi, tous les navigateurs récents comprennent `!important` et appliqueront une marge de 10 pixels au menu, tandis qu'Internet Explorer 6 appliquera la dernière valeur indiquée, c'est-à-dire 5 pixels.

Supposons que, pour une raison ou une autre, votre menu soit trop décalé sur la droite sur Internet Explorer : vous pouvez ainsi lui appliquer une marge extérieure gauche plus faible (5 pixels) que sur les autres navigateurs (10 pixels).

En résumé :

```
#menu
{
  margin-left: 10px !important; /* Sera retenu par Firefox et
consorts */
  margin-left: 5px; /* Sera retenu par Internet Explorer */
}
```

La valeur `!important` fonctionne sur toutes les autres propriétés, vous pouvez donc réutiliser cette technique pour procéder à des ajustements sur les dimensions, les marges internes, les bordures, etc.

ATTENTION L'ordre des propriétés doit être respecté

Dans votre code CSS, veillez à bien placer la propriété contenant la valeur `!important` avant, comme nous l'avons fait sur les exemples ci-contre. Si vous ne le faites pas dans cet ordre, la technique ne fonctionnera plus (Internet Explorer ne retient que la dernière valeur).

Les hacks CSS

Non, nous n'allons pas pirater les serveurs du FBI à grands coups de CSS, rassurez-vous. Un « hack CSS » est une technique qui permet de masquer ou au contraire de montrer une partie du code CSS à un navigateur précis en exploitant une de ses failles.

INFORMATION
Les sélecteurs peuvent servir de hacks

Certains sélecteurs, nous l'avons vu, ne sont pas compris par Internet Explorer 6. C'est le cas notamment du sélecteur suivant :
body > #menu
Ce sélecteur peut servir de hack. En effet, comme IE 6 ne comprend pas ce sélecteur, les styles CSS indiqués par la suite ne seront pas appliqués sur ce navigateur... mais ils le seront en revanche sur les autres navigateurs.

ALLER PLUS LOIN Tous les hacks CSS

Pour une liste assez complète, reportez vous à ce site :

‣ http://centricle.com/ref/css/filters/

Vous y trouverez la liste des hacks et, pour chacun d'eux, la liste des navigateurs capables de les comprendre ou pas selon le cas.

ATTENTION La valeur !important est interprétée par Internet Explorer 7

Cela signifie que vous ne pouvez plus vous en servir pour corriger des différences d'affichage sur Internet Explorer 7. Cela limite l'utilisation de cette technique à Internet Explorer 6 et aux versions précédentes.

L'équipe de développement d'Internet Explorer conseille plutôt de recourir aux commentaires conditionnels qui, eux, restent une valeur sûre : ils continueront à être interprétés par ce navigateur dans les futures versions.

Voici un exemple de hack CSS célèbre, le *box model hack* :

```
margin-left: 5px; /* Sera retenu par IE 5 */
voice-family: "\"}\"";
voice-family: inherit;
margin-left: 10px; /* Sera retenu par les autres navigateurs */
```

Internet Explorer 5 contient une erreur dans son code qui fait qu'il ne peut pas lire ce qu'il y a après la syntaxe particulière :

```
voice-family: "\"}\"";
voice-family: inherit;
```

Par conséquent, IE 5 retient une marge extérieure gauche de 5 pixels tandis que les autres navigateurs (IE 6, IE 7, Firefox, Opera...) retiennent la dernière valeur, c'est-à-dire une marge extérieure gauche de 10 pixels. Cela vous permet ainsi d'opérer à des ajustements de position pour que l'affichage soit correct sur tous les navigateurs.

ATTENTION L'abus de hacks CSS est dangereux pour la santé

Il vaut mieux utiliser cette technique avec parcimonie, même si certains webmasters semblent y avoir couramment recours.

Le problème vient du fait que l'on compte sur une *erreur* d'un navigateur pour appliquer des règles CSS différentes. Or, ces erreurs sont comme des bogues, et rien ne dit qu'elles ne seront pas corrigées à l'avenir. C'est d'ailleurs le cas d'Internet Explorer 7 qui, nous l'avons vu, interprète désormais un grand nombre de sélecteurs. Par conséquent, toutes les personnes ayant utilisé des sélecteurs comme hacks pour masquer du code CSS à IE vont être obligées de revoir leur copie.

Les développeurs d'Internet Explorer l'ont clairement dit, ils incitent à utiliser les commentaires conditionnels qui restent, là encore, une valeur sûre :

‣ http://blogs.msdn.com/ie/archive/2005/10/12/480242.aspx

FIREFOX

annexe F

Les bonnes pratiques de l'ergonomie web

Votre site peut proposer le meilleur contenu du Web, il restera peu visité si la navigation y est difficile. Avoir un bon fond ne suffit pas : il faut aussi réfléchir à la forme. Cette annexe a pour but de vous sensibiliser aux problèmes de navigation qu'un internaute rencontre couramment (même sur des sites web professionnels !). Vous y découvrirez plusieurs méthodes pour améliorer l'ergonomie et l'accessibilité de votre site.

SOMMAIRE

MOTS-CLÉS

- Accessibilité
- Ergonomie
- Bonnes pratiques
- Optimisation
- Analyse comportementale
- Ajax
- Personas
- Clickheat
- Affordance
- Loi de Fitts

Bibliographie

A. Boucher, *Ergonomie web* (collection Accès libre), Éditions Eyrolles.

On pense à tort qu'un bon contenu suffit pour qu'un site plaise aux internautes, ou bien qu'il suffit de créer un joli design, ou encore les deux. Hélas, il n'en est rien. Certes, votre site va au départ attirer des visiteurs parce qu'il propose un contenu original et différent. Mais il leur plaira probablement davantage encore si la page est agréable à l'œil. Et pourtant, cela ne suffit pas.

En effet, il faut aussi que votre site soit bien conçu, c'est-à-dire d'une manière générale qu'il soit facile de naviguer dessus. On parle d'accessibilité et d'ergonomie web. Cela consiste à se poser une série de questions comme :

- Les menus sont-ils clairement et logiquement agencés ?
- Vos pages n'étouffent-elles pas le visiteur avec un trop-plein d'informations ?
- Les pages les plus importantes de votre site sont-elles faciles d'accès ?
- Trouve-t-on rapidement l'information que l'on cherche, en utilisant par exemple un moteur de recherche ?

Nous passerons en revue dans un premier temps les erreurs que l'on commet le plus souvent et qui compromettent l'accessibilité d'un site. Nous verrons ensuite comment définir qui sont nos internautes et leur façon de naviguer sur notre site. Enfin, nous découvrirons une série de méthodes visant à concevoir un site accessible dès sa création.

Quelques erreurs (trop) courantes

Commençons par un tour d'horizon des erreurs que commettent la plupart des webmasters. En effet, on débute en général avec beaucoup d'idées reçues sur la bonne façon de concevoir un site.

Attention, nous ne parlons pas ici du côté technique de la création d'un site web, nous avons eu tout le temps de parler du XHTML et des CSS dans cet ouvrage. Nous nous intéressons à l'organisation de votre site, c'est-à-dire à son ergonomie générale.

Il suffit d'un peu de bon sens

Une des idées reçues des plus répandues est de penser que l'organisation d'un site web vient naturellement, avec un peu de bon sens. On a tendance à croire que c'est facile, donc qu'il n'est pas nécessaire d'y passer beaucoup de temps. Au contraire : l'interface de votre site doit être pensée dès le début, même si cela vous paraît évident.

Bien entendu, vous aurez moins de travail avec un site comportant peu de pages. Mais si vous envisagez un projet plus important, comme un portail communautaire, vous devez vous y préparer et ne pas foncer tête baissée, car sinon vous courez à la catastrophe.

Regardez par exemple la figure F-1 qui présente la page d'accueil de Yahoo!, le fameux site portail. Ce dernier propose tellement de fonctionnalités qu'il est facile de s'y perdre : finances, horoscope, immobilier, sport, programmes TV... Et ce n'est pas tout ! Chaque section est elle-même divisée en sous-sections. Faut-il afficher toutes les sous-sections sur la page d'accueil ou, au contraire, est-il préférable, au vu de leur nombre, de ne montrer dans un premier temps que les sections principales ?

Figure F–1
La page d'accueil du portail Yahoo!

Si vous êtiez webmaster d'un portail de ce type, vous devriez y réfléchir à deux fois. Quelles informations faut-il afficher et quelles autres cacher ? De toute évidence, Yahoo! a choisi de ne montrer que les sections principales sur sa page d'accueil, ce qui est un choix judicieux. Le menu étant déjà assez conséquent, si chaque section était ici divisée en sous-sections on ne s'y retrouverait plus.

Prenons un autre exemple, le célèbre moteur de recherche Google. Il permet depuis le début de rechercher des pages web, mais on peut aussi maintenant rechercher des images, des vidéos, des articles de journaux, etc. De plus, Google offre régulièrement de nouveaux services, et il est difficile de tous les connaître.

Pour résoudre ce problème, Google a décidé d'afficher un menu bien spécifique en haut de sa page d'accueil.

Figure F–2 La page d'accueil de Google

Regardez la figure F-2. Aurait-il été raisonnable pour Google d'afficher toute la liste de ses fonctionnalités de recherche directement sur sa page d'accueil ?

Non ; là encore il a été décidé de ne présenter par défaut que les plus importantes : *Web, Images, Maps, Actualités, Vidéo, Gmail...* Mais Google ne s'arrête pas là et veut que cela se sache, d'où la présence du lien *plus* qui ouvre un sous-menu. Dans ce dernier, on découvre d'autres fonctionnalités secondaires, comme *Agenda*, *Blogs*, etc. À la fin de ce menu, un item *et encore plus* vous permet d'accéder cette fois à la liste complète des fonctionnalités proposées. Voilà comment Google, à partir d'un nombre impressionnant de fonctionnalités, parvient à mettre en avant les plus importantes d'entre elles sans pour autant faire trop d'ombre aux autres.

Certes, votre site n'est pas Google, mais vous verrez que vous devrez vous poser les mêmes questions. Quels éléments faut-il mettre en avant ? Quels éléments peuvent rester cachés ? Comment faire en sorte pour que les pages cachées soient faciles d'accès ?

Avouez qu'il n'y a rien de pire que d'avoir réalisé un site sur lequel la plupart des visiteurs n'utilisent que 10 % des fonctionnalités ! Il ne suffit donc pas seulement d'avoir du bon sens, il faut aussi de la méthode et c'est précisément ce que cette annexe a pour but de vous fournir.

Si un enfant peut le faire, tout le monde peut le faire

Une erreur courante consiste à prendre ses visiteurs pour des idiots, avec des réflexions comme « S'il arrive à naviguer sur mon site, alors tout le monde y arrivera ». Après tout, en suivant cette idée qui, une fois de plus, semble de bon sens, il suffirait de faire un site très simple, tellement simple que tout monde pourrait naviguer dessus sans se perdre.

Vous prenez donc comme visiteur type votre neveu de six ans et vous faites en sorte que votre site lui convienne. Parfait. À la fin, votre site ressemblera probablement à celui de la figure F-3.

Figure F–3 Le site Tiji.fr, destiné aux enfants de 3 à 8 ans

Avouez que si votre site est destiné à donner des conseils à des investisseurs pour des placements financiers en Asie, ils risquent de peu apprécier le résultat !

C'est pourquoi plutôt que de faire au plus simple, il faut au contraire s'adapter à votre public. Si votre site s'adresse à des professionnels de l'informatique, vous aurez tout à gagner à proposer des fonctionnalités de navigation complexes et avancées, plutôt que de faire quelque chose de trop simple. Cela pose donc le problème de savoir qui sont vraiment les visiteurs de votre site. Nous essaierons de répondre à cette question plus loin dans cette annexe.

Faire de l'Ajax, c'est être ergonomique

Sur Internet, on ne parle plus que des sites Web 2.0 qui nous promettent monts et merveilles en termes de fonctionnalités et d'ergonomie.

Parmi les techniques à la mode, on compte Ajax (que nous avons mentionné dans l'annexe D) qui consiste à utiliser en parallèle le langage JavaScript et un langage serveur (comme PHP) afin de pouvoir modifier le contenu de la page sans avoir à la recharger entièrement.

À l'heure actuelle, l'internaute est encore habitué à ce que la page se recharge entièrement lorsqu'il clique sur un lien. Si cela n'est pas le cas, il risque d'être surpris mais, comme l'information qu'il recherche lui arrivera plus rapidement grâce à Ajax (seul ce dont il a besoin sera chargé), cela sera finalement bénéfique.

Cependant, les internautes ayant désactivé JavaScript ne pourront pas bénéficier de ces fonctionnalités. Pire, ils seront bloqués sans savoir que faire. Vous avez alors deux solutions :

- Afficher un message d'erreur indiquant que JavaScript doit être activé et tant pis pour ceux qui, pour une raison ou une autre, ne pourraient pas l'activer.
- Prévoir un moyen alternatif d'accéder à l'information, n'utilisant pas Ajax, ce qui nécessite généralement de faire le double du travail.

Si vous choisissez d'afficher un message d'erreur, vous faites très probablement une grosse erreur : l'accès à votre site est complètement bloqué pour une partie de vos visiteurs potentiels, ce qui a pour conséquence à terme de limiter votre trafic.

C'est la solution retenue par le portail Netvibes. Ce dernier utilisant Ajax, toute personne qui a désactivé JavaScript se retrouvera bloquée sur la page de chargement (voir figure F-4). Il n'y a d'ailleurs pas de réel message d'erreur, il est nécessaire d'aller lire l'aide (en anglais !) pour comprendre pourquoi le site ne fonctionne pas chez soi.

ERGONOMIE Concilier Ajax et ergonomie

Le sujet « Ajax et ergonomie » est particulièrement débattu sur le Web en ce moment. Les développeurs ont tendance à opposer les deux : l'introduction d'Ajax se ferait au détriment de l'ergonomie. Le tableau n'est cependant pas si noir qu'on voudrait nous le faire croire, à condition de concevoir son site avec prudence :

- http://www.journaldunet.com/solutions/0606/060628-tribune-sqli.shtml

Figure F–4
Netvibes.com sans JavaScript : l'internaute est bloqué sur la page de chargement.

Gmail, le webmail de Google, recourt lui aussi à Ajax. Néanmoins, il propose une version alternative (figure F-5), ce qui permet de ne pas désavantager les internautes qui ne peuvent pas utiliser JavaScript.

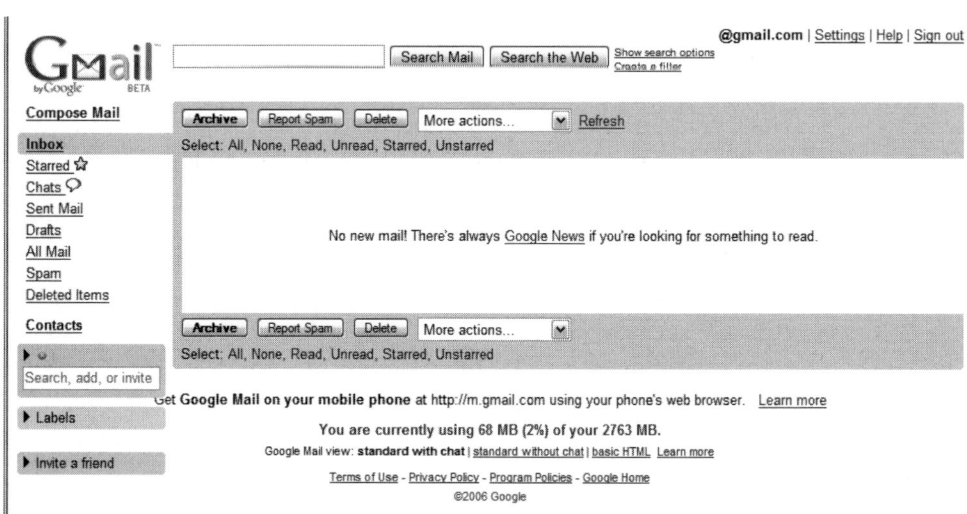

Figure F–5
La messagerie Gmail propose une version sans Ajax.

Analyser le comportement de ses visiteurs

En analysant les erreurs que font couramment les webmasters, nous avons soulevé un problème : pour qu'un site soit réussi, il doit être adapté à ses visiteurs. Il est donc primordial de réaliser un site à l'image des internautes que le visitent.

Vous devriez dès la conception vous poser des questions comme :

- Quelle est la tranche d'âge moyenne des visiteurs ?
- Les visiteurs sont-ils plutôt des hommes, des femmes, ou bien les deux ?
- Les visiteurs ont-ils un bon niveau en informatique ou sont-ils plutôt des novices ?
- Les visiteurs viendront-ils sur le site pour rechercher une information précise puis repartir, ou sont-ils amenés à rester et faire partie de sa communauté ?

Les réponses à ces questions sont essentielles pour pouvoir continuer. Peut-être les connaissez-vous déjà, mais attention aux idées reçues ; vous pourriez être surpris d'apprendre que vos visiteurs ne sont pas exactement ceux que vous pensiez !

Par conséquent, essayez, dans la mesure du possible, d'effectuer un sondage directement sur votre site. Pas besoin d'être un expert en PHP pour insérer un outil de sondage sur la page d'accueil, des scripts gratuits existent sur le Web :

- http://www.free-website-polls.com/
- http://www.123votez.com/
- http://www.swisstools.net/

Lorsque vous aurez récolté et analysé ces statistiques, vous pourrez établir le profil de vos visiteurs types, qui portent le nom de *personas*.

ASTUCE Créez une fiche par persona

Pour vous aider à visualiser vos personas, créez une petite fiche pour chacun d'eux, à la manière d'un CV.

Les personas

Nous allons maintenant présenter la méthode des personas qui va nous permettre de nous mettre dans la peau de nos visiteurs. Concrètement, il s'agit de créer à partir des statistiques que vous avez recueillies lors de précédents sondages, des personnages qui sont des visiteurs imaginaires de votre site.

Un persona est donc un visiteur type de votre site web. Pour le rendre plus humain, donnez-lui un prénom et attribuez-lui des caractéristiques très précises. Voici, par exemple un persona possible pour un site de jeux vidéo :

- Prénom : Cédric.
- Âge : 16 ans.
- Situation : lycéen en Seconde générale.

ATTENTION Les personas sont précis

Un persona est un visiteur type dont le profil doit être établi avec une grande précision (c'est le moment de faire jouer votre imagination). Il ne faut surtout pas être vague dans la description : ainsi, Cédric n'a pas entre 15 et 18 ans, il a 16 ans. Cette précision est importante car elle vous permet d'imaginer précisément un de vos visiteurs. N'hésitez d'ailleurs pas à joindre une photo à la fiche du persona.

- Localisation : Créteil (94).
- Système d'exploitation : Windows XP.
- Navigateur : Mozilla Firefox.
- Résolution : 1280 × 1024.
- Motif de la première visite : recherche la solution pour le troisième niveau du jeu Super Mario Galaxy pour console Wii qu'il a reçu à Noël.

Cédric est imaginaire, certes, mais il pourrait très bien être un visiteur de votre site consacré aux jeux vidéo. Comme vous pouvez le constater, le profil est extrêmement précis. On indique son âge exact, ses études, son navigateur, sa résolution, et surtout le motif de sa première visite. N'hésitez pas à compléter encore ce profil pour préciser au maximum ce qui caractérise Cédric.

Cependant, vous ne pourrez pas vous contenter d'un seul persona. Cédric est caractéristique d'un certain type de visiteurs, mais peut-être en avez-vous d'autres dans la tranche 22–26 ans, jeunes cadres et toujours passionnés de jeux vidéo. Dans ce cas, créez un autre persona appelé François, 25 ans, développeur web depuis 3 ans...

Si les visiteurs de votre site sont assez variés, vous pouvez créer quatre ou cinq personas, mais évitez d'en créer trop. Avec vingt personas, vous risquez plus de vous emmêler les pinceaux qu'autre chose.

Une fois les personas créés, vous pouvez vraiment vous mettre à leur place. Regardez votre site avec leurs yeux et demandez-vous s'ils parviennent à trouver rapidement l'information qu'ils recherchent. Normalement, vos erreurs de conception devraient vous paraître évidentes avec cette technique.

Les heatmaps (cartes de chaleur)

Outil statistique plébiscité par les webmasters, les heatmaps ou cartes de chaleur permettent de visualiser les endroits d'une page web sur lesquels vos visiteurs cliquent le plus.

Contrairement aux outils classiques, les heatmaps tiennent compte des erreurs des visiteurs. Vous pouvez ainsi voir si ceux-ci cliquent à côté d'un lien parce que celui-ci est trop petit par exemple.

Vous repérez aussi immédiatement les zones qui attirent le plus sur votre site et pourrez par exemple constater que vos visiteurs ont tendance à cliquer sur les gros boutons colorés plutôt que sur des liens textuels écrits en petits caractères.

ASTUCE D'autres outils pour les heatmaps

Il n'existe pas que Clickheat. Les outils permettant de générer des heatmaps sont nombreux :

- http://crazyegg.com/
- http://www.clickdensity.com/

Si vous optez pour l'un de ces deux sites, sachez qu'il vous faudra payer pour obtenir des statistiques sur un plus grand nombre de visiteurs. Clickheat présente quant à lui l'avantage de ne pas vous limiter en nombre de clics.

La figure F-6 présente les zones où la densité de clic est la plus forte sur la page d'accueil du Site du Zéro. Cette heatmap a été réalisée à l'aide de l'outil gratuit Clickheat (http://www.labsmedia.fr/clickheat).

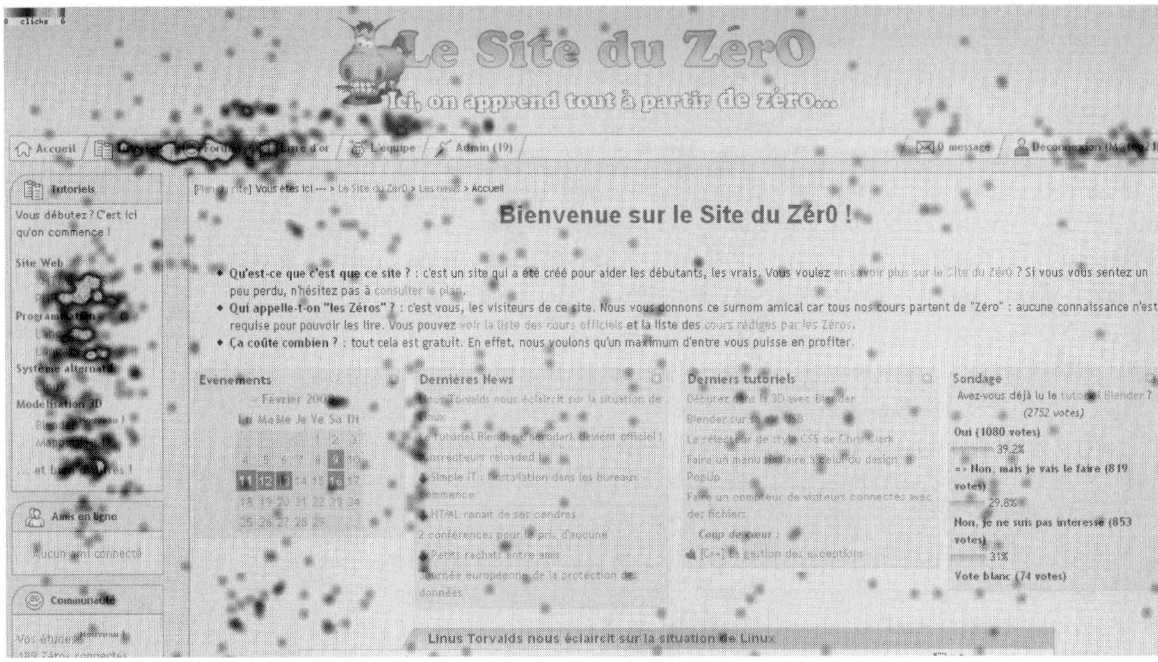

Figure F–6 Une heatmap présentant les zones sur lesquelles les visiteurs cliquent le plus

Penser l'ergonomie de son site

Après avoir fait la chasse aux idées reçues et avoir analysé le comportement de nos visiteurs, nous allons mettre en application plusieurs règles simples pour améliorer l'ergonomie de notre site.

L'affordance

L'affordance est une indication donnée par un objet, qui dépend notamment de :

- sa forme ;
- sa taille ;
- sa couleur ;
- son libellé.

Tous ces éléments sont autant d'indices qui expriment l'utilité d'un objet. Par exemple, ce qui vous fait comprendre qu'un élément est un lien est sa couleur, généralement bleue, le soulignement du texte et, surtout, le curseur qui devient une main lorsque vous passez dessus. Tout cela donne le message « Je suis un lien » à vos visiteurs (figure F-7).

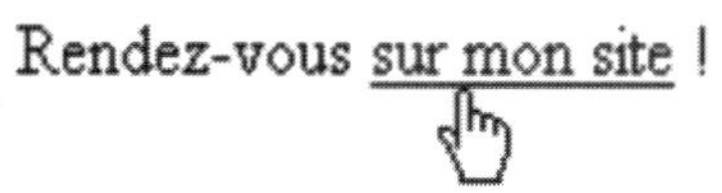

Figure F–7
Le curseur en forme de main indique que l'élément est un lien.

Cependant, vous n'êtes pas sans savoir qu'aujourd'hui les liens bleus soulignés sont rares. Il est donc nécessaire de donner une indication qui permette de différencier un lien d'un texte non cliquable (en utilisant une couleur différente par exemple).

L'intérêt de travailler avec ce concept est que vous pouvez affiner l'affordance au clic des éléments de vos pages web. En effet, il existe des éléments plus affordants au clic que d'autres, c'est-à-dire qu'ils incitent particulièrement le visiteur à cliquer. Si vous souhaitez à tout prix que vos visiteurs utilisent certains liens, vous avez tout intérêt à les rendre attirants, notamment en :

- augmentant leur taille ;
- choisissant des couleurs vives ;
- utilisant éventuellement (avec parcimonie) des animations.

On peut ici prendre le cas du site de téléchargement de Mozilla Firefox, http://www.getfirefox.com/, dont le but principal est de vous faire télécharger Firefox. Pour y parvenir, un lien-bouton extrêmement affordant au clic a été créé (figure F-8).

PRÉCISION

Les différents types d'affordance

L'affordance est le message que donne un objet sur la façon dont il doit être utilisé. Un formulaire est fait pour être « rempli », un lien pour être « cliqué ». Ici, nous nous concentrerons uniquement sur l'affordance au clic des liens, un des éléments les plus importants d'un site web.

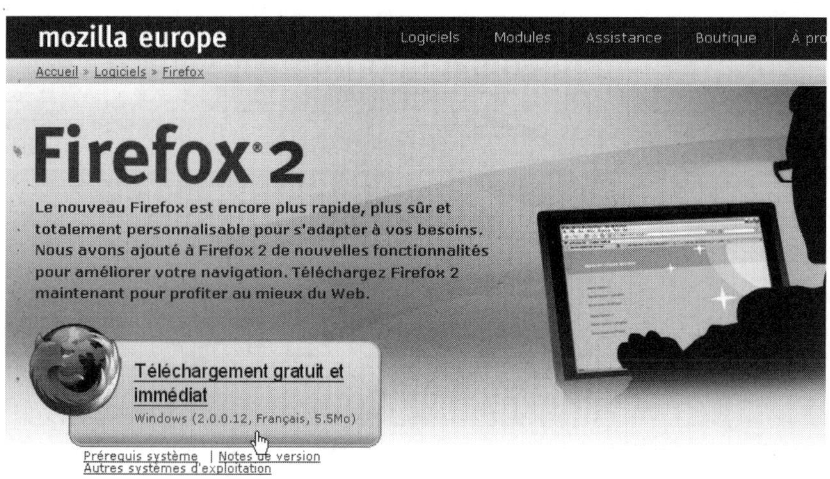

Figure F–8
Le lien de téléchargement de Firefox présente une forte affordance au clic : on a envie de cliquer dessus.

On note en particulier :

- La taille importante de la zone cliquable.
- Le texte écrit en gros caractères.
- Les couleurs vives qui changent de tonalité au survol de la souris.
- Les mots-clés « gratuit » et « immédiat ».

Tous ces éléments incitent fortement l'internaute à cliquer sur le lien pour télécharger Mozilla Firefox. Bien entendu, l'objectif de votre site sera peut-être plus complexe, mais le principe d'affordance reste le même et il vous incombe de le travailler. Si personne ne clique sur un lien, c'est peut-être tout simplement parce que celui-ci n'est pas affordant au clic : à vous de le rendre attirant !

La loi de Fitts

La loi de Fitts est une formule mathématique (figure F-9). N'ayez pas peur cependant, il n'est pas nécessaire d'être expert en mathématiques pour comprendre le principe simple qu'elle renferme !

$$T = a + b \log_2 \left(\frac{D}{L} + 1 \right)$$

Figure F–9 La loi de Fitts (T : temps moyen pour effectuer le mouvement, a et b : constantes, D : distance à la cible, L : largeur de la cible)

La loi de Fitts permet de calculer le temps que met un utilisateur à atteindre une cible (lien, bouton...). On constate que cela dépend à la fois de la distance jusqu'à la cible et de sa taille. Ainsi, un internaute mettra moins de temps à cliquer sur un lien s'il est gros et près de son pointeur que s'il est petit et situé à l'autre bout de l'écran.

Bien que l'on n'utilise jamais vraiment la loi mathématique quand on crée un site web, on essaie d'appliquer ce principe : « Plus c'est grand et proche, mieux c'est ». On dit littéralement que l'on fait du « Fittsizing ».

Le but de cette technique est d'éviter que l'internaute ne mette trop de temps à utiliser un lien ou un bouton. En particulier, si l'élément est très petit, l'internaute risque de cliquer à côté et de perdre du temps à repositionner son curseur plus précisément pour cliquer à nouveau ! Cela se voit bien si on compare deux boutons de tailles très différentes, comme le présente la figure F-10.

Figure F–10 Le bouton à droite est plus facile à cliquer car il est plus gros.

En prenant en compte cette information, vous devez donc faire en sorte que vos liens de navigation soient suffisamment gros (sans pour autant tomber dans la caricature) et à un endroit proche de la position d'origine de la souris. C'est pour cela que votre menu a tout à gagner à être situé en haut de votre page ou éventuellement sur les côtés. Dans tous les cas, il ne faut pas avoir à le chercher !

EXPÉRIENCE La loi de Fitts n'est pas que théorique

Cette formule mathématique vous fait peut-être penser qu'il s'agit d'une loi théorique qui n'est applicable que pour celui qui l'a inventée et qu'elle n'est d'aucune utilité pratique pour votre site web. C'est faux ! Notre propre expérience sur le forum du Site du Zéro (http://www.siteduzero.com/forum.html) nous le prouve.

Une catégorie du forum a été renommée du jour au lendemain « C » (une seule lettre), car c'était le nom qui semblait le mieux lui convenir. Cependant, le lien qui y menait était alors constitué d'un seul caractère, ce qui est très petit et difficilement cliquable. Cela a rendu l'accès à cette catégorie plus difficile qu'à l'accoutumée.

Ce problème d'ergonomie a été soulevé par les visiteurs eux-mêmes. Finalement, le lien a été renommé « Langage C », ce qui est plus long et surtout bien plus facile et rapide à cliquer. Tous les utilisateurs ont été satisfaits de ce changement.

Cet exemple illustre à quel point, sans le savoir, vous êtes vous-même, en tant qu'internaute, dépendant de l'ergonomie d'un site web. Un internaute qui s'agace en naviguant sur votre site est sans aucun doute un internaute que vous ne reverrez pas de sitôt...

Index

Symboles

PEFC
PEFC/10-31-1316

Imprimé en France. - JOUVE, 1, rue de Docteur Sauvé, 53100 MAYENNE
N° 648570D. - Dépôt légal : mars 2011
N° d'éditeur : 8124